LA
VIE DE PARIS

PARIS. — TYP. DONDEY-DUPRÉ, RUE SAINT-LOUIS, 46.

FÉLIX MORNAND

LA VIE

DE PARIS

PARIS

LIBRAIRIE NOUVELLE

BOULEVARD DES ITALIENS, 15, EN FACE DE LA MAISON DORÉE.

1855

PRÉFACE

On est libre de lire ou non une préface. Mais ce n'en est pas moins un devoir pour l'auteur se présentant au public de faire son petit compliment d'entrée et de tirer son chapeau.

Celle-ci d'ailleurs sera peu longue. Sous le titre de *la Vie des Eaux*, nous avons, il y a deux ans, publié un volume, dont cette désignation indique assez la substance, et que les buveurs d'eau, point méchants cette fois, ont accueilli avec indulgence et faveur. Nous donnons un pendant à ce petit ouvrage, léger de fond, sinon de forme, et nous osons même compter, comme dit Almaviva dans *le Barbier de Séville*, sur un *succès plus général*. En fait de malades, nous nous étions adressé surtout aux gens bien portants. Mais tout le monde ne va pas aux eaux, ce dont on se plaint beaucoup sur les bords du Rhin et ailleurs, tandis que tout le monde va à Paris, et certes ne saurait mieux faire. C'est là qu'on guérit du spleen et de quantité de maux innommés qui déjouent toutes les médecines connues.

La Vie de Paris n'a pas l'immense prétention de dévoiler à fond toute cette grande ville. Elle effleure seulement les principales faces de ce sujet qui en a tant. *Un peu de tout* est sa devise. Elle n'a l'ambition de s'offrir que comme une carte d'échantillons. Un coup d'œil jeté sur la table des matières en convaincra le lecteur. Comme le *Life in Parise* du célèbre Cruikshank, notre contemporain, elle n'est qu'une série de croquis que l'auteur s'est efforcé de rendre exacts et amusants. Il connaît bien Paris, pour y avoir vécu depuis qu'il a âge de raison. Il sent très-bien qu'on ne peut, en un petit tome de dix feuilles, ni en cent, ni peut-être en mille, épuiser un aussi vaste sujet de peinture, décrire des mœurs si mouvantes, si diverses, déchiffrer une énigme si obscure, si complexe, et à tout moment renaissante. Mais il pense aussi que cette étude n'est pas absolument indispensable, et que les sommités de chaque chose suffisent, si ce n'est pour tous, au moins pour la très-grande majorité des lecteurs. Il est sur ce point de l'avis de La Fontaine, et, sachant combien *les longs ouvrages font peur,* il tient absolument que,

> Loin d'épuiser une matière,
> Il n'en faut prendre que la fleur.

Les amusements de Paris tiennent naturellement la plus grande place dans ce livre, puisque aussi bien c'est là surtout ce qu'on vient chercher par ici. Mais il faut aussi quelque chose sur le commerce parisien, qui, dans le haut comme dans le bas étage, a, de l'aveu universel, une physionomie si particulière. De là, les chapitres *Paris marchand* et suivants, depuis la Bourse aux effets publics jusqu'à cette Bourse pittoresque, aux effets privés et fripés, qu'on nomme le *Temple* de Paris. Il y a aussi parmi nous de ces types curieux que l'on ne trouve qu'ici, tant ils sont propres au terroir. Nous nous sommes préoccupé d'en reproduire quelques-uns. Nous avons suivi ensuite Paris à la Campagne, en deux ou trois de ses entours les plus fameux, Versailles, Saint-Cloud, etc. Enfin, pour tête et queue, nous avons entrepris de montrer *comme on vit, comme on meurt* à Paris, l'alpha et l'oméga, l'exorde et la fin, la fin digne de l'exorde. Nous mentionnons pour mémoire, et comme chapitre temporaire, nécessaire en cette année-ci, un *Appendice* sur l'Exposition universelle de 1855.

Nous allons au-devant d'une objection puriste, qui peut nous être adressée. Il serait plus correct probablement de dire : *la Vie à Paris*. Mais, outre que Paris est un être fort réel, bien que collectif et impersonnel, qui a sa vie propre, nous adoptons la locution la plus populaire et la plus courante : l'usage est, selon nous, un quarante et unième académicien qui fait la loi aux quarante autres.

L'étranger qui nous fera la grâce et l'honneur de nous lire aura peut-être, en arrivant ici, une certaine teinture de ce qu'il lui importe un peu de savoir, des piéges à éviter, des plaisirs à attendre. Quand il s'en retournera, s'il nous met dans son sac de voyage, nous lui servirons peut-être de calepin, de notes prises... *Meminisse amet !* Enfin, sans viser à *guider* le moins du monde, nous avons, dans ce badinage, tâché d'être un peu pratique. Et, à ce sujet, qu'il nous soit permis de terminer par un court apologue, non antiqué, qu'on se rassure! Un homme d'infiniment d'esprit, mais mal en point dans ses affaires, mort aujourd'hui, hélas! et que nous regrettons, écrivit un jour à un célèbre bourgeois de Paris : « Monsieur, je suis le duc de ..... (il était duc). J'ai besoin d'un millier de francs. Je m'adresse à vous, car vous êtes si heureux en toutes choses, qu'il est, ma foi! bien possible que je vous les rende.» Le célèbre bourgeois, ceci soit dit à sa louange, fournit, assure-t-on, la somme. Maintenant, et par application de ce conte, qui est une histoire, nous vous dirons en finissant : « Voici trois cents pages qui vous coûtent un franc. Certes, la folie en est grande. Mais vous êtes *si heureux* de ne pas faire de livres, et d'en acheter au lieu d'en vendre, qu'il est vraiment bien possible que vous trouviez, même en celui-ci, quelque chose et en ayez pour votre argent! »

LA
VIE DE PARIS

I

Comme on vit à Paris.

Paris consomme chaque mois sept mille bœufs, quinze cents vaches, cinquante mille moutons, une quantité assortie de porcs et de veaux ; plus, un formidable appoint de volailles et de poissons, gibier, œufs, légumes, fruits, etc. S'il est vrai que, comme l'affirment les érudits, François Ier soit le Gargantua de Rabelais, il faut que Paris en soit au moins le Grandgousier. Paris dépeuple les rivières, les prés, les bois, les basses-cours ; la mer elle-même épuise sa population muette à sustenter quotidiennement l'ichthyophagie du colosse. Pareil à un immense infusoire, ce dernier pompe à lui les sucs nourriciers de ce fécond pays de France : la province vit de ses restes. Quant à la banlieue, — j'entends par là une zone famélique de trente lieues au moins, — elle est littéralement réduite à la disette : la crise des subsistances y sévit à l'état chronique. Allez en Normandie, le pays des bœufs gras, vous y trouverez des vaches étiques ; en Bretagne, du beurre rance. Le présalé est inconnu partout ailleurs qu'aux étalages des deux Chevet ou de Potel. Le Maine ne garde guère pour lui que des poules douairières et des coqs de combat. Quant au poisson, il va sans dire qu'il ne faut pas pousser l'indiscrétion jusqu'à en réclamer le long de la côte. Il est notoire que les gastronomes du Havre, de Dieppe et de

Boulogne, tirent tous leurs turbots et leurs saumons de Paris. On ne trouve même pas d'huîtres à Cancale ; car je ne puis donner ce nom à de maigres fibrilles noyées dans un déluge d'eau saumâtre : et c'est à croire, en vérité, que les crustacés, les mollusques et toute la marée de quelque distinction se fabriquent rue Montorgueil.

La province se retranche, il est vrai, sur son vin, non frelaté, assure-t-elle. Elle nous invite à venir déguster le lait de ses champs, et se livre à des gorges chaudes interminables sur ces bons et candides Parisiens qui prennent dans leur café de la cervelle de chat délayée avec l'amidon. C'est encore là une illusion départementale. Le vin de province, à fort peu d'exceptions près, est, sous prétexte de naturel, parfaitement plat et insipide ; il est, de plus, fort cher. A Paris, au contraire, malgré d'énormes droits d'entrée, il existe plusieurs Sociétés qui chacune livrent, sur le pied de 50 et 60 centimes la bouteille [1], un breuvage fort présentable. J'ignore comment elles s'y prennent. Je n'affirmerais pas que ce bordeaux ou ce mâcon apparaisse précisément tel qu'il est sorti de la cave. Qu'importe, si, en augmentant sa saveur, la préparation dont il est l'objet ne le tare d'aucune propriété nuisible ? La science œnologique et autre ne nous révèle-t-elle pas tous les jours des procédés nouveaux pour aider au travail de la simple nature ?—Quant au lait, la Suisse elle-même n'en saurait fournir de plus pur que les crémeries et les grands cafés de Paris. Il faut renoncer à l'espoir de s'en procurer de semblable à cinquante lieues à la ronde. Je me trouvais dernièrement dans une province reculée où l'importation subite du lactoscope avait failli causer une émeute et tarir brusquement le commerce du lait, tellement la fraude y était peu connue avant l'adoption de cet utile et ingénieux appareil !

[1] Hors, toutefois, les temps de disette absolue comme ceux dont nous sommes témoins depuis deux ans.

Paris, du reste, est certainement la ville la plus sobre de France. La province, oisive, s'engourdit dans une consommation subalterne : elle mange beaucoup et mal. Les instincts raffinés et spiritualistes de cette grande ville la portent au système inverse. Elle vit par la tête et manque d'estomac. La large dîme qu'elle prélève sur tous les vivres du pays s'explique assez par le million et cinquante mille habitants qu'elle est tenue de nourrir et nourrit chaque jour. Puis elle réexpédie en apprêts délicats une partie de ce qu'elle reçoit. Enfin il ne faut pas perdre de vue qu'elle tient sans cesse table ouverte à l'usage de la province et de l'Europe, qui ont toujours le droit de venir prendre leur part du splendide banquet dont elles font les frais. Paris fournit la table et l'assaisonnement : il n'est, à proprement parler, que le laboratoire et le centre d'un gigantesque pique-nique.

Le déjeuner parisien n'existe que pour mémoire ; il est hâtif, léger, et ne vaut certes pas le moindre des cinq ou six repas de l'Alsacien ou du Flamand. C'est à dîner seulement que Paris, suspendant sa suractivité fébrile, se met sérieusement à table. C'est donc là qu'il faut le juger.

Cela est triste à dire : mais, bien que Paris soit l'Apicius des temps modernes et le gourmet des nations, la vraie cuisine y est chose rare. Je passe sous silence les banquets officiels, sortes d'entreprises à forfait, d'adjudications au rabais, comme les fournitures de bois et de papier des ministères. La cuisine n'a que faire là. Certaines ambassades, certains hauts financiers possèdent des cuisiniers artistes. Quelques bonnes maisons bourgeoises recèlent aussi des cordons bleus auxquels eût applaudi Carême. Mais ces exceptions sont de la vie privée : notre examen doit se borner à ce qui touche le public.

Paris, sans cesse sillonné par d'innombrables visiteurs, renfermant d'ailleurs dans son sein une population autochthone, nomade et légèrement bohème, est et devait être la patrie, le sol classique des restaurants. On y en trouve dans chaque rue, et, dans certaines rues, à chaque porte. On a dit il y a longtemps que tous les jours trente mille personnes s'y lèvent sans savoir comment elles dîneront. Cela peut être vrai; mais cent mille autres au moins partagent, quant au lieu, sinon au procédé, cette incertitude matinale. Néanmoins presque tout le monde finit par dîner à peu près; ce qui, selon l'expression de la lorette de Gavarni, « *donne une crâne idée de l'homme.* »

A tout supérieur tout honneur. Le *Rocher de Cancale* dépassait ses émules de toute la hauteur du célèbre brisant dont il a pris le nom, ou plutôt n'avait pas d'émules. Il est impossible à un roi de dîner plus délicatement, d'une façon plus somptueuse et plus hygiénique à la fois, que naguère encore pouvait faire le premier Parisien venu au coin de la rue Montorgueil, pour la somme relativement modique de vingt ou trente francs par tête. On cite, il est vrai, tels repas servis par Borel au prix énorme de cent cinquante francs par convive; mais ces fastuosités étaient sans influence sur le mérite du menu; elles pouvaient le grossir, non l'améliorer. Borel fut le premier cuisinier de France : Dieu veuille qu'il n'en soit pas le dernier. Sa conscience et ses veilles artistiques l'ont conduit à fermer son établissement, où quelques rares et fidèles dilettanti ne suffisaient plus à entretenir le feu sacré. Sous prétexte que le *Rocher* n'habitait pas le boulevard, les élégants n'y allaient plus, ce qui peut donner la mesure de leur intelligence gastrique. Ce phénix du monde culinaire a essayé de renaître des cendres mal éteintes de son fourneau abandonné. Il a émigré; il s'est donné un plumage neuf, et a voulu sacrifier au goût du luxe. Je n'ai point été à même de juger de cette métamorphose. J'aurais préféré qu'il ne se plongeât pas dans le torrent industriel, et qu'il restât dévoué, malgré leur injustice, au culte des vrais dieux de l'art, qui ont si mal veillé sur lui.

Au-dessous du rocher de Cancale, mais à une distance

énorme, apparaissent à peu près sur le même plan des
établissements, dissemblables entre eux par quelques
nuances qu'il serait long et superflu d'analyser, et se traînent dans l'ornière commune et arriérée d'une tradition
suspecte, Véfour, Véry, les cafés des Provençaux, Anglais,
de Paris, etc. Il est plus facile d'y dépenser quarante francs
à son repas que d'y faire un dîner correct. Leurs cartes
sont stéréotypées les unes sur les autres et n'offrent à l'œil
que des mets connus depuis trente ans. Brillat-Savarin disait que l'invention d'un nouveau plat valait mieux pour
l'humanité que la découverte d'une étoile. L'astronomie
dépiste encore des planètes; mais la cuisine de restaurant
n'a pas fait un pas en avant depuis l'invasion des Cosaques.
Au reste, les traiteurs que j'ai plus haut nommés auraient
tort de se mettre en frais d'invention, puisqu'une médiocrité estimable les mène promptement à la fortune, et les
sert mieux que le génie. Les connaisseurs sont rares en
cuisine comme en tout. Ils ne peuvent suffire à défrayer
entre eux un seul établissement d'élite. Que feraient-ils
d'une douzaine?

La troisième couche culinaire se compose des restaurants à la carte, de moyen prix : Bonnefoy, Beaurain, Bré-
bant, etc.; la carte y est identiquement calquée sur celle
des établissements luxueux du Palais-Royal et des boulevards; les mets sont à peu près les mêmes; seulement les
prix sont moins élevés et le service moins brillant. La
classe peu entichée de lionnerie, mais désireuse de bien
vivre, des entrepreneurs de bâtiments, marchands de vins,
marchands de bois, courtiers de commerce, et autres que
leur vie perpétuellement active oblige à dîner au dehors,
préfèrent avec raison ces restaurants modestes à ceux de
premier ordre, où, pour un tiers de plus, ils n'obtien-
draient que la satisfaction assez mince et surtout peu gastronomique d'un plus grand luxe d'éclairage, de porce-
laines et de dorures. En général, cette classe de gens,
assez riche pour être économe, a les poches mieux garnies

que les habitués des *cabarets* étincelants. Ceux-ci n'en sont pas moins remplis en toute saison d'une foule dorée, bien que profane, mais ils comptent peu de clientèle : tout y est de passage, depuis le gibier à plumes jusqu'aux dîneurs.

Frédéric Soulié, de regrettable mémoire, avait, dans un travail analogue à celui-ci, divisé les dîneurs en deux catégories : ceux qui se régalent et ceux qui dînent. Il appliquait cette division aux restaurants, qu'il distinguait pareillement en deux classes correspondant aux deux espèces de convives. Le mérite de la cuisine n'y était pour rien, mais bien l'usage et le parti pris populaire. C'est ainsi qu'à côté du Rocher de Cancale il classait le Père Lathuile dans les restaurants où l'on se régale. Cette nomenclature ne manquait pas de justesse. Seulement, on trouve partout des gens naïfs et omnivores, prétentieux de bonne chère, à côté d'habitués qui, moins ambitieux mais plus expérimentés, se contentent de choisir leurs morceaux en conscience, et se préoccupent simplement de dîner le moins mal possible. Or, il arrive le plus souvent que les moins régalés sont ceux qui se régalent. C'est pour ces welches de la cuisine, ces gobe-mouches confiants, que le restaurateur malin réserve les filets de mouton en chevreuil, la marée douteuse, les truffes conservées à l'huile, le champagne-bourgogne et les perdreaux de l'an dernier.

Dans tous les cas, je viens d'énumérer, ou à peu près, les établissements où l'on dîne. Il faut voir maintenant ceux où on mange, et plus bas ceux où on se repaît.

Les vastes entreprises de nourriture publique connues de toute l'Europe sous le nom de restaurants à quarante sous, tiennent le haut bout de cette échelle inférieure. Ils offrent à leurs habitués trois plats à choisir sur trois cents dans une carte absolument semblable à celle de Véfour, un potage, un dessert, une demi-bouteille de vin. C'est à coup sûr une des merveilles de la civilisation parisienne que pour deux francs on puisse avoir gibier, volaille et

poisson. Mais ce n'est rien : au-dessous de ces établissements, il en existe d'autres qui, pour trente-deux sous,
vingt-cinq sous, vingt-deux sous, offrent identiquement les
mêmes séductions culinaires au public mangeant. Il y a
même des restaurants à dix-sept sous qui fournissent au
moins deux plats, entre un potage et un dessert flanqués
d'un carafon de vin. Encore n'y pouvez-vous fuir cette
même carte ridicule qui vous poursuit, invariable, du café
de Paris à la rue Coquillière ou à la rue de Valois, siéges
habituels de ces infimes entreprises, aussi vaniteuses que
pauvres. C'est pousser trop loin le programme et le culte
des apparences. Sur les trois cents mets annoncés, il en
est forcément deux cent cinquante exclus à tout jamais de
l'ordinaire. Mais le restaurateur, — dois-je lui donner ce
nom? — attend la demande de pied ferme. Il a deux réponses toutes prêtes. S'il est de bonne heure, le turbot
réclamé, voire le faisan exigé, ne lui sont point encore
arrivés de la halle. S'il est tard, le dernier morceau vient
d'en être servi : en revanche, il peut offrir du bœuf aux
choux et des pieds de mouton à telle sauce qu'il plaira de
choisir au dîneur. Que ne s'applique-t-il à servir en conscience deux ou trois de ces comestibles modestes, mais
proportionnés à la bourse de ses clients et ayant leur prix
après tout, au lieu de s'égarer en promesses fallacieuses
dont le moindre défaut est de ne tromper personne. A
table plus qu'ailleurs, le puff est une harpie qui gâte tout.

Les restaurants à prix fixe sont surtout fréquentés par
les provinciaux, qu'ils régalent et fascinent pour une quinzaine et renverraient dans leurs foyers avec une gastrite,
si la quinzaine devait durer seulement trois mois. Les
officines à deux francs du Palais-Royal s'enorgueillissent
de compter dans leur clientèle maint député économe et
père de famille, maint fonctionnaire que la munificence du
budget réduit, dans une position hiérarchiquement élevée,
à vivre de cette façon mesquine et assez peu salubre. On
apprend au reste à se servir des restaurants à prix fixe et

à y subsister tant bien que mal, sans grand inconvénient pour l'estomac ; mais il faut pour cela une longue pratique ; il faut surtout laisser de côté toute prétention au *régal*.

Un fait qui frappe les regards et étonne au premier abord, c'est la décence et fort souvent l'extrême élégance de la mise des convives qui alimentent ou qu'alimentent, — je ne sais lequel est le vrai, — les restaurants les plus modiques. Cela est caractéristique et jette un jour sur le mystère bigarré de l'existence parisienne.

Les vrais Parisiens fuient au reste, tant qu'ils peuvent, ces réfectoires décevants où l'ambition de la forme et de l'annonce déguise mal la triste indigence du fond. Ils préfèrent avec raison certains établissements peu connus de la foule où ils peuvent obtenir quelques mets des plus simples, mais de fort bonne qualité. Ils hantent de préférence les tavernes anglaises, dont quelques-unes renommées pour l'excellence de leurs viandes ; passent au besoin la barrière et ne dédaignent pas, s'il le faut, de gravir certains entre-sols de marchands de vins où l'on est tout surpris souvent de trouver fort bonne société de gens de lettres et d'artistes.

Les étudiants ont leurs restaurants spéciaux où les prix sont invariables : trente centimes les plats gras et quinze les plats maigres ; pain à discrétion, vin à peu près inconnu. De la sorte, ils peuvent dîner pour soixante-cinq centimes en minimum et transformer le surplus de leur nourriture en une demi-tasse suivie d'un domino interminable au café Molière ou au café Procope. C'est là un régime à faire trembler toutes les mères de famille et qui ne contribue pas peu à ces maladies d'épuisement et à ces fièvres typhoïdes endémiques au quartier latin ; mais bien habile sera celui qui le réformera, c'est-à-dire donnera aux étudiants — de l'argent d'abord, — puis de l'ordre, et le mépris des jouissances dont la dernière gît certainement pour eux dans la gastronomie,—ceci à l'honneur du jeune âge.

La nourriture du peuple est meilleure à tout prendre. Les ouvriers, que ne tentent point les creuses séductions du costume et du luxe, trouvent chez le marchand de vins des aliments grossiers, mais substantiels et propres à la réparation des forces. Ils vivent mieux et plus sainement, selon nous, que les étudiants et les habitués des restaurants à prix fixe. Mais aussi ils n'ont pas à leur disposition la carte des Frères Provençaux pour leur offrir une kyrielle de mets absents ou frelatés.

Continuons de descendre l'échelle culinaire. Nous arrivons aux tapis-francs de la rue de la Bibliothèque, renommés pour le foie de veau et la gibelotte chers aux voleurs, aux *arlequins* de la Cité, aux ragoûts du quartier du Temple à deux ou trois sous la portion, aux cuisines et aux fritures en plein vent, que je préfère de beaucoup, toutes primitives qu'elles sont, à ces abominables mélanges de détritus gastronomiques et de comestibles qui n'ont plus de nom dans aucune langue, et enfin à l'*Azar de la fourchette*, Véfour du vagabond et du chiffonnier, qui mérite une mention spéciale.

L'*Azar de la fourchette* est un établissement situé dans le quartier des halles, où, pour toute table, on trouve une vaste chaudière remplie jusqu'aux bords d'un liquide graisseux, sans cesse en ébullition, qui cache dans ses profondeurs une foule d'objets innommés, une multitude de substances animales et végétales. L'habitué de ces lieux dépose cinq centimes, moyennant quoi il est armé d'une longue fourchette en fer, et a le droit de plonger, *à l'azar*, ce trident dans l'océan d'eau de vaisselle où se mire son œil enchanté. Il en retire soit un pied de veau, soit un cou d'oie, une tête de mouton, une patte de dinde, du gras-double, un estomac ou un fragment quelconque de gallinacé, parfois une carcasse entière; quelquefois aussi moins que rien, un os sans moelle, un cœur de poule, une tête de canard implumée, une côte de chou, une simple carotte, une pomme de terre qui fut frite. Si l'*azar* l'a bien servi, il jouit du fruit de sa capture ; sinon, il peut recommencer autant de fois que la fortune aveugle lui tiendra rigueur, moyennant chaque fois le dépôt préalable de cinq centimes. C'est là la chance ; c'est là l'*azar* ; tous les hommes sont nés joueurs. On peut dîner pour cinq centimes ; mais aussi il se peut, par un jour de malheur, qu'on multiplie les coups de trident sans extraire finalement du gouffre autre chose que ce soulier, épouvantail de l'Auvergnat, à cause de la place incongrue qu'il occupe dans la marmite. Le pain est en dehors, et chaque gastronome l'apporte à dîner sous son bras.

Je ne garantis pas l'existence de l'*Azar* : il n'est plus, je crois, qu'historique, mais cette noble ruine ne pouvait être omise, plus que son opposite, le Rocher de Cancale, dans un semblable chapitre.

Un de nos confrères, qui a fait des découvertes heureuses dans les bas-fonds parisiens [1], signale deux industries gastronomiques qui ont une haute saveur d'originalité : celle du *peintre en pieds de dindon* et celle du *loueur de viande*. Le *peintre en pieds de dindon* est un observateur de génie, qui a trouvé un encaustique, un vernis propre à redonner aux pattes de la volaille en général cette coloration vive et appétissante dont l'absence est ce qui la fait dédaigner des ménagères, après deux ou trois jours d'exposition, quand la première fraîcheur en est passée. Ce signe caractéristique, révélateur indiscret d'une vétusté malheureuse, ne fait plus le désespoir des marchands de la Vallée, grâce à la découverte de ce grand *peintre*, le Jean de Bruges du commerce de la poulaille. Le *loueur de viande* est un gargotier à bas prix qui, pour appeler la pratique, s'entend avec quelque boucher d'alentour à l'effet de se faire apporter le matin un beau filet de bœuf, un mouton tout entier, qu'il étale à la devanture, et qui le soir est discrètement remporté chez le voisin.

[1] M. Privat d'Anglemont.

Comme il faut que la viande *se fasse*, cette location n'est pas chère. Le consommateur, attiré par la vue d'un mouton superbe, se dit : J'aurai bien du moins une côtelette ! et il se trompe grossièrement.

Paris dîneur, comme on le voit, justifie le mot que Voltaire lui applique dans son ensemble : « Centre de luxe et de misère. » On y dîne le mieux, le plus mal, le plus chèrement et le plus pauvrement du monde.

Ce qui manquait naguère à Paris, c'étaient des restaurants où à toute heure les honnêtes gens fussent assurés de trouver un dîner convenable sans avoir à le commander. Le supplice de la carte est un des plus cruels qu'on ait infligés à l'appétit depuis l'histoire de Tantale. Il existe en province de ces établissements; ils y prospèrent, et Paris était fort en arrière, sous ce rapport, de Marseille, de Lyon, de Bordeaux. Nous avons dès longtemps promis une fortune à quiconque s'aviserait d'importer parmi nous cette bien simple innovation.

L'événement a tout récemment réalisé notre promesse. Un ancien journaliste, ne sachant plus à qui vouer une plume sans emploi, a eu l'idée d'ouvrir un *Dîner de Paris*, conçu dans les conditions de notre *desideratum*. Il a offert au public un copieux dîner à trois francs cinquante, dîner fort complet et sans carte. Il a tout de suite trouvé beaucoup d'imitateurs et de concurrents, tant l'idée était simple et bonne. Il n'en continue pas moins, assure t-on, de prospérer, et le mérite pour son heureuse initiative. En dernier lieu, le *Dîner de l'Exposition* s'est fondé dans un magnifique local, en face de l'Académie impériale de musique, et au taux de cinq francs par tête, ce qu'on peut regarder comme le maximum du prix fixe. Cette cherté relative se justifie par un luxe et une élégance qu'à peine trouve-t-on chez les restaurants les plus fameux.

On voit qu'on peut dîner à Paris à tout prix, et c'est à peu près la seule ville de France dont on en puisse dire autant.

Il y a aux barrières d'innombrables guinguettes dont la plus célèbre est la cuisine populaire du Petit-Ramponneau, barrière Rochechouart, et des restaurants fort abordables, à la condition de les hanter de préférence le dimanche et le lundi, jours d'*extra-muros* pour une grande partie de la population parisienne.

II

Les Cafés.

« Le café passera comme le Racine, » prophétisait jadis un célèbre bas-bleu. Eh bien! le café comme le Racine n'ont passé qu'à la postérité et sont encore dans toutes les bouches. Le Racine a bien eu quelques moments de baisse ; il a été, comme chacun sait, *enfoncé* en 1830 ; mais le café a traversé toutes les phases politiques et culinaires avec une prospérité croissante. Sous l'ancien régime, un homme de haute naissance n'a pas cru déroger en attachant son nom à une nouvelle cafetière; Voltaire a sustenté de café coupé avec du chocolat sa débile et longue vieillesse; Fontenelle s'est abreuvé un siècle de ce poison lent. La révolution, cette buveuse de sang, a pourtant su l'apprécier, tout comme le règne du bon plaisir, et plus d'un Girondin a payé de sa tête le crime d'avoir aimé à prendre le moka chez madame Roland. Sous l'empire, Berchoux et Delille l'ont chanté ; la restauration, si elle ne l'a pas chanté, l'a du moins beaucoup consommé, et les régimes qui ont suivi ne l'ont cédé en rien à la restauration. Aujourd'hui, qui ne sait que le café au lait forme le déjeuner des trois quarts de la population de Paris?

Nulle part plus qu'en France, et surtout à Paris, le café, érigé presque en divinité, n'a des temples coquets, somptueux, innombrables. Partout on prend le café; mais en aucun lieu du monde on ne le hume avec tant d'aise, de

comfort, de joyeux et brillants accessoires. Le *café*, à
Londres, est inconnu; on n'y trouve que d'odieuses tavernes. Les Orientaux, d'où nous vient l'habitude de s'assem-
bler expressément dans un lieu *ad hoc* pour savourer
l'essence de la divine fève, ne consacrent à cet usage que
des espèces de trous, sans doute fort pittoresques sous le
pinceau des Marillat et des Decamps, mais infiniment plus
agréables à voir au Louvre qu'à Alger, à Alexandrie ou à
Smyrne. Les Allemands ne possèdent guère que des tabagies assez tristes. Il en faut dire autant des Hollandais : à
Amsterdam, un seul café, sur la grande place du Palais,
mérite à peu près ce nom; mais il est silencieux, morne,
froid comme un synode d'arminiens. Il semble qu'on crai-
gne d'y parler, d'y marcher, d'y agir, d'y vivre. Quelle
différence avec l'entrain, la gaieté babillarde et expansive
qui s'allument chaque soir, avec les feux du gaz, dans un
café parisien! Les Belges, les Bruxellois surtout, sont plus
civilisés : leurs cafés sont montés à la *façon* de Paris, et
ils leur ont tout emprunté, y compris la ridicule morgue,
plus ridicule encore chez les Belges qu'ailleurs, de ne pas
servir de bière, comme trop populaire et trop économique.
J'ai ouï dire le plus grand bien des cafés de Naples et de
Venise; mais j'imagine que le lointain poétique du souvenir
les rehausse singulièrement dans la pensée des narrateurs,
et j'ai peine à croire qu'ils effacent ou égalent seulement
tout ce que Paris peut offrir de splendeurs et d'élégances
en ce genre.

Donc, Paris est la terre classique des cafés, comme
l'Arabie est celle de la dive liqueur. Je voudrais bien savoir ce qu'en pense aujourd'hui madame de Sévigné, et je
payerais bien volontiers les frais de poste d'une charmante
lettre qu'elle nous écrirait de l'autre monde pour nous
dire, en joli caquetage posthume, tout son courroux, tout
son dépit de devineresse prise en faute sur un si sot, si
persistant, si inexplicable succès.

Le plus ancien café de Paris est, si je ne me trompe,

depuis que celui de Manoury a cessé d'exister, le fameux café Procope, où s'est réunie un demi-siècle, en face de la Comédie, alors rue des Fossés-Saint-Germain-des-Prés, l'élite des beaux esprits français. Je ne ferai pas d'archéologie et ne chercherai pas à restituer cette belle époque procopéenne, de laquelle ne reste qu'une décoration assez laide et assez enfumée pour paraître contemporaine, et une grande table située au fond de l'une des deux pièces, et dont le marbre gris et jaune a longtemps eu l'honneur de supporter les coudes et la demi-tasse du châtelain de Ferney. Aussi porte-t-elle son nom. C'est l'aristocratie de la jeunesse studieuse qui s'assemble au café Procope : on n'y fait plus guère d'esprit ; mais en revanche on y pratique, du matin au soir, un domino transcendantal. *Initium sapientiæ timor Domini*, disait un oncle à son neveu. Propos d'oncle. Le café Procope est la première académie de dominos du monde connu. La jeunesse imberbe est admise à y contempler plusieurs grands hommes qui se vantent d'avoir traversé dix générations d'étudiants sans payer une demi-tasse, le tout par la science de leur pose et la vertu du double blanc.

Deux autres très-anciens cafés sont celui de la Régence et le café de Foy ; l'un, ci-devant sur la place du Palais-Royal et aujourd'hui transporté dans le bel hôtel Fronsac, rue Richelieu ; l'autre, au Palais-Royal même. Le premier a toujours été et est encore renommé pour le nombre et la force de ses joueurs d'échecs, de même que le café Manoury l'était anciennement pour la réputation de ses joueurs de dames. On y voit le portrait du célèbre Philidor, jadis l'un de ses habitués les plus assidus, qui fut à la fois le rival de Monsigny et de Grétry et maître en l'art de Palamède. Là, trente batailles pacifiques s'engagent chaque soir sous l'œil d'une galerie compétente et nombreuse, qui juge les coups et décerne au général victorieux des applaudissements motivés ; quant au battu, il jure de prendre sa revanche,

Et du terrible *mat* à regret convaincu,
Considère cent fois le coup qui l'a vaincu.

On ne joue pas au café de Foy. La conversation et la lecture font tous les frais de ce vénérable établissement qui affecte, dans sa simplicité systématique et étudiée, la morgue de l'ancien régime, et s'est préservé avec soin de toutes les innovations romantiques du café moderne. Il a rejeté loin de lui le cigare, le domino, le billard, les déjeuners à la fourchette, les divans, les tentures et les plafonds dorés, comme autant de souillures à ses quartiers de noblesse. Il n'a pas besoin de ce clinquant pour enrichir septennalement chacun de ses propriétaires. Si l'école classique était bannie du globe, c'est au café de Foy qu'elle trouverait un refuge. Sa grande salle basse est une succursale de l'orchestre du Théâtre-Français. C'est là encore, et là seulement, qu'on s'occupe sérieusement des mérites du dernier Frontin, et des grâces de la nouvelle soubrette, toujours, bien entendu, inférieure à ses nombreuses devancières. Il y a là des gens dont les souvenirs dramatiques remontent, sans solution de continuité, à Monvel et à *la petite Mars*. On respire, dans cette atmosphère, comme un parfum d'ailes de pigeons et de littérature empire. L'ombre de M. Étienne plane encore sur ces tables, autour de ces piliers de stuc, chers aux académiciens, dont il a été si longtemps l'âme. Au reste, que d'illustrations diverses a vu passer le café de Foy! Que d'anecdotes s'y rattachent! C'est presque un monument historique. C'est là que Sainte-Foy eut sa fameuse querelle de la bavaroise au lait qui, pour lui avoir valu un si bon coup d'épée, n'en demeura pas moins ce qu'elle est en effet, un fort détestable souper. N'est-ce pas du café de Foy que Camille s'élança, aux jours de l'insurrection populaire, pour haranguer les citoyens, leur distribuer de sa main des signes de ralliement arrachés aux branches des arbres, et préparer ainsi l'inauguration de la cocarde nationale? Qui n'a remarqué au plafond de l'établissement cette hirondelle brossée dans un ciel de plâtre par le second des Vernets? Nous venons de revoir plusieurs des toiles jadis les plus vantées de ce spirituel artiste, et vraiment il nous semble que son meilleur *tableau* est encore cette hirondelle, au reste la seule peinture qui décore le café de Foy.

Le café Valois (donnons en passant une larme à sa mémoire) était, après celui de Foy, le plus ancien café du Palais-Royal. Longtemps encore nous l'avons vu brillant d'un reste de splendeur, comme la légitimité, alors qu'elle espérait encore; mais quelques tendances démagogiques le firent abandonner de ses nobles et jusque-là constants habitués, et il s'en est allé avec la *Quotidienne,*

> Où va la feuille de rose
> Et la feuille de *papier.*

Le café d'Orléans, de récente origine, ainsi que la galerie vitrée dont il se pique d'être le plus bel ornement, et le café de la Rotonde, résistent courageusement et même victorieusement à la décadence de jour en jour plus manifeste, hélas! de ce Palais-Royal, si pimpant, si fêté au temps de ses déportements, si terne et si abandonné depuis qu'il s'est fait vertueux. Le méridien de l'univers n'est plus l'allée de la Rotonde, et les Cosaques trouveraient qu'on leur a bien gâté ce cher Palais-Royal, s'ils le revoyaient aujourd'hui : aussi veux-je espérer qu'ils n'y reviendront pas. Néanmoins, le café de la Rotonde tient bon; il a ravi au café de Foy le fermage des chaises et tables du jardin, moyennant le simple loyer de quarante mille francs par an. C'est lui qui, à cette heure, est en possession de ce privilége si envié, que cent mille demi-tasses ne le sauraient payer. Il ne pense pas sans doute, puisqu'il l'a emporté, payer cet avantage trop cher. Que le ciel lui soit pur, et les zéphyrs légers! C'est ce que je lui souhaite au nom des officiers en demi-solde, des comédiens en grève, des commis de nouveautés, et des ménages bourgeois qui forment la majorité de son infinie clientèle de consommateurs en plein vent.

Le café Corazza date de cette époque d'invasion napolitaine où les célèbres glaciers Zoppi, Tortoni, Corazza, vinrent populariser en France l'art du sorbet au marasquin et de la glace panachée. Placé sous la direction de l'un des frères Douix, qui furent *dans la bouche* de Charles X, il a subi les influences de la vocation primitive de son propriétaire, et a pris une place distinguée au nombre de ces amphibies agréables qu'on nomme *cafés-restaurants*.

Le café Lamblin, que de ruines, hélas! si renommé pour l'excellence de son café et de son curaçao sec, fut longtemps au café Valois ce que le *National* fut à la *Gazette de France*. Sous la restauration, il était comme une sorte de loge maçonnique pour le carbonarisme; dans les premiers jours de la révolution de juillet, une succursale du club des *Amis du peuple*. Mais il est reconnu aujourd'hui qu'un café ne doit point avoir d'opinion. Le café Valois a été victime de ses principes monarchiques; le café Lamblin a succombé sous ses opinions républicaines. Le libéralisme le délaissa honteusement : ce n'est plus qu'un estaminet au second étage; ce n'est plus rien.

Tous ces établissements, sauf le café de Foy, ont plus ou moins sacrifié au culte envahissant du havane et du panatellas; mais, sous ce rapport, ils sont hors d'état de soutenir la concurrence avec les grands estaminets que renferme le Palais-Royal, et qui occupent pour la plupart les vastes et beaux appartements des anciennes maisons de jeux. Les plus célèbres sont l'estaminet Hollandais et l'estaminet de l'Univers, auxquels dix autres sont venus s'adjoindre depuis quinze ans, tous jouissant d'une certaine faveur et attirant à eux un public de jour en jour plus convenable. Le temps n'est plus où l'épithète de *chevalier*

d'estaminet était un stigmate repoussant dont les gens
bien nés flétrissaient tout homme plus ou moins inculpé
de cigare habituel.

Passons les ponts, et allons prendre le café au quartier
latin. Je laisse de côté Procope, où j'ai déjà fait une halte...
Mais le café Molière et le café Voltaire méritent aussi une
mention. Leur origine est moins ancienne et moins illustre
que celle du premier; mais ils comptent déjà une longue
existence signalée par une vogue constante, et tout porte
à croire que, soutenus par les noms augustes qu'ils portent, ils passeront à la postérité étudiante en l'an scolaire
1900, et peut-être bien au delà. Je cite ces cafés parce
qu'ils sont littéraires (il n'en est plus de politiques, même
dans le pays latin); parce qu'il s'y réunit une jeunesse
d'élite, jeunesse intelligente, enthousiaste, dont les nobles
instincts ne se sont point encore desséchés au contact des
intérêts matériels, et qui se dédommage de n'avoir plus à
cœur, peut-être autant qu'il faudrait, les grandes affaires
du pays, en apportant une passion d'autant plus vive à
examiner, à juger, à débattre les questions d'art, de
science, de lettres, de philosophie à l'ordre du jour. Tout
cela est bien, il est vrai, entremêlé de *poules* et d'un peu
trop de choppes; mais on a vingt ans, et qu'importe! Le
fond est bon, le cœur est droit et les tendances élevées.
C'est là que les productions des feuilletonistes à la toise
sont estimées à leur valeur; c'est là que les revues et les
recueils sérieux, ou du moins ceux qui se respectent, sont
lus, commentés, étudiés, et que l'honneur de tenir une
plume littéraire est dignement apprécié. Plus d'un écrivain l'est devenu dans cette fécondante atmosphère et
dans ce milieu plus paisible qu'on ne le pense communé-
ment, où il se remue tous les soirs assez d'idées pour défrayer l'Institut pendant vingt séances. — Le café Tabourey, qui occupe le rez-de-chaussée de la maison habitée
par M. Jules Janin, est, à cette cause peut-être, du nombre
des cénacles littéraires du quartier latin. Il fut le berceau

de la naissante renommée de M. Ponsard, et c'est de là que la Lucrèce s'élança, timide d'abord, puis grandissante outre mesure, pour courir sus aux Tarquins. Depuis cette époque, le véritable foyer de l'Odéon dans les entr'actes est à l'estaminet du café Tabourey.

Des autres tabagies innombrables et innommées où s'assemble, la pipe à la boutonnière et le béret basque sur l'oreille, la tourbe des étudiants moins raffinés de goûts, et aussi celle des *étudiantes*, je ne dirai rien. J'aurais bien là quelques scènes de mœurs à offrir; mais je craindrais que les mœurs mêmes n'en prissent ombrage.

Je quitte donc le *Latium* pour regagner la ville moderne; mais en traversant en toute hâte le faubourg Saint-Germain, et en longeant cette rue du Bac si chère à madame de Staël, je ne puis omettre entièrement le café Desmares, qui joua un si grand rôle légitimiste sous la branche aînée des Bourbons; qui, plus tard, avec les débris du café Valois, composa une sorte d'*Union monarchique*, et qui aujourd'hui, revenu de ses rêves politiques, se contente d'être un excellent café-restaurant où les chefs supérieurs des ministères voisins coudoient les vétérans du droit divin, et où tous sont accueillis à merveille, sans distinction d'opinion. Il y a beaucoup de tenue et même une sorte de roideur dans l'aspect de cet établissement. Il n'est pas sans analogie avec le café de Foy, si ce n'est que ce dernier tient pour l'empire, tandis que le café Desmares nourrit, à son insu, un faible pour la restauration, ses premières et, je crois bien, ses seules amours.

Gagnons maintenant en toute hâte les boulevards, et cependant donnons une larme, en suivant ce qui fut naguère la rue du Coq-Saint-Honoré, à l'ancien *café des Arts*, cher au fouriérisme, qui s'y livrait chaque soir à un whist passionnel et à une poule harmonique. C'est là que l'apôtre Jean Journet, fameux par ses *Cris et soupirs*, exposait ses théories néo-évangéliques, et que M. Tousse-

nel, le spirituel feuilletoniste du phalanstère, développa
ses paradoxes les plus hardis.

En face du Théâtre-Français, le café Minerve mérite
aussi d'être remarqué. Ce ne sont pas des socialistes, mais
des sociétaires qui s'y rassemblent. Les acteurs de la Comédie aiment à s'y délasser de leurs travaux scéniques....
Favet Minerva labori.

Nous voici au boulevard, dont nous ne ferons que suivre au pas de course la ligne étincelante de gaz et des
splendides étalages.

C'est à partir de la rue de la Chaussée-d'Antin que commencent le véritable boulevard et les véritables cafés, ceux
où Paris mondain se donne rendez-vous. Voici, à l'angle
de cette rue, un autre *café Foy*, beaucoup plus élégant,
non meilleur peut-être, mais plus réconfortant que son
illustre homonyme et devancier ; on y soupe beaucoup, et
ce n'est pas avec une bavaroise.

Tortoni, dont l'européenne renommée nous dispense de
tout éloge, mais dont le perron est un peu morne depuis
qu'il a été déserté par ces gros messieurs du *fin courant*
et du *report*.

Le *café Anglais* et *la Maison d'Or*, chers aux viveurs,
aux débardeurs, aux Mogadors et aux Frisettes, temples
du lansquenet, manoirs de *gentilshommes*, ouverts le jour,
ouverts la nuit, salles à manger et comptoirs des bals masqués de l'Opéra, officines gastronomiques, établissements
dyonisiaques dont les galants réduits ont vu plus d'aventures que le fameux *sopha* de M. Crébillon le fils.

L'estaminet du *Grand-Balcon*, adossé à l'Opéra-Comique, est aux joueurs de billard ce qu'est le café de la
Régence aux joueurs d'échecs, ou Procope à ceux de dominos : une véritable académie.

Le *café de l'Opéra* est l'un des asiles où s'est réfugié
la gent boursicottière, après avoir quitté le perron Tortoni. Cet établissement, composé mi-partie de musiciens et

de coulissiers, est, à ces causes, un des plus curieux de Paris ; mais il en est un des plus sombres.

Le *divan de l'Opéra*, qu'infestaient autrefois certains oiseaux de proie connus dans le monde de Clichy sous le nom de *courtiers de papier*, c'est-à-dire d'intermédiaires entre les jeunes fils de famille qui sentent le besoin de se dépouiller à l'avance de leur patrimoine et les Shylocks contemporains. C'était là sa spécialité ; car tout établissement doit avoir la sienne pour s'assurer un certain fonds. Le divan de l'Opéra a, je crois, renoncé à celle-là : il a bien fait. En revanche, il s'y réunit assez bon nombre de boursiers. J'ignore s'il a gagné au change.

Le *divan de la rue Lepelletier*. C'est le café Procope du dix-neuvième siècle. Tous les arts, tous les organes de la presse y sont représentés. On y fait beaucoup de critique, trop de critique, et, en général, plus d'esprit que de consommation. Le maître du café s'en plaint dans l'intimité ; mais comme il est glorieux, au fond, de posséder tant de grands hommes, il n'a garde de laisser apparaître son secret désappointement. Ce n'est pas à dire précisément qu'il ait à payer sa gloire ; mais elle ne l'enrichira pas. Nous pourrions citer beaucoup de noms très-recommandables, et quelques-uns déjà célèbres, parmi ceux dont les propriétaires honorent le divan de leur présence ; la majorité toutefois s'y compose d'écrivains qui dépensent beaucoup d'esprit et de talent dans les travaux obscurs du petit et même du grand journalisme. On y trouve un peu trop de génies incompris. En somme, s'il est permis de comparer un instant la Bourse à la littérature, nous dirions volontiers que le divan de la rue Lepelletier est la coulisse des belles-lettres, comme le café de l'Opéra est la coulisse de la Bourse.

Le *café Cardinal* réunit, à l'heure du déjeuner, la plupart des mêmes grands hommes. Ils entament, en prenant la tasse de café au lait, le haut problème d'esthétique qui sera résolu le soir. Le buste de Richelieu sourit à leurs combats et les protége, du haut de sa niche, de son patronage posthume.

Le *café Frascati* eut, pendant une quinzaine, l'honneur d'occuper tout Paris avec une belle limonadière, si belle, qu'il fallut bientôt la confisquer, de crainte d'effervescence et d'invasion populaires.

Le *café Véron* inaugura le règne des cafés splendides où l'or, les peintures, les glaces, l'ameublement attirent et éblouissent l'œil.

Mais il fut bientôt distancé dans cette voie par l'asiatique *café Pierron*. Ce ne furent plus seulement alors le pinceau et l'art du doreur que le limonadier-artiste sut mettre largement à contribution : entre ses mains habiles et hardies, le café devint un palais magique, où tout l'art de la renaissance fut mis en œuvre avec un goût d'archéologue et d'architecte. Ce ne furent partout que médaillons, pendentifs, culs-de-lampe, boiseries sculptées, plafonds dorés et ciselés. Là, véritablement, tout le monde pouvait se croire chez un prince, et tout le monde était chez soi. L'exemple de M. Pierron trouva beaucoup d'imitateurs. De là le café de la Banque, les nouveaux *Frères Provençaux*, et quelques autres qui sont demeurés enfouis sous leur magnificence; mais aucune concurrence rivale, aucun plagiat n'ont pu effacer la splendeur de l'initiative prise par le café Pierron, qui est véritablement demeuré le chef de l'école renaissance, appliquée à l'exploitation de la demi-tasse et du sorbet.

Il y a loin du café Pierron à l'estaminet du *Cheval blanc*. Débonnaire et patriarcal, cet établissement, peu connu, est situé dans le faubourg Saint-Denis. C'est l'estaminet primitif dans toute sa pureté native. Loin d'appeler la clientèle par le charlatanisme, du reste fort licite, d'un étalage fastueux, il semble la fuir comme au temps où fumer était un grand crime. Il n'a point d'entrée sur la rue; on y pénètre par une cour et un dédale de couloirs. Aussi sa renommée ne dépasse guère l'enceinte du quartier; mais

elle y est fort bonne, ce qui vaut bien les murs dorés. Les
habitués du lieu sont tous gens respectables et *établis*, qui
aiment à pratiquer dans l'ombre, comme s'il s'agissait des
plus affreux mystères, leur petit défaut favori. Je ne sais
trop, en vérité, si une présentation quelconque n'est pas
nécessaire pour qu'un étranger y soit admis. Et par ce
mot *étranger*, notez qu'il faut entendre tout simplement
les citoyens des onze autres arrondissements. Au reste, le
Cheval blanc, par ses mœurs pacifiques, par sa simplicité
et par sa bonhomie, tient beaucoup de l'estaminet germa-
nique, ce qui est, certes, une raison pour que le Parisien
proprement dit y soit considéré comme étranger.

En continuant de suivre la ligne des boulevards, on arrive au fameux *café Turc*, dont la vogue, pendant et
même depuis l'empire, n'eut d'analogue peut-être que
celle des bains Chinois (encore démolis!). A cette conqué-
rante époque, les noms les plus exotiques faisaient fortune,
l'Europe, que dis-je? le monde entier étant un peu notre
domaine. La foule s'est portée encore, il y a peu d'années,
au café et au jardin Turc pour assister aux concerts en
plein vent, mêlés de pyrotechnie et de feux du Bengale,
que dirigeait un rival du grand Musard. Cette union mal
assortie et passablement incestueuse de Vulcain et d'Eu-
terpe n'a pas eu de suites durables, et le café Turc, un
instant débauché et étourdi par tout ce fracas, n'a pas
tardé à retomber dans l'heureuse placidité qui est le fond
de son caractère et dont il ne sortira plus. On sait qu'il est le
rendez-vous de cette classe si enviable qu'on nomme les rentiers du Marais. Cette clientèle vaut pour lui une inscription au grand-livre. Bien que de mœurs très-différentes,
il offre, comme on voit, une certaine analogie avec le
café de l'Opéra; seulement, au café Turc, on est dans
l'habitude de garder les rentes qu'on a, tandis que, dans
l'autre, on vend celles que l'on n'a pas. Voilà toute la
différence.

Si l'on voulait pousser plus loin cette énumération

déjà trop longue peut-être, on pourrait y ajouter celle des
cafés de bas étage, des estaminets suspects, des *souricic-
cières*, ainsi nommées parce que la police, par des des-
centes inopinées, y prend les malfaiteurs au piége, des cabarets, des *tapis-francs* et autres bouges de même ordre.
Est-ce la peine ? Les mœurs des voleurs ont été scrupuleusement étudiées, et on trouvera dans d'autres livres ou
recueils tout ce qui peut, à cet égard, satisfaire la curiosité la plus avide. Le sujet n'a même plus le mérite d'être
neuf, et l'argot n'est plus à la mode. Pour en finir avec
les cafés, ils sont un des grands éléments de la vie parisienne, et trente mille individus se pendraient le dimanche
soir si on les fermait comme à Londres. Quel plaisir de causer de tout ce qui se passe et de lire les nouvelles dans cette
chaude, bonne et exhilarante atmosphère ! Point de cafés
et point de journaux, il n'y aurait plus de Paris !

III

L'Hôtel Américain.

Les chemins de fer ont changé constitutionnellement,
comme on disait jadis, les conditions d'existence de Paris ;
mais, si lents qu'ils aient été à se construire, Paris, la
ville d'initiative et de progrès par excellence, à ce qu'on
prétend du moins, n'a pas marché du même pas. Paris, le
premier centre de l'Europe et du monde, ressemble encore
à une étape établie pour le genre humain, où l'on n'a ou-
blié qu'un point : les logements. On le perce à jour, on
l'aère, on l'assainit, on met à bas les vieilles masures :
c'est bien fait, n'en déplaise aux archéologues ; mais les
vastes voies, les boulevards spacieux, les quais immenses,
les rues larges sont ouverts aux dépens des habitations ;
car enfin, de quelque façon qu'on s'y prenne, il n'y aura
jamais dans l'enceinte du mur d'octroi qu'un nombre déterminé d'hectares ou lieues carrées, et plus on y embel-

lira, plus il y aura de gens menacés, c'est-à-dire sûrs de coucher à la belle étoile.

Ce phénomène nécessaire se révèle d'abord, pour les Parisiens, par une plus-value des loyers équivalant presque à une abolition complète des logements. Vous rappelez-vous une parade intitulée, je crois, *l'An mil neuf cent quarante*, et représentée avec plein succès au théâtre de la Porte-Saint-Martin? On y voyait des portiers dégustant le punch glacé et *sablant* le champagne au fond de leurs loges. Survenait un quidam, en très-mince équipage, demandant à louer un appartement dans la maison. — Monsieur, répondait le concierge majestueusement, il ne reste plus qu'un petit logement de garçon, au septième, et très-mansardé. — Quel prix? — Cinq mille francs. — Quel bonheur! Je le prends, répondait le locataire en peine; c'est pour rien, c'est donné! Quel aimable, quel généreux propriétaire!

Nous en sommes là, ou à peu près. Je connais une quantité de personnes qui fuient Paris en ce moment, non certes par dégoût ou par économie, mais par l'impossibilité à peu près absolue d'y trouver un abri quelconque. Ces fugitifs ont pris le parti héroïque, pour héberger leurs malles, de louer des mansardes, qu'ils ne trouvent pas davantage. Une bonne partie de la population camperait aujourd'hui sur les terrains de Monceaux, si l'on n'y construisait des docks. Les gens logés contemplent, du haut de leurs balcons, l'humanité vagabonde, à la manière des navigateurs égoïstes et retirés qui envisagent les tempêtes de leurs villas de Paramé, de Saint-Servan ou d'Ingouville, et ils font tous les jours aux dieux lares des offrandes de billets de mille francs, pour les remercier de leur avoir donné, de par le quatre et demi et les actions de la Banque, un refuge assuré contre les inclémences de l'hiver.

Voilà pour les Parisiens. Que dire des étrangers que, chaque jour, cent trains, à toute vapeur lancés, dégorgent de tous les points de l'horizon? Rien, hélas! sinon que, même avec l'obole indispensable, les voilà contraints pour la plupart d'errer, comme des ombres sans garni, sur les bords de ce Styx bourbeux et à deux branches qu'on se plaît à nommer la Seine. Les plus heureux trouvent à se remiser au haut de quelque *hôtel du Brésil*, ou de *Russie*, ou de *Touraine*, perdu dans un quartier antédiluvien comme le Palais-Royal (un préjugé de province), ou la Halle aux blés, ou le Marché aux viandes ; et voilà des gens qui, de retour au chef-lieu de leur arrondissement, ne manquent pas de dire que le *grand village* a trompé leur attente ; que c'est une immense déception, etc. — Je le crois bien ! Les malheureux ont logé dans des meubles en velours d'Utrecht qui remontent au temps du traité de ce nom ; ils ont couché sous toutes sortes de calicots douteux, dans des lits de noyer, bois dont le fruit coriace semble avoir servi de carde à leurs matelas ; ils ont grimpé, par des escaliers tortueux, sous la seule lueur d'une chandelle fumeuse, à des étages impossibles, et, du haut de leurs réduits sordides à deux francs par jour, ils ont eu, pour se réjouir, à travers un vitrage mal lavé que surmontent des rideaux très-peu blanchis, la vue du ruisseau fangeux qui sourd de tous les plombs du voisinage et coule entre deux lits de moellons, ou l'agréable aspect de la voisine d'en face, nourrissant ses serins, peignant ses rejetons, battant ses tapis ou lavant son linge sale à la fenêtre.

Ce sont là les heureux. Les autres, à part quelques privilégiés de la fortune, qui, de par la puissance des roubles-argent ou des dollars californiens, forcent tout obstacle et obtiennent un gîte à peu près satisfaisant ; les autres, dis-je, dans certaines circonstances extraordinaires, comme nos grandes fêtes publiques, comme les expositions industrielles européennes, ne peuvent, à aucun prix abordable, trouver le refuge qu'ils espèrent, pas seulement une mansarde, une soupente, une alcôve. Ceci s'est produit notamment aux dernières solennités impériales du

10 mai et du 15 août; on a vu alors un phénomène singulier en partie double : les Parisiens étaient réduits à la
famine par l'invasion des étrangers; mais ceux-ci, en revanche, étaient, comme la plaie de sauterelles dévorantes
dont ils nous offraient l'emblème, réduits à remiser *sub
Jove*, et plus d'un s'estima content de parquer, après les
illuminations, dans les fossés du Champ de Mars ou sous
les arbres des Champs-Élysées.

La vérité est donc que Paris n'est nullement *paré* pour
la bonne fortune que lui amènent ou lui promettent à
l'envi tous les réseaux de chemins de fer, gigantesques
conduits dont le premier effet est de centupler les voyages. Si Paris ne veut pas être dépossédé, pris d'assaut par
les Anglais, les Bourguignons et les Belges, il faut que,
sans retard, et toutes affaires cessantes, il s'occupe de recevoir et de caser congruement ses innombrables visiteurs.
Que l'on songe donc qu'il y a six grandes gares dans le
pourtour de notre mur d'octroi, sans compter les petits
chemins de fer de Versailles, de Saint-Germain, de Sceaux,
et *tutti quanti*, et que chacune de ces gares accueille,
tous les jours, d'heure en heure, des trains de cinq et de
six cents personnes. Paris est au-dessous de ses obligations : ce n'est un doute pour personne, et, quand on voit
les naturels du pays si mal et si chèrement installés, on
ne peut se défendre d'un serrement de cœur en songeant
à tant de bonnes gens d'en deçà ou d'au delà de la frontière, qui viennent, sur la foi d'une réputation antique
et solennelle, voir le chef-lieu, le sanctuaire des arts, des
belles manières, des belles-lettres, des sciences, de l'habit
brodé, de la culotte courte et de la civilisation. Or, le
premier devoir d'un peuple, même barbare, qui se respecte, consiste dans la pratique de l'hospitalité, alors surtout que cette vertu est pour lui de défaite, et, comme la
justice, ne saurait trop se payer.

Paris n'a point d'hôtels; à part quelques édifices, aristocratiques par le prix, très-mesquins en réalité, alors

surtout qu'on les compare aux immenses et magnifiques
caravansérails d'Allemagne, de Suisse, et surtout d'Amérique, on n'y trouve que de vieilles bicoques, très à tort
qualifiées d'hôtels garnis, nullement adaptées à la prétention ambitieuse qu'elles affectent, point appropriées, point
construites, à peine et chichement aménagées pour les
besoins à satisfaire, et presque toutes enfouies au fond de
quartiers fabuleux, sombres, enfumés, d'où la vie et le
mouvement se retirent.

Ceci, il faut le dire, frappe tous les yeux, et il ne faut
qu'avoir été une fois dans sa vie à Vevey, à Genève, ou
sur les bords du Rhin, pour être stupéfait et très-pénible-
ment affecté de la pauvreté relative de nos établissements
hospitaliers.

Que serait-ce, si l'on revenait d'Amérique?

Là, chez ce peuple jeune, né d'hier, on rencontre, non
pas seulement dans les principales villes de l'Union, mais
partout, de vastes et superbes maisons communes, de vrais
phalanstères, de vrais palais ouverts à l'étranger, et lui
offrant toutes les ressources, tous les raffinements, tous les
luxes possibles et impossibles, pour un prix très-modéré,
à peine égal au taux qu'on prélève chez nous dans les plus
médiocres hôtels. La devise de ces établissements modèles
est de donner au voyageur toute la satisfaction matérielle
et autre, tout le comfort du *chez soi*. Non-seulement ce
mot d'ordre est toujours suivi, mais il est toujours dépassé. Quel étranger, à moins d'être prince ou nabab,
pourrait se flatter de réaliser chez lui le complet, le concert, l'accord de jouissances qu'il trouve accumulées sous
sa main, à raison de deux dollars (dix francs) par jour?
Appartement somptueux et spacieux, meubles frais, tentures riches, épais tapis sous les pieds, chaude température, festins quotidiens, *bar-room* ou café pour ces toasts
dont sont si prodigues les fils de l'Amérique, salles de
bains, salons de conversation, cabinets de lecture munis
de tous les journaux ou recueils du globe, estaminets,

boudoirs, office de publicité où convergent toutes les affiches ou avis susceptibles d'intéresser le moindrement le
voyageur, bureau de renseignements universels, consul-
tations et ciceronage pour tout ce qui le touche, affaires
ou plaisirs, service ponctuel, empressé, cordial, transport
à volonté et gratuit, affranchissement de tout souci de
bagages, tant à l'arrivée qu'au départ, il a tout, et, au
nom de ses dix francs par jour, il est le roi de l'univers,
d'un univers, il est vrai, où tout le monde l'est, quand il
a de l'argent, ce qui ne nuit à personne.

Aussi qu'arrive-t-il? Les voyages engendrent et multiplient les voyages. Pour la moindre affaire, l'Américain se
met en route avec toute sa famille pour trois, quatre, cinq
cents lieues. Les dépenses de ce déplacement excèdent à
peine celles qu'il ferait au logis : il a de plus la distraction, le grand air, bon hôte, bon accueil, bon gîte, magnifique chère, jouissances variées, raffinées, composites,
et aucun embarras. Les hôtels font les voyageurs, et ceux-ci,
à leur tour, en retour, font et accroissent, dans une proportion indéfinie, la prospérité des hôtels.

Veut-on savoir ce que c'est qu'un hôtel de moyenne
classe au delà de l'Atlantique? Le *Courrier des États-
Unis*, dans un relevé que tous les journaux français ont
reproduit, va nous en donner le bilan; les chiffres ci-après
s'appliquent au *Metropolitan-Hotel* de New-York et n'embrassent que les fournitures d'une année :

« Depuis le 1er septembre 1852, jour de son ouverture,
jusqu'au 1er septembre de cette même année, il a été consommé dans cet hôtel : 418,000 livres de bœuf; 3,500 moutons et agneaux; 150 veaux; 110,000 livres de poisson et
de homard; 626,000 huîtres; 171,000 têtes de volaille et de
gibier; 91,000 livres de jambon et de porc; 65,000 livres
de beurre et de fromage; 780,000 œufs; 204,000 quartes
de lait et de crème; 2,800 boisseaux de farine de blé et
de maïs; 6,322 gallons d'eau-de-vie et d'autres liqueurs;
21,160 bouteilles de champagne; 22,912 bouteilles de xé-

rès, de madère, etc.; 18,942 bouteilles de bordeaux et de vins blancs; enfin, pour 20,000 francs de fruits et de légumes.

» Dans ce compte ne se trouvent pas mentionnés les bouteilles de bière, les vins employés dans la cuisine, les liqueurs fines, etc., qui auraient de beaucoup grossi la liste. La recette brute de l'hôtel a été, pendant cette première année, de plus de 500,000 dollars (2,500,000 francs); la dépense du chauffage et de l'éclairage s'est élevée à 14,000 dollars (70,000 francs), et la seule redevance pour l'usage de l'eau a été de 1,000 dollars (5,000 francs). »

Notez, s'il vous plaît, et rappelons que le *Metropolitan-Hotel* n'est qu'un établissement mitoyen. Il s'en faut de beaucoup qu'il soit le plus vaste de New-York. *Saint-Nicolas*, l'un des plus récemment construits, contient mille chambres; *Astor-House*, dont le dernier propriétaire *valait*, c'est-à-dire possédait de 75 à 80 millions de francs, est une véritable ville. C'est l'hôtel-géant des États-Unis, où *Tremont-House*, à Boston, a été le premier type, aujourd'hui très-dépassé, de ces colossales entreprises. Car les Américains s'y sont pris de bonne heure; sans être musiciens, ils *font grand*, et déjà ils touchaient aux perfections du genre que nous n'en étions pas encore, nous si progressifs et si policés (c'est nous du moins qui le disons), à soupçonner les premiers rudiments de ce grand art de l'hospitalité, si élémentaire, si facile à appliquer en grande échelle.

Mais, cependant, voici que nous marchons enfin, ou tout au moins voici que nous allons marcher. L'initiative de la réforme des hôtels aura été due chez nous à deux hommes d'imagination et d'esprit, et j'ajouterai de courage, car il faut être tout cela en ce temps pour oser rompre en visière à la routine, et avoir le courage civil d'attacher le grelot d'une importation, d'une nouveauté nécessaire. L'amitié qui nous lie aux auteurs de l'idée ne doit point nous empêcher d'être juste à leur endroit.

M. Paulin, directeur de l'*Illustration*, M. Horeau, architecte, et un très-riche capitaliste, leur associé pour cette belle et vaste affaire, ont conçu depuis plusieurs années déjà la pensée de doter Paris de grands hôtels en rapport avec les besoins d'un afflux d'étrangers sans cesse croissant, en communication avec les nombreuses gares qui les débarquent chaque jour, en harmonie enfin avec la population mobile et les nécessités hospitalières d'un grand centre de commerce, d'industrie, de gouvernement, de plaisir, comme l'est la capitale de la France.

Des omnibus iront prendre les voyageurs à la sortie des chemins de fer : ils les amèneront, non de force, mais de gré, vous pouvez en être certain, à ces grands caravansérails établis dans les plus beaux et les plus populeux quartiers de notre ville : là, les survenants trouveront, dans des habitations grandioses et que nous nommerions royales, si le mot n'était pas si suranné, l'hospitalité la plus large, la plus riche, la plus complète, la mieux pourvue de tout au meilleur compte possible, la plus princière et la plus américaine, c'est tout dire.

Si le fouriérisme avait eu l'esprit de commencer par là la mise en œuvre de ses superbes visées sociétaires et attractives, il n'aurait soulevé ni tant de clameurs, ni tant de sarcasmes, et plus d'un phalanstère serait debout aujourd'hui. Le voilà, le vrai phalanstère : ce n'est pas aux familles, ce n'est pas aux mystères ombrageux de l'intimité, c'est aux nomades qu'il convient ! Si je suis chez moi, je veux être chez moi, ceci soit dit sans pléonasme. Mais, en voyage, dans cette utile et stimulante locomotion qui prédispose l'homme, — et c'est là son bienfait, — aux grâces de l'expansion et de la sociabilité, quelle raisonnable objection pourrai-je avoir à hanter de préférence un palais construit tout exprès pour moi, où je trouverai tout à souhait et à mon ordre ; où, en réservant le droit inaliénable de m'isoler si bon me semble, je jouirai, à mes jours et heures, du commerce de gens pour la plupart distingués et venus de toutes les parties du globe, des agréments, de la plantureuse abondance qui naissent, sans excédant de prix, du simple fait de la communauté et du rapprochement? Et quel motif tant soit peu plausible aurai-je désormais de m'en aller planter ma tente rue des Vieux-Augustins ou rue Coquillière, où, indépendamment d'une vilaine rue et d'un entour suranné, je ne trouverai que vieux logis, vieux meubles, ciel sombre, vue bornée ou triste, et tout cela sans pouvoir même m'alléguer l'excuse d'une économie? Evidemment, mon choix est fait; il faut que les noirs méandres qui entourent la place des Victoires et le Palais-Royal en fassent leur deuil, et pas un homme raisonnable ne consentira à l'avenir à se laisser interner dans ces façons de casemates dites garnies, d'un luxe si indigent et si criard.

Il ne nous appartient pas d'aborder ici la portion industrielle de l'affaire; d'autres plus compétents s'en chargeront ailleurs. Mais il n'est pas très-difficile, pour peu qu'on ait le sentiment du *deux et deux font quatre*, de concevoir que dix seront mieux traités qu'un, cent que dix, et mille que cent, pour un prix inférieur à celui qu'il faudrait compter par tête, si l'on voulait continuer la vieille méthode. Par conséquent, les bénéfices de la nouvelle entreprise sont assurés, et si une bonne gestion, comme cela doit être, en dirige la marche, il est incalculable où ils peuvent s'étendre. Le Veau d'or, qui est le Saint-Esprit de nos jours, descend inévitablement au milieu des groupes nombreux. Le fameux M. Astor père, d'*Astor-House*, a amassé seize millions de dollars à comprendre et à mettre en pratique, en satisfaisant tout le monde, et en gagnant sur tout le monde, en élevant enfin aux proportions d'un art l'industrie du logement, cette vérité bien simple.

Ces lignes étaient écrites il y a une année. Tout était de bon présage pour l'entreprise; mais... *sic vos non vobis nidificatis, aves...* les deux hommes d'esprit n'ont point fait l'affaire, et c'est un homme d'affaires qui a eu l'esprit de réaliser leur idée. L'éveil étant donné, la trompette

sonnée, les millions sont intervenus, et ils ont emporté
la chose, sans compter, bien entendu, qu'avec eux-mêmes.
L'hôtel américain, qui devait s'élever aux Champs-Élysées, est construit; il existe place du Palais-Royal, et s'appelle l'*hôtel Rivoli*. Allez, ô étrangers, allez-y prendre
place; que les millions vous soient légers! Les gens d'esprit en sont pour leurs frais et leurs peines; mais c'est
leur faute aussi : pourquoi les gens d'esprit sont-ils si
bêtes?

IV

Les Spectacles.

C'est une grande face de l'existence parisienne. Il a
été question plus d'une fois, dit-on, de priver Paris de
journaux, j'ignore si la réforme serait praticable, et
j'espère que non. Mais ce dont je puis bien répondre, c'est qu'elle échouerait sûrement, si elle s'en prenait à ces amusoirs privilégiés et quotidiens qui chaque
matin étalent à tous les coins de rues, sur toutes les
bornes... non fontaines, leurs affiches bleues, vertes,
jaunes, et dont Paris a deux douzaines. La guerre et les
épidémies, compliquées d'un peu de famine, n'empêchent
point la prospérité des entreprises théâtrales. Au contraire,
on a remarqué que les grandes convulsions politiques ou
autres avaient l'étrange don de profiter aux industries
dramatiques. Les salles de théâtre ne désemplirent guère
sous la révolution française : il est vrai que les priviléges
étaient abolis, et que les spectateurs entendaient des
choses, sinon excellentes, du moins pour eux toutes nouvelles. Le monde sembla renversé, quand, dans le cours
et au lendemain des terribles journées de juin, tous les
théâtres fermèrent : rien ne sembla et ne fut en effet plus
grave. Après quelques jours de clôture obstinée, ils s'en-

tre-bâillèrent, grâce à une judicieuse subvention du pouvoir d'alors ; et, par cette fissure, quelques fidèles, quelques habitués quand même s'introduisirent : la foule les
suivit bientôt et n'a plus déserté depuis. Le succès a été,
au contraire, croissant; pendant ces deux années de guerre,
de choléra et de disette, toutes les industries ont souffert
plus ou moins, sauf celle du théâtre, qui a continué à
s'arrondir un budget de plus de dix millions par an.

Cette vogue si soutenue semble d'autant plus caractéristique que le niveau dramatique, on n'en saurait disconvenir, est singulièrement abaissé, auteurs et acteurs. C'est
ce dont on jugera par la très-rapide revue que nous allons
faire des principaux théâtres de Paris, pour aboutir aux
petits, et nous appesantir un peu plus sur leur compte,
comme étant moins connus, sinon moins fréquentés, et
occupant moins la presse, fantasque dispensatrice des
gloires des planches et d'ailleurs.

Il y a à Paris quatre théâtres lyriques . l'*Opéra*, les
Italiens, l'*Opéra-Comique* et le *Théâtre-Lyrique* proprement dit.

En province, la musique seule peut attirer le public. A
Paris, elle a des fortunes plus diverses. D'abord, il n'y a
plus de concerts viables ou seulement possibles, sauf ceux
du Conservatoire, qu'une admirable exécution et la tradition maintiennent. Les pianistes les ont tués. Malgré les
nombreux éléments de succès dont il dispose, malgré les
splendeurs toujours en progrès d'une étonnante mise en
scène, l'Opéra a lui-même fléchi plus d'une fois sous cette
indifférence musicale, et n'a été un peu soutenu que par
les pieds de ses danseuses. La dernière direction particulière de cette fastueuse scène n'a été qu'une longue retraite des dix mille (francs perdus toutes les semaines),
malgré l'ingénieux antidote empirique de moyens comme
celui-ci : employer ses derniers deniers à payer cent cinquante mille francs une chanteuse qui en vaut trente,
mais qui ne produirait nul effet, si le public savait son

prix réel par le chiffre de ses appointements. Malheureusement avec cela on n'obtient que quelques représentations bruyantes et brillantes : une fois le premier élan de curiosité satisfait, le public se retire ; le grand succès tombe ; les cent cinquante mille francs seuls restent, — au débet de l'*impresario*.

Depuis que l'Opéra est en régie pour le compte de la liste civile, les choses y vont-elles mieux ? On le dit ; mais naturellement les moyens de contrôle manquent ; c'est presque un secret d'État. Ce qui paraît certain, c'est que malheureusement la génération actuelle de compositeurs français est impuissante à défrayer fructueusement cette grande scène. Hors un seul grand succès de M. Halévy, que chacun a déjà nommé, l'Opéra n'a dû son inégale fortune, on peut dire même son existence depuis vingt ans, qu'à un Allemand, Meyerbeer, et de temps en temps, comme appoint, à la *Lucie* et à *la Favorite*, de Donizetti. M. Auber n'a pu donner un pendant à *la Muette* ; M. Halévy à *la Juive*, et tout le reste a échoué. Cela est un peu triste. Puis il n'y a plus de noms positivement attractifs sur l'affiche de l'Opéra : point de talents ni de renoms comparables à ceux de Nourrit, Duprez, Levasseur, Damoreau-Cinti, Taglioni. Des demi-réussites, des talents estimables mais mitoyens, de temps en temps une réputation surfaite et non ratifiée, telle est la physionomie actuelle de notre première scène lyrique, d'ailleurs assez fréquentée par le beau monde, et dont les grandes loges sont, avec le foyer, des sortes de salons politiques où l'on fait du journalisme parlé, où l'on transmet, où l'on reçoit les nouvelles et les bons mots, les bruits faux ou vrais du jour.

Les Français, au fond, n'aiment guère la musique. Le Théâtre-Italien n'a pas moins de peine à lutter, de toute la puissance de ses gosiers mélodieux, contre un désengouement de la mode, qui le quitta voilà tantôt huit années. Là non plus pas de très-grands noms, sauf madame Bosio, qui commence à devenir populaire, et madame Viardot, tout récemment et comme incidemment rappelée sur une scène dont n'eût dû jamais émigrer le talent si parfait et si universel de l'illustre sœur de Malibran. Je ne serais pas étonné qu'une telle recrue, si elle est convenablement soutenue, ramenât définitivement aux Italiens la vogue encore chancelante. Le répertoire de ce théâtre est étendu et charmant. C'est encore Rossini qui en a les honneurs et fait les plus grosses recettes, concurremment, de temps à autre, avec Verdi, ce *maestro di gran rumore*. Quand ce n'est pas l'extrême génie, c'est l'extrême nouveauté qui a le don de remplir encore cette salle, naguère toute louée d'avance pour les six mois de la saison.

A l'inverse des deux grandes scènes lyriques, l'Opéra-Comique, longtemps déserté, a repris, dès 1848, sous l'artiste direction à laquelle il échut alors, et a constamment depuis conservé et augmenté une prospérité immense. Ce résultat brillant est dû à un ensemble de talents très-gracieux, dont quelques-uns de premier ordre ; à un luxe de mise en scène qui rivalise tout à fait avec celui de l'Opéra et enfin à la verve plus coulante, plus facile et mieux inspirée, sur le terroir du vieux genre national, de nos compositeurs, jeunes et vieux, trébuchant à l'Académie impériale. MM. Adam, Thomas, Reber, Massé, Grisar, sont les lions contemporains d'un répertoire qui s'alimente, d'autre part, à l'inépuisable écrin de la riche école française, où a, pour se sustenter, Grétry, Monsigny, Dalayrac, Méhul, Boïeldieu, Auber et d'autres encore, interprétés par des cantatrices comme madame Ugalde, mademoiselle Lefebvre, madame Miolan, des comédiens comme Couderc, Ricquier, Sainte-Foy, etc. Le ténor est, comme toujours la partie un peu faible, mais il est suffisant, et comme nombre d'abord, et même comme qualité.

Déjà relevé par les deux frères Seveste, le Théâtre-Lyrique, qui occupe le local du feu Théâtre-Historique, qui eut des débuts aussi fâcheux que la fin de ce dernier fut lugubre, est entré à pleine toile dans l'ère du succès, depuis qu'il obéit à la main habile dont l'Opéra-Comique a reçu une direction si heureuse. Une *étoile*, madame Cabel, a grandement contribué à ces bonnes chances. La musique qu'on lui fait chanter n'est pas de premier ordre, mais elle lui donne tant de charme et de relief qu'elle la fait applaudir frénétiquement en sa personne. Il ne faut pas croire d'ailleurs que le public un peu spécial qui va au Théâtre-Lyrique ne se connaisse pas d'instinct en belles choses, et, pour s'assurer du contraire, il suffit de se rappeler le grand succès à ce théâtre du *Barbier* de Rossini et du *Robin des bois* de Weber.

Nous avons deux Théâtres-Français, tous les deux subventionnés et ayant grand besoin de l'être. Le premier, le fameux, vit sur mademoiselle Rachel un peu plus qu'il ne convient. Les innombrables caprices et fugues de cette grande tragédienne, aujourd'hui éloignée de lui, ont maintes fois mis le théâtre dans l'embarras le plus grand, outre que, le rattachant à une forme vieillie et galvanisée par la seule mademoiselle Rachel, ce succès tout personnel l'a détourné de la recherche de bonnes pièces et de voies un peu plus nouvelles. Le vaudeville sans couplets, dont M. Scribe est le dieu, aujourd'hui un peu caduc, est monté sur les planches de notre premier théâtre pour occuper les intervalles entre sortie et rentrée de Melpomène absente avec ou sans congé, et elle en a pris possession d'une façon presque absolue. Le fameux comité bi-sexuel, qui a reçu tant de vaudevilles languissants pour avoir été transplantés loin du sol natal, a cessé d'exister. Souhaitons une meilleure judiciaire aux aristarques qui le remplacent. De jolis et même de grands succès furent dus dans ces derniers temps à M. Sandeau, à M. Augier, à madame de Girardin, et..... c'est tout, si je ne me trompe. La *compagnie*, je n'oserais dire la *troupe* en parlant du Théâtre-Français, est excellente d'ensemble, et il est malheureux qu'elle mâche si souvent à vide. M. Régnier, M. Samson, M. Provost, madame Allan, sont des comédiens de premier ordre. Après eux, d'autres sont fort bons à entendre et aussi à voir. Le jeune premier si distingué du Gymnase, M. Bressant, a prouvé une fois de plus, en venant rue de Richelieu, combien le vaudeville et ses meilleurs interprètes sont hors de propos sur cette scène.

Mais les plus grands succès du temps, ceux de M. Ponsard, *Lucrèce*, *l'Honneur et l'Argent*, ont été obtenus, non pas au premier, mais au second Théâtre-Français, à ce vénérable Odéon, objet de l'éternelle plaisanterie des feuilletonistes, par cet éloignement qui fait que, parti jeune, on y arrive vieillard. Cela n'est pas peu glorieux pour l'Odéon, continuelle pépinière de jeunes talents dont plus tard le premier, le vrai Théâtre-Français, fait ses délices et ses recettes. Composition de troupe un peu faible, avec seulement deux ou trois artistes *en vedette* et attractifs par une réputation préexistante. Pauvres costumes, pauvres décors, et avec cela de temps en temps un coup de tonnerre à tout rompre, un succès à faire refluer la Seine tout entière sur la rive gauche *déserte*, du moins à ce que l'on prétend (style de feuilletons). Public chaud, jeune et sympathique : le seul parterre de Paris.

Parmi les théâtres moyens, quatre de vaudevilles, et quatre de drames, mélodrames ou mimodrames.

Ceux de vaudeville sont d'abord le *Vaudeville*, puis le *Palais-Royal*, les *Variétés* et le *Gymnase*.

Aux derniers les bons, *tarde venientibus ossa*. Dans la langue populaire parisienne, on appelle *os* le numéraire. Sous la direction de M. Montigny, et avec le concours d'une artiste d'élite, madame Rose-Chéri, devenue bientôt centre d'une compagnie excellente, le *Gymnase* a pris résolûment le rôle que négligeait par trop le Théâtre-Français : il s'est fait littéraire et il a, depuis cinq ou six ans, sans la moindre coopération de M. Scribe, dû les plus constants et les plus grands succès à George Sand, à MM. Jules San-

deau et Augier, à madame de Girardin, à M. Alexandre
Dumas le fils : au bon régime de cette nouvelle poétique
qui a détrôné le flon-flon et le couplet de facture, se sont
formés et ont grandi des comédiens de la plus grande distinction, Geoffroy, Lafontaine, Lesueur, Dupuis, etc.

Les trois autres théâtres de genre n'ont pas quitté les
sentiers battus. Pourtant, *la Dame aux camélias, les
Filles de marbre* et *les Parisiens*, de Barrière, sont venus
infuser à ce vieux Titon de *Vaudeville* un peu de sang
nouveau, faute duquel il meurt régulièrement d'atonie
et de consomption. C'en est fait : les vieux charpentiers
dramatiques, les vieux *carcassiers* à *trucs* et à *ficelles* ont
fait irrévocablement leur temps. Toutes les fois que le
Vaudeville, faute de ce sang jeune qui ne lui vient point
en abondance suffisante, tombe dans le Clairville et *tutti
quanti*, il est frappé d'anorexie, et la main de son caissier
sèche.

Les *Variétés*, encore livrées à ce vieil essaim de mé-
diocrités scandaleuses, n'ont pu s'appliquer l'eau de Jou-
vence, et elles sont minées par le mal chronique qui ronge
parfois le *Vaudeville*. Arnal leur reste par bonheur, avec
Duvert et Lauzanne, trois vrais et grands talents, bien
dignes de se servir réciproquement d'appuis, mais qui ne
peuvent suffire à nourrir tout le théâtre et ne seront pas
éternels, s'il en faut croire les bruits de retraite d'Arnal.
Les *Variétés* feront bien de s'approvisionner pour un
avenir prochain et de nous en percer d'un autre.

Avec l'épilepsie de Grassot, la prétentieuse bêtise de
Ravel, les chansonnettes et les grimaces de Levassor, le
nez de Hyacinthe, ses farces extravagantes, et quelques
belles actrices, le *Palais-Royal* a jusqu'ici résisté victorieusement au coup funeste et redoublé que lui a asséné
la mort d'Alcide Tousez et de Sainville. Il a aussi trouvé
deux ou trois auteurs propres à son genre de littérature,
abracadabrante et insensée, dont les plus fameux sont
MM. Marc Michel et Labiche, rois du cocasse, empereurs

de l'ébouriffant. Les personnes qui aiment cette note, et il y en a beaucoup à ce qu'il paraît, même dans le très-grand monde, ne se sentent pas de joie depuis plus de vingt ans devant ces inénarrables tréteaux. Puis le *Palais-Royal* est si bien situé, à la sortie de Véfour et des Provençaux, dont les vapeurs bacco-culinaires prédisposent la rate au développement et la tête aux joies faciles !

Les quatre théâtres de drames sont : la *Porte-Saint-Martin*, toujours censé, sur la foi des antiques traditions, le plus littéraire des quatre ; l'*Ambigu-Comique*, la *Gaîté* et le *Cirque-Olympique*. M. Dennery est à bon droit le lion de ces parages, et il a dans la personne de MM. Anicet-Bourgeois et Michel Masson deux rivaux très-fameux aussi. Madame Emilie Guyon en est l'Hermione bourgeoise ; M. Frédérick Lemaître, dernier et fier débris de la race des géants, le Kean puissant et populaire. Guérie de la littérature qui n'a pas autrement profité à Harel, la *Porte-Saint-Martin* se borne aujourd'hui à faire une concurrence souvent heureuse au genre de ses deux voisins et émules, *Ambigu* et *Gaîté*. Elle est revenue de plus aux ballets, l'une de ses anciennes spécialités. Tantôt c'est l'un, tantôt c'est l'autre des trois théâtres qui tient, comme l'on dit, la corde, avec un grand succès, rarement tous les trois, ou même deux réunis. Cependant, cela se voit. Le public des gros drames et des petites places est incomparablement celui qui consacre le plus d'argent au soutien de l'art dramatique. Il paye toujours ses places, lui ; il n'a pas d'entrées de faveur, comme le beau monde parisien, qui met une sorte d'amour-propre, je ne dirai pas de lésine, à s'asseoir pour rien au théâtre, en vertu de relations dramatiques établies par les dîners et par les bals. Aussi, les boulevards, celui du Temple surtout, sont-ils vraiment le centre du mouvement théâtral de la grande ville, et l'art mélodramatique y sera toujours florissant.

Epopée militaire qui a pour chant des *hurrahs*, pour strophes des feux de peloton et pour rhythmique le canon,

le *Cirque-Olympique* se distingue des trois théâtres précédents par de grands tableaux militaires que lui seul peut
offrir avec son armée d'hommes et de chevaux. Cette littérature sonore est fort goûtée des enfants et du peuple,
et le sera toujours. Le fort écho qu'elle a dans l'âme de
son public peut se traduire par un saignement d'oreilles;
mais qu'est-ce qu'un semblable détail pour des spectateurs
français? Le *Cirque* a éternisé la république, l'empire; il
a vécu un moment sur la présente guerre avec les Russes;
il exploite maintenant l'Algérie. Quand tout sera fini, il
recommencera son cycle. Personnel innombrable et plein
de modestie : c'est du *Cirque* qu'émane ce couplet final
de je ne sais plus quelle féerie :

> Parmi tous ces animaux,
> Acteurs et poëtes,
> Messieurs, ce sont les chevaux,
> Qui sont les moins bêtes!

Le fait est que les hommes y sont remplis d'ardeur, et
les chevaux d'intelligence, tous également dociles; les
chevaux menés par la crainte du non-picotin, et les
hommes par celle d'être dégradés de leurs fonctions de
Français, et de passer Prussiens, Autrichiens ou Bédouins,
pour être, tous les soirs, accablés de huées, de sifflets et
roués de coups. C'est à y réfléchir.

Le *Cirque*, en été, transporte ses écuyers et ses chevaux aux Champs-Élysées, où il change fructueusement
de spectacle et de public. Le *Cirque-Olympique* d'été est
à la mode depuis quinze ans et s'y maintient, sans doute
par la facilité que trouvent là les jeunes gentlemen à
sticks de voir de plus près les étoiles du *hop! hop!* et du
tremplin, et de pénétrer dans le foyer des artistes, qui est,
au fond, une écurie. Cet ancien cirque a un rival dans
celui de l'*Impératrice*, dernièrement fondé sur le boulevard des Filles-du-Calvaire; mais si ce sont les mêmes
jeux, c'est tout une autre clientèle. Paris jouit aussi de

deux *Hippodromes*, l'un à la barrière de l'Étoile, l'autre faubourg Saint-Antoine, tous deux fort prospères et ayant élevé l'art de l'aéronaute, du clown et de l'alcide, à la septième puissance. Le courant est à ces spectacles, et le *panem et circenses* ne fut jamais mieux applicable qu'à ce Paris en possession de tant d'hippodromes et de cirques, et payant la livre de pain quatre sous depuis dix-huit mois, quand toute la France la paye six.

Abordons les *petits théâtres*.

Il y a beaucoup moins loin qu'on ne pense de la littérature du Petit-Lazary à celle du Vaudeville ou du Palais-Royal. Ici et là, c'est le flon-flon qui règne et gouverne, c'est l'intrigue éternelle, unique, qui tourne et retourne dans son cycle invariable de carton peint, comme l'écureuil dans sa cage, A cela près, que les couplets, les costumes et les visages soient un peu plus, un peu moins frais, que la consommation de vieilles plaisanteries et de solécismes tout neufs soit un peu plus, un peu moins grande, que les vaudevilles aient pour éditeurs responsables M. Victor ou **M.** Alfred, au lieu d'être signés des consonnes illustres dont s'enorgueillissent les noms de Dumanoir ou de Clairville, la différence n'est pas grande. Ici est le fleuve; là-bas la source. Avec le temps, les Alfred et *tutti quanti* deviendront des Clairville tout comme d'autres. Si ces *biaux* messieurs les grands théâtres envoient dédaigneusement leurs vieux costumes aux petits, pour en faire des habits neufs, en revanche, ceux-ci ont l'étrenne de mainte radieuse adolescence; en retour de galons fripés, ils nous expédient leurs actrices formées, stylées, mais déjà mûres, et dont les rides sur le front gravent, hélas! tous les exploits. Ils nous disent comme Harpagon, si d'aventure quelque trésor de grâce et d'ingénuité vient à poindre au boulevard du Crime : « Prenez patience, mes bons messieurs; je vous l'enverrai, soyez-en sûrs... quand je l'aurai encore un peu usé. »

Malheureuse rive gauche, quel vent d'adversité souffle

sur ton chemin de fer et tes destinées dramatiques? quel
oiseau de mauvais augure s'est posé sur ton sol classique?
C'est en vain que tu nous convies, par la bouche du
masque semi-antique de ton vénérable Odéon, à l'homé-
rique festin théâtral où tu nous sers tout à la fois et du
Sophocle, et du Gozlan, et du Ponsard, et du Corneille...
Soins superflus... peine inutile... *sinistra cornix*... Rien
ne peut vaincre, que par rares accès, l'indifférence de
l'orgueilleuse rive droite.

Le théâtre du Panthéon, au fronton duquel il eût fallu
écrire : *Aux petits auteurs, la patrie ingrate*, s'il avait
eu un fronton; le théâtre Saint-Marcel, dont les vaudevilles ne remplirent que la hotte du chiffonnier; le théâtre
du Gros-Caillou, qui n'amassa aucune mousse, essayèrent
de conjurer ce superbe dédain : ils échouèrent tous.

Au milieu de ces ruines peu imposantes, un seul petit
théâtre se maintient et s'obstine à vivre. C'est le théâtre
du Luxembourg, vulgairement dit *Bobino*. Il est spécialement cultivé par les étudiants de première année, cœurs
novices, peu exigeants en fait de jouissances dramatiques,
et par cette race éteinte et fossile qu'on persiste à parer
du nom de *grisettes*. *Bobino* est un assez vilain petit
théâtre où l'on joue comme partout ailleurs, un peu plus
que partout ailleurs, des mélodrames ennuyeux et des
vaudevilles soporifiques. Nous avons été, comme tout le
monde, étudiant de première année, et nous déclarons
franchement n'avoir jamais pu concevoir le plaisir que
nos jeunes condisciples de par Barthole et Galien pouvaient goûter à se nourrir d'une pareille littérature, in-
terprétée généralement par des acteurs moins que médiocres. Mais, à vingt ans, quand on débarque de la Palisse
ou de Chinon, on s'accommode facilement de n'importe
quelle nourriture intellectuelle ou corporelle; on ingère
un broc de piquette avec autant et plus de sensualité que
plus tard on fera d'une bouteille de Laffitte. Le voyage
d'au delà des ponts est une grande affaire, et puis d'ail-

leurs quel inappréciable bonheur d'être chez soi, de savourer les délices de l'art dramatique en robe de chambre et en pantoufles, c'est-à-dire le béret basque ou la casquette sur l'oreille, et la pipe à la boutonnière! Il ne faut rien moins que tout cela pour expliquer la vogue soutenue de *Bobino*, le seul théâtre de la rive gauche que ne signale point une *réouverture*, au moins une fois par trimestre.

Il ne faut cependant point trop médire de *Bobino*, car Bobino nous a donné M. Clairville. C'est à ce théâtre que l'heureux auteur de tant de couplets de facture a fait ses premières armes et comme comédien et comme vaudevilliste. Il jouait tous les soirs quelque chose comme trois ou quatre rôles, dans le bon temps de notre verdoyante jeunesse, où le *balcon* de Bobino nous voyait parfois étaler nos gants jaunes un peu équivoques, et défrayait en outre le répertoire courant de son inépuisable verve. Je ne sais pas trop si ce n'était pas avec lui qu'était intervenu ce fameux traité en vertu duquel l'*impresario* assurait à l'auteur dramatique deux petits écus, une fois payés, par vaudeville représenté, à condition toutefois que ledit poëte ne fournirait pas au théâtre *plus de deux pièces* par semaine. Dans ce temps-là, je dois le dire, la prose de M. Clairville n'était pas bonne; mais son jeu l'était encore moins. Il a depuis essuyé son rouge, chassé ses mouches, et jeté aux orties toute sa défroque dramatique : il a bien fait. Depuis on a vu le pauvre comédien-librettiste de Bobino monopoliser presque les théâtres de vaudeville; il gagne, dit-on, un argent fou, et cependant il ne fait plus que quatorze pièces par an. C'est un vrai métier de chanoine.

De la morne rive gauche passons au boulevard du Temple, le plus leste, le plus pimpant, le plus brillant, le plus bruyant de tous les boulevards du monde. Je ne sais rien, en vérité, de gai, d'animé, de vivant, de féerique comme cet élysée populaire, cette foire, cette fête perpétuelle, cet Eldorado de clinquant, aussitôt que les clartés du jour s'effacent toutes honteuses, pour faire place aux mille jets du gaz. Cette houle humaine qui se presse, s'entasse, mugit, court au plaisir, ces cris de joie qui ébranlent l'air et, se mêlant aux voix fêlées d'innombrables étalagistes, se résument de loin et se fondent en une imposante clameur, ce fracas de voitures, ce carillon de verres, de cloches, de crécelles, cette illumination si peu officielle que supportent trois cents tréteaux, que promènent trois cents brouettes dans des lanternes de papier, cette rangée éblouissante de cafés, de théâtres, de lampions, d'ifs, de marchands de galette et de municipaux, tout cela présente un coup d'œil, forme un spectacle unique, inouï, prestigieux.

Pourtant, si l'on en croit nos pères, un peu pessimistes peut-être, ce boulevard est bien déchu. Le bateleur y devient rare; on n'y voit presque plus de dentistes ambulants; l'escamoteur s'est enfui, ou s'est laissé escamoter par les Philippe et les Bosco. Grandes ombres de maître Pierre, de madame Saqui, de Nicolet et d'Audinot, de Bobêche, de Jocrisse et de Galimafré, vous ne protégez plus ces lieux si chers à votre antique gloire; du haut du paradis de la farce, vous nous contemplez sans amour et dédaignez de réjouir une indigne postérité. Que direz-vous donc, depuis que la mort nous a ôté votre unique héritier, Pierrot, l'inimitable Pierrot, *le dernier au point de vue de l'histoire, le premier au point de vue de l'art et du talent?* Cette dernière ligne n'est point de nous : elle est d'un illustre écrivain, George Sand, qui professait, avec M. Jules Janin et tout ce qui est vraiment artiste, une admiration passionnée pour la mimique si expressive, si fine, si sobre, si correcte du dernier ou du premier Pierrot.

Procédons par ordre, et avant de vous introduire aux Funambules, faisons, s'il vous plaît, une courte halte dans les théâtres secondaires qui forment un *mezzo termine* entre les scènes de vaudeville et de mélodrame proprement dites, et les petites planches populaires. Ces intermédiaires sont les théâtres des *Folies-Dramatiques* et des

Délassements-Comiques, le premier établi en 1831, le second, il y a quelques années à peine. Les *Folies-Dramatiques* durent à l'exil temporaire de Frédérick Lemaître, qui, brouillé avec tous les directeurs de Paris, vint, nouveau Coriolan, planter sa tente dans cette Véies enfumée et de bas étage, et y créer son meilleur rôle, ce fameux type de Robert-Macaire qui fit courir toute la Rome blasonnée, titrée, chamarrée, chez les Volsques du boulevard du Temple ; les *Folies-Dramatiques*, dis-je, durent à cette heureuse création un éclat dont le rayonnement s'est prolongé et a relui sur leurs destins et leurs recettes. Un habile directeur a su maintenir cette vogue à l'aide de jolies actrices, d'acteurs passables et de productions tout aussi bonnes ou aussi mauvaises que celles dont ses grands confrères défrayaient leurs habitués. *La Fille de l'air*, et plus d'une autre pièce à spectacle, a rempli maintes fois l'étroite salle durant des trimestres entiers. Les auteurs *posés*, comme l'on dit en argot dramatique, ne dédaignent pas d'écrire souvent pour le théâtre des *Folies*, voire pour les *Délassements-Comiques*, petite scène exactement calquée sur son heureuse devancière et qui, à titre de contrefaçon, ne pouvait manquer de réussir. En effet, ces deux entreprises vivent côte à côte, sans se nuire trop, et paraissent devoir *ex-æquo* marcher à la prospérité. On y remarque quelques comédiens d'avenir et qui plus tard se distingueront sur des scènes d'un ordre plus élevé. Mais aux femmes appartient la meilleure partie du succès des deux directions. *Les pièces à femmes* manquent rarement leur effet sur le bon public ; elles peuplent les avant-scènes, les balcons, l'orchestre et étendent même leur influence aux loges du cintre ; car, pour hanter le paradis, on n'en est pas moins homme. Or, par le temps qui court et la rage de débuts qui infeste les mansardes et les loges des concierges, les femmes sont à rien, — dramatiquement parlant. — D'où il suit que les *Délassements* et les *Folies* peuvent fournir sous ce rapport des exhibitions tout aussi attrayantes et aussi jeunes surtout que les directions des théâtres des Panoramas et de la Bourse. On y voit moins de diamants, un peu plus de fraîcheur : les uns arriveront lorsque passera l'autre. Voilà toute la différence.

L'ex-théâtre Saint-Antoine, aujourd'hui *théâtre Beaumarchais*, ouvert, fermé, rouvert vingt fois, ne paraît pas décidément répondre à un besoin de l'époque, et ne compense pas le tort de son emplacement trop excentrique par la piquante et vive originalité qu'il lui faudrait pour attirer à lui un public rebelle et lointain. Il avait compté sur la clientèle de la Bastille et du Marais;

Mais le Marais est près du boulevard du Temple.

et maint directeur qui rêvait le Capitole dramatique n'a trouvé que la roche Tarpéienne. Pourtant la Porte-Saint-Antoine avait brillamment et, qui mieux est, littérairement débuté par un drame de M. Méry, *la Bataille de Toulouse*, qui, pour le moment, fut gagnée. La victoire est femme et volage : elle a déserté bientôt le théâtre avec armes, pièces et bagages.

Depuis, *Saint-Antoine*, pris d'une nouvelle tentation, a renié le calendrier et s'est mis sous l'invocation du plus spirituel des auteurs dramatiques et des horlogers. Allez donc, ô feu Saint-Antoine ! et puisse votre nouveau patron déverser sur vous une partie de la merveilleuse prospérité dont il a joui de son vivant ! Le *Barbier de Séville* vous protége ! Dieu vous bénisse ! comme dit Bartholo à ses domestiques enrhumés par ce démon de Figaro.

Revenons à notre boulevard du Temple. Voyez-vous cette maigre façade, surmontée d'un modeste auvent, éclairée de quatre quinquets, devant laquelle se presse, se heurte incessamment une foule bruyante et compacte? C'était ici !... Qu'on nous pardonne d'évoquer ici la mémoire du grand artiste enfariné et pour une minute encore de supposer Pierrot vivant. C'est donc *ici*, et entendez la voix de l'homme-affiche qui vous invite à prendre votre billet au contrôle pour voir jouer *Monsieur De-bureau*. Le fait est que la salle est comble; elle l'étai toujours quand devait paraître le mime adoré du public. Quel spectacle! Nous ne pouvons mieux faire que de lais-ser encore une fois parler l'éloquent écrivain qui consacra une notice semi-lyrique à Debureau, et de le charger du soin de vous décrire « cette étroite enceinte où la scène est à peine séparée de l'auditoire, où tout est homogène, artistes et spectateurs... ces milliers de têtes crépues qui se pressent, l'œil fixe et la bouche béante, le long des ba-lustrades de fer; » ces loges, ou plutôt ces fourmilières humaines, où s'entasse « cette race particulière aux fau-bourgs de notre grande ville, race intelligente, active, railleuse, à la fois débile et forte, frivole et terrible, faible d'organisation, pâle, fiévreuse; des têtes prématurément dépourvues de la fraîcheur de l'enfance, et prématuré-ment pourvues de barbe et de longs cheveux noirs, avec des corps grêles, souples et petits. » Nous voici placés à l'avant-scène, comme de vrais aristocrates que nous sommes; mais gardons-nous bien de nous y conduire comme feraient des lions à tous crins. Ceux-là même, quand par hasard ils franchissent le seuil de l'antre dra-matique, sentent bien vite qu'il ne faut pas se heurter au lion populaire, et qu'il leur faut rentrer leurs ongles, sous peine d'encourir les huées et le courroux de ce re-doutable monarque, qui veut bien vous tolérer, moyennant que vous serez humbles, mais qui se dressera sur vous tout rugissant et tout fiévreux d'impatience, si, par malheur, vous oubliez que vous êtes là dans son Louvre. Jugez-en, car, « l'entr'acte a été orageux. Malheur à qui ose pro-mener un impertinent lorgnon sur ces groupes pittoresques entassés et suspendus d'une manière effrayante aux grilles du pourtour. Malheur aux toilettes ridicules qui se risque-raient à l'avant-scène, ou aux gens délicats qui porteraient trop visiblement un flacon à leurs narines! Mille quolibets inouïs, un hourra impétueux, des cris d'animaux, un luxe incroyable d'imagination, de tapage et de sonorité imitative, auraient bientôt fait justice de la moindre inconvenance. »

Les mille cris de l'arche, les dialogues suivis d'un bout de la salle à l'autre, les grognements les plus étranges ébranlent l'étroite et longue enceinte, et se mêlent à la voix stridente du marchand de pommes, du marchand de limonade, qu'on interpelle de toutes parts, et qui ne sait auquel tendre son gigantesque arrosoir, d'où le nectar découle à raison de deux centimes le verre. Le crieur de *jolis vaudevilles à un sou* tient aussi sa partie, et fait son dessus aigu dans ce prodigieux vacarme. Cependant, et sans faire tort à la conversation, les repas interrompus s'achèvent; on tire de dessous les casquettes ou de l'intérieur des *profondes* toutes sortes de mets fabuleux; on met la nappe sur les banquettes; la galette et la pâte ferme remplissent les bouches sans les clore; la limonade coule à flots; les pommes s'épluchent et préparent des projectiles à l'adresse de tout malencontreux dandy qui s'aviserait de manquer de respect au peuple-roi; le sucre d'orge passe de main en main, j'oserais même dire de bouche en bouche... Au plus fort du tumulte, soudain la toile se lève, Debureau paraît, et aux mille vociférations du public succède aussitôt un silence profond et recueilli, presque religieux. Non-seulement tous les regards sont tendus vers Pierrot, non-seulement on le suit avidement des yeux, mais on l'*écoute*, bien que de sa vie dramatique il n'ait prononcé une syllabe, si ce n'est de temps en temps, à demi-voix, quelques boutades à la Lablache. C'est qu'en effet, tout muet qu'il semblait, son langage était aussi expressif, aussi net, aussi intelligible, que n'importe quelle harangue phonétique en beaucoup de points. Sans grands gestes, sans contorsions, sans efforts apparents, presque par le seul jeu de cette physionomie blafarde, si fine et si animée pourtant, il savait rendre toutes les impressions, tous les sentiments, toutes les nuances, et se

mettre en communication parfaite avec son auditoir
dont l'intelligence est du reste si vive et si primesautièr
Avec quel enthousiasme et quelle pénétration les moindr
intentions de ce visage de plâtre étaient comprises et a
plaudies !

Debureau n'est nullement un *puff* inventé par Jules J
nin. Que sa biographie soit fantastique, je le crois; ma
son talent était positif et éclatant. Debureau était un grai
artiste. Dans cette foule de pièces sans nom, d'ébauch
informes auxquelles il a donné la vie de l'art, il sut s'ass
miler les types variés que lui imposait la fantaisie des I
brettistes, et être en même temps toujours lui, toujou
fidèle aux traditions de sa forme exceptionnelle, à l'uni
de sa nature. Dans *Noir et Blanc*, dans *les Épreuves*, l
Jolis soldats, *le Diable à quatre*, *le Corsaire algérie*
les Trente-six infortunes, et tant d'autres parades gro
sières qui ne vivaient absolument que par lui, il revêta
toutes les livrées, tous les caractères, qu'il rendait avec ui
rare vérité, et cependant Pierrot était toujours Pierrot,
bien déguisé qu'il fût; avant même qu'il eût paru,
peine son pas avait retenti dans la coulisse, que tout u
public idolâtre avait reconnu et salué le grand acteur er
fariné.

Ce que Pierrot a reçu et donné de coups de pied dai
sa vie, ce qu'il a essuyé de horions, de crocs-en-jambe
de culbutes, est réellement incalculable. Mais, dans cet
longue *savate* (qu'on nous passe le mot) qui formait tout so
répertoire, quelle grâce inimitable à recevoir les coup
quelle adresse à les distribuer, quelle merveilleuse pre
tesse, quel aplomb dans la gaucherie, quel tact exquis
tempérer, par les demi-teintes du jeu et la finesse du soi
rire, le gros sel et les gravelures accommodées au goût c
lieu qu'on le forçait de débiter des bras, des jambes, d
regard ! Et puis, quelle surprenante mobilité de masqui
quelle variété d'expression dans sa monotonie apparent
Cet hom-e-là avait tout vu, tout saisi, tout approfon

dans sa sphère; il savait son populaire par cœur; il possédait tous les métiers; il était tour à tour charbonnier,
chiffonnier, épicier, marchand d'habits, Jean-Jean, porteur d'eau, savetier, savetier surtout, comme si de sa vie
il n'eût fait autre chose que pratiquer chacun de ces estimables états. Je ne voudrais pas dire de mal de messieurs
les mimes de l'Opéra, qui ont, certes, bien leur mérite;
mais combien, dans *le Diable à quatre*, le vannier Ma-
zurki était loin de l'humble savetier Jacquot! Voilà un
gaillard qui savait tenir une alène de main de maître et
manœuvrer un tire-pied! Demandez plutôt à Jacqueline;
et, à ce propos, je ne puis jamais garder mon sang-froid
quand je songe à cette adorable scène de ménage où Jacquot, en train de corriger son acariâtre moitié depuis une
grosse demi-heure, épuisé par cet exercice, courait à sa
bouteille qui ne le quittait guère; puis, restauré par ce to-
nique salutaire, reprenait son tire-pied et recommençait,
gravement, sa petite besogne maritale. Si, au lieu de tenir
une plume, j'avais eu l'honneur d'appartenir au corps des
cordonniers en vieux, je n'aurais pas voulu d'autre école
de perfectionnement dans l'art de mettre à neuf une chaussure que le jeu profond de Deburau et les *instructives* représentations du *Diable à quatre* aux Funambules.

Le fils de Deburau lui a succédé; mais... *non talis fi-
lius*. Il ne manque cependant pas de talent; mais, entre
n'en pas manquer et en avoir, il y a plus loin que du boulevard du Temple à la place de la Bastille.

Un autre mime enfariné, Paul Legrand, a conquis peu
à peu une réputation qui vient de recevoir le baptême et
le sceau de la réputation dans le charmant théâtre des
Folies-Nouvelles, dirigé par deux hommes de lettres et
d'esprit; on s'en aperçoit assez à la parfaite entente et à
l'énorme succès de leur administration. Tout récemment
ouvert, le théâtre des *Folies-Nouvelles* a été pris, dès ses
débuts, sous le patronage immédiat et fervent de l'élégante jeunesse et des plus jolies femmes de Paris. Jamais

réussite ne fût mieux justifiée. On y voit des pantomime
ingénieuses composées par de vrais poëtes et de vrai
hommes d'esprit; des ballets dansés par de ravissantes fille
auprès desquelles les *rats* fameux de l'Opéra semblent de
araignées de mer; des grotesques, des clowns, de petite
comédies fines et gracieuses à deux personnages parlants
on y entend de bonne et enjouée musique, des chanson
nettes amusantes; que sais-je? tout ce que la fantaisie e
le talent de mise en scène peuvent créer de charmant pou
le plaisir des oreilles et des yeux, sans fatigue pour l'es
prit. La salle est très-jolie; on y est bien assis; la compo
sition est brillante; il y a un joli foyer, décoré comme le
salons du meilleur goût, avec piano, tapis, objets d'art e
moelleux *tête-à-tête*, où les suaves pécheresses et les Ar
thur poursuivants trouvent bien aisément à tromper, avec
tout l'esprit et le marivaudage que je me plais à leur
croire, les ennuis de l'entr'acte. Une particularité assez
curieuse de cet heureux théâtre, est que le sucre d'orge
(à l'absinthe) y est entièrement de rigueur. La marchande
fait des affaires d'or et s'apprête, décime par décime, un
avenir candi. Quiconque, jeune ou vieux, s'abstient de con
sommer les produits de son éventaire, est tout de suite re
connu pour un faux élégant, pour un provincial, pour un
homme qui n'est pas de l'endroit et ne sait rien en fait
de belles manières. Les lorettes le toisent comme un particulier de peu; elles ont raison; il faut se conformer aux
usages que leurs belles bouches ont dictés, joignant
l'exemple au précepte. Qu'il se garde de roucouler, de
soupirer, ou on l'enverra faire... sucre.

Folies-Nouvelles, ce titre ne répond-il pas à tout? Oui, de
par ce joli théâtre, la mode fantasque abandonne le boulevard des Italiens, devenu depuis peu trop moral, par suite
d'une certaine édiction. Ce fut déjà la ruine du Palais-Royal,
déserté depuis qu'il s'est fait si vertueux. Un destin pareil
attend-il le fameux bitume de l'Opéra, du café Anglais,
des cafés Foy et de Paris? *Timeo*... Mais s'il se retrouve

au boulevard du Temple, *Evviva !* séchons ces pleurs de crocodile ; il n'y a rien de changé, la Folie est là-bas ; pour l'atteindre, ce n'est qu'un cabriolet et un kilomètre de plus : elle en vaut, pardieu, bien la peine !

Tout à côté des Funambules, s'élève le *Petit-Lazary*. C'est le dernier degré de l'échelle dramatique. On y donne deux représentations par soir. Le prix des places est de moitié moindre qu'au théâtre de Debureau. Moyennant quinze sous, juste ce que payaient les clercs du temps de Boileau, *pour siffler Attila,* on peut prendre place aux premières avant-scènes, qui sont fort agréables, ma foi ! et jouir de quatre vaudevilles consécutifs, ni assez mauvais, ni assez bons pour divertir. La comédie est dans la salle. Des jeunes gens, placés en face de nous, ont trouvé plaisant d'acheter tout un panier de pommes et d'en jeter le contenu au parterre. J'ai vu le moment où ils allaient se faire lapider avec le fruit de leurs largesses. Heureusement le municipal est intervenu ; mais, à défaut de pommes dans l'œil, les huées ne leur ont pas manqué. — Veux-tu bien garder tes pepins, méchant moderne ? si on veut des pommes on a de l'argent pour en acheter ! — leur a crié, avec infiniment de dignité et de justesse, un gamin placé à l'orchestre. Le titi est fier de sa nature, surtout quand il a les moyens de mettre à une soirée théâtrale le prix d'une stalle d'omnibus. Ces messieurs les donneurs de pommes se sont tus et ont pris le parti de consommer leur marchandise. Ces lionceaux étaient pour le moins des commis de *la Belle-Fermière* ou des *Deux-Magots*. L'auditoire est à peu près le même que celui des *Funambules*, mais sans cette animation, cette fièvre que donnait au public la présence de Debureau. Par compensation, la salle de *Lazary* est remarquablement jolie pour une scène si infime. La décoration, qui paraît neuve, est fort bien entendue et ferait honneur à plus d'un théâtre de province.

Au nombre des *petites* scènes, la plus petite est certainement le *théâtre de M. Comte.* Les acteurs, dont le plus âgé a quinze ans, se griment à merveille et savent imiter jusqu'à l'extrême décrépitude. Il y a là un certain M. Alfred, qui a quatre pieds et quatre-vingts ans. L'illusion est effrayante. Au reste, cet enfant joue les vieux, presque aussi bien que M. Bouffé, dont il a l'organe, la figure, les gestes, l'activité un peu fiévreuse. On dirait de la statuette de Michel Perrin.

Tout est petit au théâtre de M. Comte, hors le succès. Il n'y a pas jusqu'au *garçon limonadier*, dont la voix grêle offre dans l'entr'acte *des oranges, du sucre d'orge, des croquets*, qui ne semble échappé de nourrice. Je ne suis pas bien sûr que le porteur de l'*Entr'acte* ait fait toutes ses dents. Le foyer, — car il y a un foyer, — est grand comme un mouchoir de poche. On y voit inscrits, dans un cartouche, les noms des *jeunes élèves qui se sont fait remarquer depuis sur de grands théâtres.* Hélas! les plus illustres de ces enfants-prodiges faits hommes sont M. Francisque jeune et M. Pastelot. *Ab illis disce omnes.* M. Comte est un directeur et un physicien fort habile ; mais j'ai regret de dire qu'il n'est qu'un pépiniériste médiocre. Les Talma, à ce qu'il paraît, ne se font point au biberon.

Il y a bien encore les théâtres Montmartre, Belleville et du Montparnasse ; mais comme ils appartiennent à la banlieue, permettez-nous de n'en rien dire, et de terminer ici notre course, imitant en ceci la réserve prudente des cochers de fiacre qui refusent d'*aller en province*, c'est-à-dire de passer la barrière sans un pourboire exorbitant. Ces entreprises dramatiques, ne vivant d'ailleurs que d'emprunts faits aux théâtres de Paris, petits et grands, appartiennent en propre, à ce titre, à la Thalie départementale, qui n'est point de notre ressort.

Outre les petits théâtres fixes, il en est au boulevard du Temple, aux Champs-Elysées, de nomades et de forains qui ne laissent pas d'avoir leur charme, lisez : tréteaux ; mais qu'importe? Les tréteaux n'ont—ils pas été le berceau de l'art dramatique?

Voici le cartomancien populaire qui prédit le passé, le présent, l'avenir... et *même le futur !* C'est le prophète de la petite propriété : moyennant cinq centimes, il fait le *petit jeu* à toutes les personnes qui veulent bien tirer une carte et leur bourse. Quant aux Rothschild et aux receveurs généraux de la société, qui éprouveraient le besoin de se renseigner plus à fond sur l'avenir et le futur, ils sont invités à entrer chez le marchand de vins le plus voisin, et là, moyennant cinquante centimes, un homme bien mis leur montre avec des cartes propres le *grand jeu*, dans une suite de révélations et de pronostications pantagruélines proportionnées à l'importance des capitaux aventurés. Si l'on pouvait aller jusqu'à un franc, on verrait la terre et le ciel s'entr'ouvrir. Mais un franc, qui est-ce qui a un franc? Ce n'est pas peu de chose qu'un franc, et il n'y a ni petit ni grand jeu qui puissent compenser une telle mise de fonds. — Moralité. — Aucun avenir ne peut tenir lieu du présent.

En quittant le cartomancien, nous trouvons une devineresse plus surprenante encore que le Bosco ambulant dont nous venons de prendre congé. C'est madame Léon B...x, la *somnambule la plus lucide de l'Europe,* qui *devine les animaux, les végétaux, les minéraux,* plus une foule d'autres objets dont suit la nomenclature, ce qui était bien superflu, puisque les trois règnes en bloc sont soumis à l'empire de madame B...x.

Plus loin c'est une exhibition de jeunes tableaux vivants. Le *travail* est confié à une douzaine d'enfants dont le doyen peut bien avoir quatorze ans. Le jour, les jeunes *tableaux,* vêtus de tuniques blanches, montés sur de longues échasses, et précédés d'un fifre, distribuent eux-mêmes sur la promenade le programme des poses plastiques qu'ils doivent exécuter le soir. J'ai assisté à l'une de ces représentations au son d'un orgue de Barbarie. A part la taille, cela valait les *tableaux* d'un âge plus mûr. Entre autres sujets païens ou bibliques, la troupe de statues enfantines nous a donné la Passion de Notre-Seigneur Jésus-Christ. Avant que la toile se levât sur le dernier tableau, l'*impresario* a cru devoir adresser à la foule cette allocution : « Mesdames et messieurs, si quelqu'un de l'honorable société, trompé par l'immobilité surprenante de ces jeunes enfants, pouvait supposer que l'on a abusé de sa confiance et nous faisait l'injure de croire à l'existence de *mannequins*, je me flatte que dans un instant il reviendra de son erreur. Je prie seulement la compagnie d'être bien attentive, car nous lui ménageons une surprise. » Ce discours enflammant la curiosité, tous les regards se fixent avec une avidité inquiète sur le rideau, qui, s'écartant, laisse voir, pour tableau final, la mise au tombeau du Seigneur. Les poses sont irréprochables; ce sont bien là de vraies statues, un peu grêles, mais c'est de l'art chrétien. Tout à coup, à un signal donné, Jésus-Christ, la Vierge, Nicodème, saint Jean, Joseph d'Arimathie et toutes les saintes femmes se lèvent et exécutent sur le théâtre une furieuse saltarelle en poussant des *hou ! hou !* à percer le tympan. Ce dénoûment inattendu, qui terrasse les incrédules, ayant un grand succès d'hilarité, le directeur saisit habilement l'occasion pour risquer la motion suivante : « Mesdames et messieurs, ne quittez pas vos places. On va faire une quête pour les jeunes enfants : ils n'ont que ce profit (et encore l'ont-ils?). Seulement, vous êtes priés de ne leur pas donner de pièces de cinq francs, ils les refuseraient! » Cette facétie achève de mettre en belle humeur l'assemblée et vaut à la Vierge quêteuse quelques pièces blanches noyées dans une pluie de cuivre. — Ainsi finit la comédie.

J'ai gardé pour le dénoûment et la petite pièce de ce chapitre une fort agréable parade entre un *pitre* (paillasse), c'est le mot consacré, et le compère de rigueur, devant la baraque d'un phénomène, que dis-je! de deux phénomènes.

Le *pitre*, en costume de queue-rouge, qui vient, comme

toujours, de se voir jeter au nez la porte de son vingtième maître et est véhémentement menacé de coucher à la belle étoile, fait confidence de ses anxiétés au public et cherche, comme de raison, de l'emploi.

Le compère l'aborde en ces termes :

— Vous cherchez une place, mon ami?

— Oh! oui, monsieur, pourriez-vous m'en indiquer une, par hasard?

— Certainement; j'en connais une belle, pas bien loin d'ici.

— Laquelle?

— La place de la Concorde.

— Mauvais farceur!

— Comment? (Il lui donne un coup de pied.)

— Aïe! aïe!

— Mais, plaisanterie à part, je puis vous en indiquer une très-bonne.

— Où cela?

— Dans une fameuse maison, chez le prince Tirtin-tirkoff.

— Chez un prince! on disait qu'il n'y avait plus de princes!

— C'est un conte! — Une jolie place... Il n'y a rien à faire du tout.

— Quelle chance! c'est moi qui ferai tout l'ouvrage. (Il gambade en gesticulant.)

— Ne vous remuez donc pas comme ça. Vous êtes trop vif, mon cher. (Il lui donne un soufflet.) Si vous continuez, je vous donne un soufflet.

— Tiens, tiens, tiens, et celui-là donc?

— C'est un que je vous devrai. Vous dites donc, mon cher, que vous désireriez entrer chez le prince Tirtintir-koff. Mais, d'abord, êtes-vous bien fainéant?

— Si je le suis! Vous ne m'avez donc pas vu avec mon fusil de munition?

— Et où cela?

— Dans la dernière révolution.

— Vous vouliez détruire les tyrans! Vous êtes républicain de la veille?

— Pas du tout. Je cherchais tout bonnement, pour le tuer, ce misérable, ce scélérat, ce conspirateur...

— Qui cela?

— Celui qui a inventé l'ouvrage.

— C'est à merveille. Mais avez-vous des certificats de fainéantise?

— Si j'en ai! Un boisseau, rien que ça!

— Voilà qui est bien. Mais continuons votre examen. Êtes-vous un jeune homme à faire *douze* repas par jour? C'est l'ordinaire de la maison.

— J'en ferai vingt-quatre, s'il le faut.

— Non, non; douze, pas davantage. Les temps sont durs. Il faut savoir s'imposer quelques privations. Ainsi, voilà l'emploi de votre journée : le matin, en sortant du lit, vous vous mettez à déjeuner, — tout de suite, sans perdre une minute...

— A la fourchette?

— Comment donc! A propos de fourchette, supposons que la vôtre vienne à vous échapper des mains et qu'elle tombe sous la table; comment ferez-vous?

— Ce n'est pas malin : je mangerai avec mes doigts.

— Fi donc! ce n'est pas cela du tout. Vous oubliez donc que vous êtes chez le prince Tirtintirkoff! Vous sonnerez, vous appellerez votre maître et vous lui direz : « Faites-moi le plaisir, mon cher, de me ramasser ma fourchette. »

L'interrogatoire continue sur ce ton. Il est interrompu par l'apparition d'un troisième personnage en habit noir et cravate blanche, vrai physique d'ancien notaire, qui, faisant un salut au public, s'exprime en ces termes choisis :

« Messieurs et dames, nous avons l'honneur de vous inviter à venir honorer de votre visite deux des plus étonnants phénomènes ci-inclus (frappant sur le tableau qui décore la tente) que la terre *n'ait* jamais produits. Ce sont deux jeunes gens : la demoiselle et le frère, — nés en Angleterre tous les *deusse*. — La demoiselle, qui est âgée de vingt-cinq ans, est ornée, depuis l'âge de dix-sept, de cette superbe barbe noire que vous lui voyez au menton, tandis que, par une surprenante bizarrerie de la nature, son jeune frère est porteur d'une barbe aussi blanche que les cheveux d'un albinos. (Avec onction.) Messieurs et dames, très-souvent les annonces sont mensongères ! — Mais nous n'avons qu'une chose à dire : Venez ! venez contempler par vos yeux ces deux phénomènes britanniques. — Mais combien, me direz-vous, combien cela nous coûtera-t-il ? — Messieurs, uniquement, remarquez bien ceci, uniquement pour vous donner le droit de vous dire que vous avez laissé quelque chose en sortant, il sera perçu à la porte la modique rétribution de cinq centimes par personne ! »

Remarquez l'artifice de cette rédaction : quelle admirable entente du caractère français, toujours empressé d'accomplir, au prix des plus rudes sacrifices, et même au prix de cinq centimes, la conquête d'un nouveau droit ! Pour le Parisien, le plus précieux sans contredit est *celui qu'à la porte il achète en entrant.* Aussi, Bilboquet a beau dire : *L'art dramatique est dans le marasme;* Paris est et sera toujours par excellence la ville favorite, la terre promise des théâtres, petits et grands.

V

Le Carnaval à Paris.

Voici le bœuf gras ! Majestueux animal, l'espoir de l'éleveur et l'orgueil du troupeau, il broutait naguère les grasses herbes de la superbe vallée d'Auge. Hélas ! il ne se doutait pas alors, l'infortuné, du dangereux honneur que trop d'embonpoint devait attirer sur sa tête. Gras ou maigre, il est vrai, il faut que tôt ou tard le quadrupède ruminant paye son tribut à l'abattoir. Mais, heureusement pour le bouvier, cette vérité désolante n'est point connue dans les herbages. Celui-là croissait donc dans sa naïveté et son innocence première, grossissant chaque jour vers sa perte. Ainsi, toujours les plus belles choses ont le pire destin, et les plus nobles têtes, comme les plus hautes cimes, appellent les coups de la foudre.

Lorsqu'il eut enflé à souhait, il fallut dire adieu aux odorants sainfoins et aux vertes luzernes de la fertile Normandie pour s'acheminer vers Poissy, où l'attendait le rigide et impatient aréopage des bouchers de Paris, réunis à l'effet de choisir l'opime incarnation, l'exubérant emblème du carnaval de l'an de grâce 1855. A peine il a paru qu'un long frémissement de surprise et d'admiration court parmi les juges sanguinaires. Tout d'une voix, la double palme de la royauté et du martyre lui est sur-le-champ décernée. Il dépasse ses nombreux rivaux de toute la longueur des cornes; il rendrait un quintal métrique au plus gigantesque d'entre eux : il sera donc le bœuf, que dis-je? l'hécatombe offerte à ces modernes saturnales où revit un instant le passé et où s'agite le présent sans grand souci de l'avenir.

De tout temps le bœuf gras fut cher à la bonne ville de Paris. Autrefois on le sacrifiait vers l'équinoxe de printemps, à l'époque où le soleil entre dans le signe vénéré du Taureau. Sa tête massive surmontée d'une branche de laurier-cerise, et portant sur sa croupe charnue un jeune enfant vêtu en Amour, qu'on nommait *le Roi des bouchers*, il parcourait la capitale aux bruyantes acclamations d'une populace enthousiaste. Le jour de la promenade a changé, mais la joie est restée la même. Le gamin de Paris surtout a voué un culte au bœuf gras; il lui faut son bœuf gras, sinon il est tout prêt à dépaver les rues et à renverser une dynastie. Lorsqu'il n'est pas sage, il suffit, pour l'apaiser, de cette effroyable menace : « Tu n'iras pas voir le bœuf gras! »

Le grand jour vient enfin de luire. Bœuf gras, il faut marcher à la gloire, à la mort! Déjà la voix enrouée des colporteurs glapit dans tous les carrefours, comme lorsqu'un condamné s'avance vers le supplice, l'annonce du triomphe que suivra un inévitable trépas. A ce cri, chacun d'accourir sur le pas de sa porte et d'acheter *l'ordre et la marche du bœuf gras*, moyennant la modique somme de cinq centimes. C'est le dimanche gras, au matin, que commencent cet ordre et cette marche. Le magnifique cortége s'aligne et s'ébranle, ainsi disposé :

Un peloton de municipaux à cheval;

Deux coureurs en costume du temps de Louis XIV... superbes cavaliers qu'on dirait détachés d'une toile de Vander Meulen;

Un tambour-major, ses tambours, et les musiciens revêtus de costumes de la même époque, et coiffés, les premiers de chapeaux, les seconds de casques à plumes.

S'avancent ensuite, à cheval et en habit moderne :

M. l'inspecteur général de la boucherie de Paris;

M. le sous-inspecteur;

L'éleveur qui a nourri le superbe animal;

Le boucher qui a eu la gloire de l'acheter et aura le profit de l'abattre.

Après eux viennent, aussi à cheval :

Le maître des cérémonies, personnage important, en costume de chevalier de l'ordre de Jérusalem;

Deux hérauts d'armes, coiffés de chapeaux à la Henri IV, et portant des tabars aux armes de la ville.

Puis viennent, sur deux files, trente-six cavaliers en costume du temps de Charles VI, de Charles VII, de François Ier, de Henri III, de Louis XIII et de Louis XIV, précédant immédiatement :

Le grand prêtre, ou sacrificateur, en longue robe blanche, qui bientôt sera pourpre, couronné de feuillage, —

sans doute de laurier-sauce, — et suivi d'un paysan bre-
ton ou bas-normand qui conduit le bœuf gras, caparaçonné
d'un tapis en lambrequin, orné de chaque côté d'une tête
entourée de rinceaux; bride en lambrequin, banderole
de lambrequin faisant le tour de la croupe; lambrequin
partout. Autour de la tête, que surmonte un magnifique
panache, digne du plus beau tambour-major de la banlieue, le bœuf gras porte un diadème, insigne de sa plantureuse et éphémère royauté, rattaché aux cornes par des
bandelettes. A droite et à gauche il est tenu par deux sa-
crificateurs qui portent des masses d'armes sur l'épaule,
et, par-dessus leur costume antique, des peaux de tigre
dont la tête leur sert de coiffure.

Suit un nouveau peloton de garde municipale;

Et enfin le char, portant l'Olympe, s'avance majestueusement, traîné par quatre chevaux empanachés, empri-
sonnés des pieds à la tête par un immense caparaçon sur
lequel on voit un écusson barré, dont un angle contient
une tête de bœuf, et l'autre deux haches croisées.

Mercure en postillon, ou un postillon en Mercure, est
monté sur le premier cheval de gauche.

L'attelage est conduit à grandes guides par la main vénérable du Temps, orné de sa faux symbolique et debout
sur l'avant du char, que décore une tête de taureau en
relief, entourée de guirlandes ou festons.

Derrière lui se pressent dans le quadrige antique, en
avant d'un dais élevé à l'autre extrémité du char :

La ville de Paris, coiffée de la couronne murale;

L'Abondance, ornée de sa corne;

Apollon, qu'on ne s'attendait guère à voir paraître en
cette affaire; mais il ne faut pas oublier que ce dieu, en
des temps de jeunesse orageuse, a gardé les bœufs chez
Admète. Il tient sa lyre d'une main, et semble quelquefois
sous le coup d'un délire qui n'est pas toujours poétique;

La déesse Minerve, en mémoire sans doute de l'olympique coup de hache auquel elle dut sa naissance:

Hercule, en souvenir du fameux coup de main qu'il donna au tyran Augias;

Et enfin Mars, le dieu-boucher.

Aux deux côtés du dais dont nous avons parlé, se tiennent, sur l'arrière du char, la Folie grelottant, et Vénus tenant en main la pomme qu'un jeune et beau bouvier lui décerna jadis : dignes compagnes de l'Amour en ailes de pigeon, trônant sous le dais, avec son arc, son bandeau, son carquois et ses flèches classiques. N'oublions pas surtout sa torche incendiaire, qui constraste d'une cruelle façon avec la froidure mortelle dont le pauvret paraît transi sous son maillot couleur de chair et sa tunique blanche. Ce n'est pas là cet Amour rose que nous a retracé le pinceau des Boucher, des Vanloo et des Delatour. Il est violet, l'infortuné ! Il se révolte de temps en temps, et ses cris troublent plus d'une fois la pompe solennelle du cortége. Pour le faire taire, Hercule, qui lui a gardé rancune depuis l'aventure d'Omphale, le menace de sa massue. L'Amour, épouvanté, redouble ses clameurs, et la Folie perd son latin à lui parler raison.

C'est avec cette suite imposante que le puissant roi du carnaval s'offre à l'admiration de ses nombreux sujets, le dimanche, le lundi et le mardi gras. Durant les premières journées de cette marche triomphale, il va rendre ses devoirs aux diverses autorités municipales et autres, puis à MM. les ministres et les ambassadeurs des diverses puissances étrangères qu'il régale d'une sérénade accompagnée en faux-bourdon de ses augustes mugissements. De là on se rend chez le boucher, heureux possesseur du bœuf gras, où tout le cortége prend part à une ample collation : pain, viande et foin à discrétion. On reste à table jusqu'au soir, puis on s'achemine rue de Bondy, chez le costumier qui a habillé tout l'Olympe. On dépose chez lui l'Amour, et le cortége continue son chemin jusqu'à l'abattoir.

Le mardi gras, a lieu ordinairement la présentation du moderne bœuf Apis au château des Tuileries. Il va ensuite

(Où peut-on être mieux
Qu'au sein de sa famille?)

rendre visite à son concitoyen et émule entrelardé, le fameux *Bœuf à la Mode* de la rue de Valois, où tout le cortége se livre à une nouvelle collation, tandis que les musiciens se relayent pour jouer l'air de circonstance.

Puis, les dieux remontent sur leur char, les cavaliers sur leurs chevaux, et l'on mène le bœuf gras chez M. le préfet de la Seine, M. le préfet de police, et diverses autres sommités administratives. Autrefois le bœuf *viellé*, comme dit Rabelais, c'est-à-dire mené par la ville au son des vielles ou des violes, ne manquait jamais d'aller rendre visite à M. le premier président, voire le simple président à mortier du parlement de Paris. Or il advint, dit-on, qu'un jour, M. Achille de Harlay ne s'étant point trouvé chez lui alors que le bœuf gras venait de sonner à sa porte, le cortége qui stationnait devant la grande grille du Palais, et qui s'impatientait d'attendre, gravit, y compris le bœuf, le grand escalier, et alla chercher *M. le premier* dans le sanctuaire de la justice. Une demi-heure durant, le bœuf se promena dans la salle des Pas-Perdus, au grand ébahissement de la basoche et des sergents, qui oncques n'avaient vu plaideur de cette taille et de cet organe. Le bœuf sortit enfin, je ne sais plus comment. Pendant tout le reste du carnaval, il ne fut plus question, parmi les badauds de Paris, que de l'ascension prodigieuse accomplie par l'oiseau de saint Luc.

Un des griefs populaires contre la république française fut la suppression du bœuf gras, que Napoléon, premier consul, rendit à l'amour des Parisiens.

Cependant le triomphe touche à son terme; le malheureux bœuf, exténué, essoufflé, haletant, succombant sous le faix de sa gloire, achève péniblement sa troisième promenade, qui sera, hélas! la dernière. Si les pérégrinations auxquelles il vient d'être condamné devaient se prolonger une semaine, du plus gras des bœufs qu'il était, il en deviendrait le plus maigre.

La journée est terminée : le cortége la célèbre en s'attablant autour d'un festin pantagruélique, composé de toutes viandes de boucherie, où se boivent et se mangent les largesses prodiguées les lundi, mardi et dimanche gras à la bovine majesté. Quant à celle-ci, reléguée maintenant à l'étable, elle rumine sur le néant des grandeurs et des joies humaines et elle n'attend plus que le coup fatal, et ce coup lui sera porté le surlendemain dès l'aurore!

Le bal de l'Opéra est et devait être une invention de la Régence. Le chevalier de Bouillon, qui conçut le projet de ce nouveau divertissement, en fut récompensé, le fait est historique, par une pension de six mille livres. Un moine carme, nommé le père Sébastien, et fort habile mécanicien, trouva le moyen d'élever le plancher du parterre au niveau de la scène, et de l'abaisser à volonté. L'histoire ne nous dit pas quelle fut la récompense de cette autre invention.

Ouvert le 2 janvier 1716, le bal de l'Opéra s'est perpétué jusqu'à nos jours, en passant par des phases et des vicissitudes fort diverses. De notre temps, il est plus à la mode et plus tumultueux que jamais. Autrefois, c'était un plaisir de grands seigneurs ; le bon ton y couvrait du moins les mauvaises mœurs. Aujourd'hui, il n'est si mince clerc, si jeune commis qui ne veuille en avoir sa part, et faire le lionceau, moyennant un mois de ses appointements, dissipé en une nuit assyrienne. De là cette cohue sans nom, enrouée, barbouillée, avinée, qui remplit de ses huées sauvages et de ses lazzis, beaucoup plus spiritueux que spirituels, la première scène de l'univers.

Depuis son origine jusqu'à ces dernières années, le bal de l'Opéra, fidèle aux principes et aux traditions de l'étiquette aristocratique qui avait présidé à sa fondation, avait exclu de son enceinte les travestissements et la danse. Les hommes n'y étaient admis qu'en habit de ville, et le domino était le seul déguisement des femmes. On s'y promenait autour d'un orchestre en sourdine qui dominait, sans l'étouffer, le bourdonnement discret des causeries particulières. L'intrigue s'insinuait, glissait, serpentait dans cette salle étincelante. L'archet révolutionnaire d'un chef d'orchestre (Musard) l'en a chassée et a étouffé les derniers murmures de ce galant marivaudage, qui, depuis longtemps, au surplus, s'effaçait peu à peu pour faire place à la licence.

Le mardi gras de l'année 1837, Musard donna, rue Lepelletier, un bal, dont les habitués de ce genre de divertissements ont conservé le souvenir. L'Opéra atteignit, dès son premier début, à l'idéal du genre. En récompense de cet exploit, Musard fut porté en triomphe, et faillit être asphyxié sous les étreintes de ses fanatiques et turbulents admirateurs. Quelle mort pour un chef d'orchestre! Dès lors, ce fut fait pour toujours du bal de l'Opéra proprement dit, de cette réunion masquée, mais à peu près décente, brillante toujours, spirituelle parfois, qui tenait à la fois du raout et de la nuit vénitienne. Du jour où le galop y eut pénétré, l'élégance, le décorum, et avec lui l'esprit, s'enfuirent pour ne plus revenir.

A la vérité, on a cherché à les retenir ou plutôt à les rappeler par une mesure qui tendrait à concilier tous les goûts. Deux parts du bal ont été faites : la salle a été livrée aux danseurs, et le foyer réservé « aux folles intrigues qui se croisent, s'enchevêtrent, se nouent et se dénouent (style consacré) entre une et cinq heures du matin.» Mais, hélas! l'intrigue est morte... au bal de l'Opéra, du moins. Voulez-vous avoir une idée des piquantes, des malicieuses, des fines causeries du foyer? Prêtez l'oreille à l'entretien de ce jeune dandy et de ce pimpant domino qui s'abordent en ce moment. — Bonjour, Ernest, dit le domino. — Bonjour, dit le lion. Tu me connais? — Oui. Demeures-tu toujours rue du Helder? — Mon Dieu, oui. Je voulais changer, mais je n'ai pas trouvé d'appartement.— Et pourquoi vouliez-vous changer, bel inconstant?—Mon logement n'est pas commode. Et puis, j'ai une cheminée qui fume... — C'est différent. Est-ce que tu ne me reconnais pas? — Attendez donc... Si, ma foi! je te reconnais: vous êtes madame D...... — Tu n'y es pas!—Si!—Non! Si! — Non! — Allons, allons, convenez-en; vous êtes madame D...... Comment va la santé, du reste? — Pas trop mal, avec un gros rhume pourtant. C'est très-imprudent à moi de venir ici; mais c'est si entraînant, ces bals de l'Opéra! — Oui, c'est bien entraînant. J'en suis une preuve, moi qui relève d'une fluxion. — Ces temps de dégel ne valent rien pour la poitrine. Ah! à propos, mauvais sujet, qu'alliez-vous donc faire, l'autre jour, au passage des Panoramas? — Quel jour? — Mardi ou mercredi, je crois. Tu avais un pantalon gris. — Ah! oui, j'y suis. — Eh bien! — J'allais acheter des gants. — Bien vrai? — Ou des bretelles, je ne sais plus au juste; je crois pourtant que c'étaient des gants. — Je te quitte. J'aperçois là-bas un monsieur qu'il faut que j'aille intriguer. Adieu, au prochain bal. — Adieu, madame!

Quelle débauche d'esprit, quelle verve! C'est bien la peine de mettre un masque et d'adopter le tutoiement. Ces sémillants colloques font pourtant le désespoir des provinciaux, qui viennent au bal de l'Opéra, sur la foi des trompeuses promesses de la réclame, et, n'y connaissant âme qui vive, s'en vont le matin, fort au regret de n'avoir pas été « intrigués. »

Quoi qu'il en soit, le bal de l'Opéra obtient une vogue étourdissante, et fait plus que jamais les délices d'une partie de ce peuple qui aime à se dire le plus policé, le plus délicat et le plus spirituel de l'univers.

Sa vogue ne le céda un temps qu'à celle d'un bal nommé *Chicard*, dont les actions se cotaient à la Bourse, et où l'on trouvait des fils de pairs de France, des jeunes premiers de comédie, des aspirants diplomates, des marchands d'habits, des sculpteurs et des plâtriers, des peintres d'histoire et d'enseignes, des littérateurs, des musiciens et pas mal

de corroyeurs, à commencer par le héros de cette étrange
assemblée, et tout cela fraternisant, sympathisant, trin-
quant, se colletant, s'embrassant et se ramassant, comme
une foule de vieux amis qui ne se connaissaient pas la veille,
et n'avaient surtout garde de se reconnaître le lendemain.

Tout cela n'est rien encore. Nous voici à la mi-carême,
deuxième édition revue, et non corrigée, du mardi gras.
Quels sont ces cris, ce bruit affreux, cette musique à cre-
ver le tympan? Quelle chasse infernale nous sonnent ces
milliers d'horribles fanfares? Oh! mon Dieu, ce n'est rien,
ne faites pas attention; ce n'est que le carnaval, enterré
il y a trois semaines, qui secoue sa poudre et ressuscite. Le
diable fait de ces miracles. Vous voulez voir passer feu carnaval? J'y consens; courons au boulevard. Mais si vous êtes
asphyxié, contusionné, pilé, broyé; si, du haut d'un arbre,
il vous pleut un enfant de Paris sur la tête, si une voiture
vous écrase, si vous sortez de la bagarre dénué de pans
d'habit, de montre et de cravate, ou si vous n'en sortez pas
du tout, ne vous en prenez pas à moi, vous êtes dûment averti.

Nous voici dans la foule. Quel affreux tintamarre! quelle
épouvantable cohue! — Monsieur, ne poussez pas! — Eh!
monsieur, l'on me pousse! — Je me meurs, j'étouffe! je
suffoque! — Gare donc là, gare donc; rangez-vous! —
Ah! ciel, un cheval de gendarme qui se cabre et recule
de notre côté! — Monsieur, que fait votre main dans ma
poche? — Eh! mon Dieu, monsieur, je la mets où je peux,
on n'a pas le choix des locaux! — Une fois engagé dans
cette houle humaine, il faut marcher, bon gré, mal gré,
filant soixante pas à l'heure. Heureux qui, du milieu de
ces flots agités, peut, de temps en temps, diriger sur la
grande chaussée du milieu un oblique rayon visuel! —
Mais, ô déception! le carnaval promis se manifeste sous la
forme de deux immenses files de voitures, flanquées de
gardes municipaux; mais de masques, nulle apparence :
chacun est venu pour les voir, et chacun voit qu'il n'a
rien vu. — Ah! cependant, voici là-bas une rumeur qui

nous présage l'apparition de quelques-uns de ces oiseaux
rares sur terre. Autant que le permet cet affreux cor de
chasse, qui, depuis un quart d'heure, s'obstine à jouer sur
nos têtes la chanson du *Roi Dagobert*, il me semble discerner certain cri populaire qui nous annonce, ou je me
trompe fort, l'approche de quelque mascarade. En effet,
voici des sauvages, des pandours, des cosaques, des hus-
sards, précédant à toute bride une, deux, trois voitures,
qui roulent à quatre chevaux sur la chaussée, bourrées de
débardeurs, de malins, d'Écossais, d'ours, de Poletais, de
Turcs, d'Espagnols, de laitières, de camargos.

> Devant, derrière,
> Jusqu'à la portière,
> C'est un' fourmilière
> De gens chantant, vociférant, buvant,
> S'égosillant...

C'est en vain que ces messieurs et ces dames ont fait
ample provision d'esprit sous forme de champagne. Sous
ce rapport, celui de l'esprit, leur consommation est fort
mince. De grandes clameurs, de lourds propos, des gros-
sièretés, voilà tout ce que la gaieté et la verve française
trouvent de plus piquant dans leur bouche. — Mais,
quels sont-ils? me direz-vous. — C'est lord Seymour, ne
manquaient pas de s'écrier autrefois maints gobe-mouches
obstinés. — Non, heureusement pour lord Seymour, il n'est
pas tout ce monde-là. Lisez les inscriptions du drapeau
arboré par chacune de ces mascarades. Voici les «Enfants
de la Joie.» Quelle postérité! La Joie eût beaucoup mieux
fait de rester fille. Plus loin, ce sont les « Forts buveurs.»
Viennent ensuite les «Flambards,» les «Balochards,» etc.
Voici maintenant les Blanchisseurs et les Blanchisseuses
de Boulogne, arrivés en trois chariots pour célébrer à
Paris le grand jour de la mi-carême, qui est leur fête pa-
tronale. Ah! cette autre voiture qui se croise avec celle
des « Balochards, » c'est celle des « Chemisiers de Paris. »

Les deux équipages se hêlent, se défient, viennent bord à bord, et il s'engage entre eux une bataille en règle, — à coups de langue, cela va sans dire, — et où il n'y a de morts que les ivres. Vous êtes probablement peu curieux de savoir qui l'emportera du calicot ou de la rouennerie; passons donc!

Mais, à ce propos, voici un crieur asthmatique qui vous offre depuis une heure *le Nouveau Catéchisme poissard, ou l'Art de s'amuser en société sans se fâcher...* Ce catéchisme, fort peu édifiant, du reste, n'a que le tout pétit défaut d'être nouveau depuis cent ans. C'est un vieux recueil de plats lazzis et de sottes calembredaines, dont l'unique mérite est la rime, et le moindre défaut la raison. La langue des Porcherons est enterrée sous leurs décombres. Il n'y a plus de halles, il n'y a plus de poissardes; il n'y a plus que des marchés et des marchandes de poisson, ce qui n'est nullement synonyme. Aussi, le catéchisme poissard, canard rétrospectif, au sel fort peu attique, obtient-il fort peu de débit, car il ne répond plus, selon le vœu des prospectus, à aucun besoin de l'époque. Tout au plus, quelque Béotien, préméditant de se produire au bal masqué, le soir, sous un costume d'Arlequin, et d'avoir de l'esprit comme un diable, croit-il devoir, pour ses deux sous, se précautionner de gaieté et de poésie non lyrique. Gare à lui, si, pour son malheur, quelque franc luron l'entreprend! Les héros du carnaval sont, sans comparaison, comme les aigles du barreau : c'est à la réplique qu'on les juge.

La nuit est venue; le gaz s'allume, ce soleil du carnaval moderne. Les masques, qui viennent de dîner, se rencaquent dans leurs équipages, et continuent leur promenade à la rouge lueur des torches, en attendant l'heure suprême, l'heure solennelle du bal.

Minuit arrive... Alors, oh! alors, Paris se lève comme un seul homme. De toutes les rues, de toutes les portes, de tous les escaliers et de tous les étages, débouchent des

torrents de nouveaux masques. Ce ne sont que glapissements sauvages, miaulements de chats, aboiements de
chiens, rugissements de loups et de chacals, mêlés au
piaffement, au hennissement des chevaux, au roulement
de dix mille voitures, au son des cornets à bouquin et des
trompettes à l'oignon. C'est un capharnaüm, une mêlée,
un bruit à ne pas entendre Dieu tonner. A cette grande
voix, à cette immense clameur, au grondement de cette
avalanche, quatre cents bals ouvrent leurs portes. — Oui,
quatre cents bien comptés, je n'exagère pas, — depuis
le grandiose et splendide Opéra jusqu'au *Sauvage,* où l'on
pénètre moyennant cinquante centimes, remboursables en
une bouteille de Suresnes à vider sur place.

Il y a bal à divers théâtres, à la salle Valentino, aux
Wauxhalls d'été et d'hiver, aux Prados d'hiver et d'été, au
jardin d'Idalie, au bosquet de Cythère, à l'Ermitage de
Paphos, à l'Ile d'Amour, au temple de *Bacusse,* à la Char-
treuse, au Salon de Mars, à l'Élysée, aux Enfants de la
Joie, au Bœuf-d'Or, au Bœuf-Rouge, au Bœuf-Couronné,
au Bœuf-Gras ; chez Tautain, Tonnelier, Desnoyers, et
cent autres célébrités de barrière.

Partout c'est un tohu-bohu, un chaos, un pandémonium que nulle plume ne saurait exprimer, que nul pinceau ne saurait rendre. La grosse caisse et la grosse joie,
l'ivresse, une danse échevelée, le galop le plus tourbillon-
nant, des batailles, une mêlée furieuse, maint pugilat,
maint œil poché, suivi de mainte arrestation, telle est, en
peu de mots, la physionomie de toutes ces rondes de sab-
bat. Ici, ce sont les *lions* qui s'amusent ; là-bas, ce sont
les chiffonniers : voilà toute la différence.

Le bal s'achève : la nuit a passé comme un rêve, ou
plutôt comme un cauchemar. Pour compléter la fête, il
faut, après avoir conquis à la pointe de l'épée, dans un
restaurant de boulevard, une bouteille de bordeaux et une
aile de volaille, — prix : 20 francs, — courir à la montée de
Belleville contempler cette cohue poudreuse, avinée, ti-

tubante, qui a nom « la descente de la *Courtille*. » Cette foule sans nom, ces loques fangeuses, ces rouges trognes, ces bras nus, ces Romains inimaginables, ces Turcs à turbans de carton, que surmonte, en guise de croissant, une visière de casquette, ces bergères qui fument la pipe, ces marquis roulant dans le ruisseau, ces chevaliers du moyen âge qui se traînent le long des murs, ces troubadours rapiécés, tous ces gueux dignes de Callot, ce sont les masques des barrières qui regagnent leurs domiciles. Loin d'être sensible à l'honneur que lui fait l'orgie de champagne en venant lui rendre visite, l'orgie de vin bleu reconnaît habituellement cette politesse par des nuages de farine et des poignées de boue lancés à la face de messieurs les beaux. Du haut des cabinets des Vendanges de Bourgogne, où ils ont établi leur quartier général, ceux-ci répondent par une grêle de gros sous, d'œufs durs et de fruits crus. Le jour se lève sur ce tableau et met fin à la guerre civile.

Nombre de femmes fort honnêtes se passent, c'est bien connu, la fantaisie du bal masqué ; mais cela a parfois des inconvénients pour elles, et aussi pour un autre. Exemple :

Vers le milieu du carnaval qui vient de rendre, — non pas l'esprit, et pour cause, — mais le dernier soupir, madame X..., femme d'un banquier fort en crédit, se mit dans la tête le caprice le plus extravagant.

Elle voulut se donner la joie d'un bal de l'Opéra, non pas au fond d'une loge et avec son mari, mais au grand complet, sans époux, avec souper, champagne — et accompagnement de lorette.

A force d'entendre parler des jolies paroissiennes de l'église que vous savez, d'ouïr en tous lieux et à tout propos répéter ce nom de lorette, madame X..., par l'une de ces mille fantaisies qui peuvent entrer dans le cerveau d'une jeune Parisienne, riche, belle et passablement désœuvrée, avait fini par concevoir le plus violent désir de voir de près et de connaître une de ces heureuses créatures dont les hommes s'occupent tant et dont la rivalité ne laisse pas de porter, dit-on, quelque ombrage aux honnêtes femmes.

Elle confia son projet à M. de N..., l'un de ses adorateurs les plus passionnés, en réclamant son assistance pour le mettre à exécution.

Après quelques observations qu'il eût pu s'épargner, car elles ne furent pas même écoutées, M. de N... se résigna de bonne grâce, il faut le croire, à servir le caprice de la volontaire jeune femme.

Tromper la surveillance du mari, lui faire croire qu'on était au lit avec la fièvre, tandis qu'on se promenait au bal de l'Opéra, ce fut un jeu pour madame X...

Restait à organiser le souper et à se procurer la lorette exigée pour la circonstance. Ce soin fut confié à M. de N..., qui, avant de brûler l'encens le plus pur aux pieds de la femme du banquier, avait été pris en flagrant délit d'arthurisme. On connaissait ces antécédents, on les lui avait souvent reprochés; mais à tout péché miséricorde : et, d'ailleurs, ce péché-là même avait son bon côté, puisqu'il devait contribuer à satisfaire la fantaisie de la jolie femme du monde.

Une fois qu'il eut accepté l'étrange mission dont on le chargeait, M. de N... se piqua d'honneur et voulut faire bien les choses. Il choisit donc, parmi les faciles beautés dont le bal était amplement approvisionné, la plus vive, la plus piquante, la plus espiègle de toutes, celle qui pouvait le mieux offrir aux études de madame X... le prototype du genre libre.

Engagé à souper par de N..., le *tigre* (c'est le nom de guerre de la pétulante Phryné) refusa d'abord, bien qu'à regret : le protecteur était au bal; on mourait d'envie de le quitter; mais on n'osait pas prendre cette licence, vu la proximité du terme.

—Ah bah! *sème-le*, lui dit de N..., et ne t'inquiète pas du reste.

— Passe pour semer, dit la lorette ; mais encore faut-il récolter.

Cette saillie fit rire madame X..., qui mêla ses instances à celles du jeune homme et eut elle-même la gloire de débaucher le *tigre*, bien que la chose à bon droit soit réputée fort difficile.

Comme l'horloge classique du foyer marquait trois heures et demie, le trio, renforcé d'un jeune viveur de la connaissance du *tigre* et de M. de N..., quitta le bal et se fit conduire au restaurant de la Cité : là, les deux couples s'attablèrent dans un de ces cabinets luxueux où le comfort et l'élégance se trouvent réunis à souhait.

Le souper fut on ne peut plus gai. Aiguisée par le sillery frappé, la verve intarissable du *tigre* éclata en bons mots et en joyeux propos dont l'allure un tant soit peu leste faillit, en dépit des efforts de madame X... et malgré son ferme parti pris, la décontenancer tout d'abord. Peu à peu, toutefois, elle s'enhardit et finit par se tirer assez bien du personnage qu'elle avait pris, celui d'une lorette de province qui venait s'essayer à Paris et n'était pas encore rompue aux belles manières, mais qui, avec le temps et les conseils du *tigre*, avait l'espoir de se former.

Tout allait pour le mieux, et déjà les vertes boutades de la véritable lorette avaient cessé d'effaroucher sa fausse camarade, qui riait de bon cœur en l'écoutant et ne songeait plus à se repentir de l'imprudence de sa démarche, lorsqu'une voix bien connue de celle-ci se fit entendre derrière la porte du cabinet particulier où soupaient nos quatre convives.

Cette voix, tremblante de colère, était celle de M. X..., qui réclamait avec une sorte de frénésie l'entrée du cabinet, en déclarant qu'il était prêt à enfoncer la porte, si l'on refusait d'ouvrir.

Il est bon de dire ici que le banquier quittait lui-même

lle bal de l'Opéra, où sa femme, le croyant à je ne sais
quelle ambassade, n'avait pas été peu surprise de l'apercevoir ; mais, sûre de l'incognito, elle ne s'était point
mise en peine d'une rencontre qu'elle avait tout lieu de
croire sans danger. La voix menaçante de M. X... fut pour
elle le *mane thecel pharès* du festin de feu Balthasar.

— Je suis perdue, c'est mon mari ! s'écria-t-elle en proie
à la plus vive terreur.

Malgré sa bravoure reconnue, M. de N... lui-même ne
semblait pas très-rassuré. Le *tigre* seul restait impassible
et continuait à peler tranquillement une poire, n'inter-
rompant cet exercice que pour promener son regard mu-
tin sur le couple effaré, dont l'inquiétude paraissait le divertir prodigieusement.

— Ah ! madame est une femme honnête ! dit la lorette
en examinant du coin de l'œil madame X... avec un sourire narquois. C'est-à-dire qu'on m'a fait *poser !* Ah bien !
c'est bon, nous allons rire !

En disant ces mots, elle se leva et courut à la porte.

— Qu'allez-vous faire, grand Dieu ! s'écria l'épouse
éperdue.

— Ouvrir à votre mari, madame, lui dit le *tigre* d'un
grand sang-froid. Entendez comme il frappe : aimez-vous
mieux attendre qu'il nous ait jeté la porte sur le dos :

— Ah ! par pitié, n'en faites rien, dit madame X... d'une
voix étouffée ; vous ne voudriez pas me perdre !

— Moi, madame ? Dieu m'en préserve ! dit la lorette,
dont le doigt atteignait déjà le mince verrou qui seul opposait encore une digue à la fureur de l'Othello du change
et du compte courant. Je suis bonne fille, continua-t-elle,
et n'ai jamais fait de mal à personne. Remettez votre masque et soyez bien tranquille : ce n'est pas vous que votre
mari cherche !

A ces mots, le *tigre* tira le verrou, ouvrit la porte, et le
banquier parut sur le seuil du cabinet, pâle de fureur.

A cet aspect, madame X... se sentit défaillir. Muette d'épouvante et se cachant la tête dans ses mains, car elle oubliait dans son effroi qu'elle venait de se remasquer, elle se souhaitait ensevelie à mille pieds sous terre, et, sentant venir la foudre qu'elle avait elle-même déchaînée, elle attendait le coup fatal, comme la victime courbée sous le glaive du sacrificateur. Mais quels ne furent pas sa surprise et peut-être son secret dépit, lorsque ce bruyant tonnerre d'imprécations et de reproches qu'elle s'apprêtait à subir pour prix de sa légèreté, elle le vit passer sur sa tête et tomber tout entier sur celle de sa nouvelle amie, le *tigre*, qui n'en faisait que rire, suivant son invariable habitude.

Tout fut compris alors : M. X... était le protecteur de la lorette. Abandonné au bal par sa volage compagne, il s'était mis à sa poursuite, et d'indices en indices, il était parvenu à découvrir l'asile où se cachait la fugitive. Outré d'avoir été joué, et plus encore de l'air d'assurance qu'il voyait à son infidèle, il cria, tempêta, fit une scène en règle, malgré la présence de M. de N..., que le banquier connaissait fort bien ; mais rien ne put émouvoir le *tigre*, qui, sans mot dire, le laissa déblatérer tout à son aise, puis, lui prenant le bras, lui dit pour toute justification :

— Vous avez fini, n'est-ce pas ? J'espère que maintenant vous serez assez bon pour me reconduire chez moi.

Faible comme tous les protecteurs, M. X... sentit à ces mots le nuage de sa colère se fondre, et, bref, se laissa émouvoir par cette prière insidieuse.

— Surtout, monsieur de N..., dit-il en s'éloignant avec son *tigre*, et tandis que le quatrième convive, qui se croyait de trop, s'éclipsait de son côté, — surtout pas un mot de tout ceci à ma femme !

— Soyez tranquille ! dit le jeune homme en pressant doucement le bras de celle-ci.

. . . .

Cette heureuse rencontre, qui a servi si bien M. de N..., le héros de cette aventure en attribue modestement tout le mérite au hasard; mais on s'accorde généralement à la considérer comme une conception sublime que n'eût pas désavouée le grand Lovelace lui-même.

VI

Les Fêtes des Champs-Élysées.

C'est aux Champs-Elysées surtout que se concentrent les réjouissances municipales; aussi la foule, toujours avide de plaisirs, s'y porte-t-elle avec fureur, et Paris n'est plus dans Paris pendant toute une grande journée ; il est tout entier empilé entre la place de la Concorde et la barrière de l'Étoile. Les divertissements et les jeux offerts à la population justifient-ils cet empressement, répondent-ils à l'attente générale? Hélas ! non, il faut bien l'avouer. Les fêtes se suivent et se ressemblent. Certes, à une époque où le talent de la mise en scène, du décor et de la pompe théâtrale, est poussé si loin et partout, dans le plus petit bouge dramatique comme sur notre première scène, il faut que l'imagination de nos ordonnateurs de fêtes soit bien stérile pour ne pas leur suggérer, une fois par hasard, autre chose que l'éternelle répétition d'un très-fastidieux programme. Qu'à défaut d'un autre genre de prodigalité, ils se mettent du moins en frais d'invention. Que si leur cervelle prosaïque et frappée d'infécondité ne peut donner naissance à la moindre idée neuve, à la plus petite découverte, qu'ils appellent à leur secours les archéologues et les poëtes. Qu'ils remontent vers le passé ; qu'ils nous rendent le cirque de nos pères, non point avec les gladiateurs et les combats de bêtes féroces, mais avec un spectacle approprié à nos mœurs, quelque chose qui moralise et élève l'esprit des masses, comme pourrait être le tableau de nos grandes épopées nationales, représentées avec des milliers de comparses sur une scène immense, sous les yeux d'un peuple tout entier. Pourquoi l'Académie des sciences morales et politiques ne proposerait-elle pas un prix à l'auteur du meilleur projet de fête nationale et populaire ? Il nous semble qu'un tel objet se recommande directement à ses méditations, à son intérêt spécial ; et assurément jamais médaille d'or n'aurait été plus dignement et plus utilement placée que celle qui nous doterait enfin de pompes et de solennités en rapport avec les progrès de notre civilisation et la majesté d'un grand peuple.

En attendant que cette idée se réalise, si tel doit être son destin, — ce dont nous doutons fort, — pénétrons dans ces Champs-Élysées, si richement pourvus de joies municipales, et examinons les merveilles que la moderne édilité offre en pâture aux citoyens, de par le programme officiel.

Que voyons-nous d'abord ? Des orchestres de danse. Premier et flagrant anachronisme ! Le peuple n'a nul besoin des violons de la Ville pour danser, s'il en a envie. N'est-ce pas l'avilir que le convier à prendre de risibles et grossiers ébats au milieu de la voie publique, sous le soleil le plus ardent, à travers les nuages épais d'une poussière fort peu olympique ? Aussi le peuple répond-il comme il le doit à cette provocation, en s'abstenant complétement. Les orchestres jouent, sinon dans le désert, au moins dans l'inaction et le dédain de la foule. Je me trompe pourtant, car ils servent à animer la danse macabre qu'une douzaine de polissons exécutent sous la protection de la garde municipale, et qui, en toute autre circonstance et en tout autre lieu, vaudrait certainement à ses auteurs une incarcération immédiate, suivie d'une comparution en police correctionnelle et de quinze jours d'emprisonnement, pour fait d'outrage public aux mœurs.

Un autre plaisir délicat qu'offre l'administration aux bons habitants de Paris, c'est l'ascension au mât de Cocagne. Ici encore nous retrouvons les mêmes haillons, les mêmes visages repoussants qu'autour des orchestres fo-

tains rétribués par l'autorité. Une population de drôles à
jambes nues, de gamins de la pire espèce, dont les faces
rébarbatives inspirent l'effroi et le dégoût, grouille en
tumulte autour de l'arbre symbolique, impatiente de
monter à la conquête des timbales et des montres d'argent suspendues à quelque trente mètres au-dessus du
sol. Les plus avides, les novices, s'élancent les premiers,
et ne tardent pas à égayer la galerie par une lourde dé-
gringolade.

« Mais ceux qui de *ces jeux* ont un plus long usage, »
laissent les conscrits passer devant et s'épuiser en vains
efforts, attendent patiemment, sachant bien que chaque
tentative infructueuse de leurs devanciers les rapproche du
but désiré. En effet, lorsque le fretin leur a suffisamment
aplani le chemin en détachant du mât la couche savon-
neuse qui s'opposait à l'ascension, les habiles apparaissent
à leur tour ; ils recueillent le fruit des défaites de leurs
infortunés rivaux. Pour augmenter encore leurs chances
de succès, ces *grimpeurs* émérites, qui à l'agilité du
singe joignent la prudence du serpent, ont eu soin de cein-
dre leurs reins d'une corde soutenant deux sacs ou immenses poches de toile pleines de gravier et de poussière,
dont ils se frottent par intervalles les mains et les jambes
pour aider à leur pérégrination aérienne, et balancer, par
cet utile auxiliaire, l'action perfide des parties savonneuses
encore adhérentes au mât. Cette sage précaution leur assure la victoire, jointe à la lenteur réfléchie qu'ils apportent dans leur ascension et aux temps de repos fréquents
dont ils savent l'entrecouper, n'oubliant pas un seul instant cette salutaire maxime :

Qui veut voyager *haut* ménage sa monture.

Une fois le mât dégarni de ses agréables pendentifs, il
reste à enlever le drapeau qui surmonte l'arbre gigantesque. C'est là le beau idéal, le triomphe du genre. Celui
qui a le bonheur ou l'adresse de se signaler par ce haut

fait est conduit, entre deux municipaux, au commissaire
de police du quartier des Champs-Élysées, qui, de sa
magistrale main, lui remet une récompense proportionnée
à la grandeur de l'action. A la mine de ce lauréat, on ju-
gerait, en le voyant sous l'escorte de la force armée, qu'elle
va le conduire aux galères. Il n'en est rien pour le moment; mais il y a gros à parier, à en juger du moins par
la physionomie de ce singulier triomphateur, que ce n'est
que partie remise.

Jusqu'à présent, les divertissements de la fête n'ont
d'autre but, comme on le voit, que de fournir de l'argen-
terie et les délices du bal en plein vent à une cinquantaine
de jeunes drôles. Est-ce bien là, de bonne foi, ce qu'il est
permis de nommer une fête nationale?

Parlerons-nous des théâtres élevés en plein vent et des
tristes pantomimes qu'y exécutent de malheureux bate-
leurs forains recrutés au rabais par l'adjudication des réjouissances? Une froide et pâle copie des batailles du
Cirque-Olympique, moins les chevaux, les décorations, la
mise en scène, et, en un mot, tout ce qui attire la foule,
tel est cet attrayant spectacle, que dédaignent même les
Titis, car, pour les quinze centimes que coûte une place
au paradis du Petit-Lazary, ils auront la jouissance d'une
représentation infiniment plus amusante. Nous avons pu
juger de cette indifférence par le renouvellement inces-
sant du public essentiellement populaire qu'attroupe d'a-
bord devant ces théâtres l'aimant irrésistible des feux de
pelotons et des évolutions guerrières; et, certes, il faut
que l'exhibition soit au-dessous du médiocre pour ne pas
captiver un tel public avec ces éléments de succès.

Nous avons fait comme tout le monde : nous avons sé-
journé cinq minutes devant ces tréteaux de quinzième ordre. Ce qui s'y consomme de poudre est réellement incalculable; des nuages de fumée éclipsent à chaque instant
la scène : c'est là le plus clair de l'action. On s'y fusille à
bout portant, mais il n'y a jamais ni morts ni blessés, à

ttendu que, la toile ne baissant pas, les blessés et les morts
seraient, faute d'entr'actes, contraints de se relever eux-
mêmes à la face des spectateurs, ce qui serait contraire
aux lois de la nature et pécherait un peu contre la vrai-
semblance. Un général français, adossé au garde-fou d'un
pont, a essuyé devant nos yeux, sans en être contusionné,
le feu d'une armée tout entière, représentée par vingt
comparses.

Un duel à l'arme blanche, entre une vivandière et un
officier autrichien, n'a pas eu de suites plus funestes.

La même vivandière a, la minute d'après, poignardé et
précipité dans un torrent un montagnard, que son feutre
pointu nous a fait soupçonner être Tyrolien, et qui, deux
fois occis, n'en est pas moins rentré incontinent sur le
théâtre par une coulisse opposée.

Presque aussitôt une armée de Russes a débouché par
le pont déjà mentionné, et est venue se ranger en bataille,
au bord de la scène, en commençant un feu de file des
mieux nourris, sans doute pour s'entretenir la main en
attendant que l'ennemi parût.

Mais bientôt nous avons vu les Russes battus à plat
de couture par nos soldats, au nombre de trois, qui les
pourchassaient à outrance; et, justement flattés d'un
coup d'œil si bien fait pour émouvoir une âme française,
nous avons tenu à demeurer sur cette douce satisfaction
d'amour-propre national.

Quittant donc sans regret les joies officielles, nous avons
suivi la multitude vers le point des Champs-Élysées où
elle afflue de préférence; nous voulons parler de l'espace
compris entre la place de la Concorde, le carré Marigny et
les bords de la Seine. C'est là que donnent rendez-vous à
la foule de promeneurs, et le saltimbanque qui a quitté
les foires circonvoisines pour venir *développer ses talents
dans la capitale*, et les *phénomènes vivants qui viennent
de faire l'admiration des différentes cours de l'Europe*,
et les escamoteurs, physiciens, alcides, écuyers, qui, aux

approches de la fête, débouchent par toutes les barrières et viennent peupler avec les monstres, les funambules, les marchands de mirlitons et de bonshommes de pain d'é-pice, les ombrages de l'ancien Cours-la-Reine. Aussi, ce jour-là, n'y peut-on faire un pas sans tomber en extase, et tous les sens y sont charmés à la fois : tandis que l'odorat est doucement chatouillé par le parfum incomparable des cuisines ambulantes et des fritures en plein vent, l'œil ébloui s'étend sur une immense file de tableaux-affiches représentant les plus curieuses merveilles du globe, et l'oreille se délecte au son de vingt grosses caisses, appuyées par autant de trompettes ou trombones, sur les notes graves ou éclatantes desquelles se détachent, comme une aérienne dentelle, les folles gammes chromatiques de la perçante clarinette. Ici, on court la bague sur des *pur-sang* de bois; plus loin, l'escarpolette vous tend les bras de ses fauteuils ou vous enlace de ses filets; sous cette tente, on se livre à un repas champêtre; là-bas, on arra-che des dents : partout la joie est à son comble.

Dans l'espace dont nous parlions tout à l'heure, s'élève une cité étrange qui hier n'existait pas encore, et qui n'existera plus demain; ses habitants nomades sont ac-courus des quatre coins de la France pour venir la peupler et l'animer un jour. Aucun d'eux ne ressemble au com-mun des mortels, et, chose singulière! à cette anomalie est attachée leur existence. Les uns ont plus de six pieds, les autres moins de trois; celui-ci a quatre jambes, cet autre est solipède; celui-là a deux têtes, et, qui pis est, deux estomacs; tel autre, enfin, a toujours joui des bienfaits de la paix, n'a jamais servi son pays, n'a point de place aux Invalides, et n'a pourtant ni bras ni jambes. D'autres, avec une conformation physique en apparence peu différente de celle des autres humains, ont cependant des mœurs diamétralement opposées à celles de leurs concitoyens : c'est ainsi que l'un marche habituellement sur la paume des mains, la tête en bas, l'orteil en l'air;

tandis que celui-ci n'a d'autre nourriture que des cailloux
et des pointes d'épées. C'est là la cité des monstres, cité
bruyante et musicale s'il en fut, où tout se fait au son du
cuivre et du tambour; cité opulente, bien que tout entière faite de toiles et de planches, car l'or et le satin y
brillent de toutes parts; cité cosmopolite, car le Lapon y
coudoie le Patagon et le sauvage, et il n'est pas jusqu'aux
lions du désert qu'on n'y entende parfois mêler leurs rugissements sombres aux bruits des instruments et des voix
glapissantes qui retentissent éternellement dans ce vaste
pandémonium.

C'est dans les sinueux carrefours de cette ville impro-
visée qu'aime à errer la multitude. Insensible aux joies du
programme, elle cherche pour son argent des amusements
qui l'amusent, et que lui offrent tant d'avances, tant de
promesses séduisantes, formulées tour à tour par une or-
chestration si crépitante et si échevelée, par une éloquence
si pittoresque, si entraînante, si insidieuse. Que Bilboquet,
ce roi de la cité en question, se montre grand et inimitable en ce jour solennel! Avec quelle inépuisable faconde
il captive, touche, étonne, fascine son public, joignant le
geste au discours et faisant résonner sous les coups de sa
baguette, à chaque chute de phrase, la toile barbouillée
qui sert de prospectus à son établissement!

Voyez cette vaste pancarte sur laquelle est tracée une
femme gigantesque; auprès d'elle se tient roide et droit,
comme un simple conscrit le jour de sa première prise
d'armes, un magnifique tambour-major. L'infortuné bel
homme paraît avoir conçu la ridicule présomption de me-
surer sa taille à celle de la géante; mais c'est en vain
qu'il efface les épaules, allonge le col et se hausse sur la
pointe du pied; il ne produit guère plus d'effet en face
de la moderne Titane que la grenouille de la fable en parallèle avec le bœuf, et c'est à peine si, colback et plumet
compris, il atteint à la hanche de la femme colosse. Qui
ne voudrait voir par ses yeux un si rare prodige? Telle

est sans doute la question que s'adresse chaque membre de l'assemblée ; car à peine le propriétaire de la baraque a-t-il annoncé, entre deux roulements du tambour, le commencement de la représentation, que la foule se précipite à longs flots dans le sanctuaire, et que nous-même, *proh pudor !* nous nous laissons entraîner au torrent.

Là, le premier objet qui frappe nos regards est un assez beau lion nonchalamment couché dans une forte cage et contemplant d'un œil paterne les nombreux spectateurs attroupés devant lui. On se demande si c'est là la géante promise, et l'on commence à murmurer contre le maître de céans. Mais voyez à quel point les hommes sont injustes ! ce n'est là qu'un hors-d'œuvre, une surprise, un préambule à la pièce principale. Contrairement à l'usage, le conducteur de la géante tient plus qu'il n'a promis. Vous allez voir... Muni d'un mince quartier de viande, le voilà qui entre résolûment dans la cage, harcèle, tourmente, bouscule son lion, le fait sauter en l'air comme un barbet docile, en tenant suspendu sur sa tête puissante le maigre lambeau d'aliment offert à son rude appétit. Puis, lorsque le roi des forêts a pris enfin possession de cette proie modeste, le cornac abandonne la cage pour y rentrer immédiatement avec une petite fille au visage blanc et rose, qu'il pose sur la croupe du féroce animal. Tout le public épouvanté pousse des cris d'effroi ; mais la petite fille sourit et envoie des baisers à la foule, tandis que le lion continue en grondant à ronger sa pâture. Cela fait, l'enfant et le père disparaissent, pour recommencer cinq minutes après ce qu'ils viennent de faire, ce qu'ils ont déjà fait cinquante fois depuis le matin, ce qu'ils feront demain et tous les jours suivants, pour la modique rétribution de vingt-cinq centimes par personne. Et cependant tout cela, dis-je, n'est qu'un hors-d'œuvre, et cet obscur dompteur de lions attache lui-même si peu d'importance à ce périlleux savoir-faire, que c'est à peine s'il daigne en faire l'annonce dans le programme de son spectacle. Quelle sanglante épigramme contre ses confrères, les Martin, les Carter et les Van-Amburgh, qui, plus heureux que lui, récoltent des guinées là où il glane à peine quelques décimes crasseux, en *travaillant* toute la journée !

Mais, attention ! voici le rideau du fond qui s'agite, s'entr'ouvre et nous découvre la géante. Sur ma parole, l'affiche ne l'avait pas flattée ; car elle est vraiment monstrueuse, et je crois voir en elle l'anti-hippopotame annoncé par Fourier.

« Ceci vous représente, messieurs, la *géante arabe*, dont la taille n'a pas moins de six pieds onze pouces au-dessus du niveau de la mer, s'écrie le cornac d'une voix stridente. Approchez, mesdames, et venez comparer un peu votre bras à celui de madame, qui n'est pas de bois (le bras), comme vous pouvez voir. Eh bien ! mesdames, approchez donc ! Comment ! vous ne voulez pas ? Mon Dieu, que c'est ridicule d'être bégueules comme ça ! Allons, jeune guerrier, continue le propriétaire de la superbe femme, en se tournant vers un novice fantassin qui, immobile au premier rang, semble n'avoir pas assez d'yeux pour voir ni assez d'oreilles pour entendre, venez montrer que vous êtes Frrrançais, et qu'une *grande dame* ne vous intimide pas ! »

Un vrai Français n'est jamais sourd à la voix de l'honneur. Le jeune héros, aiguillonné par cette attaque *ad hominem*, s'élance d'un bond sur l'estrade, fait le salut militaire et rapproche complaisamment son bras de celui de la géante. Mais, hélas ! son action est plus hardie que sage ; car son grêle biceps apparaît en ce moment ou pour mieux dire disparaît auprès de la solive brachiale de la superbe femme arabe, comme un frêle roseau mis en regard du chêne. Un rire universel éclate à la vue de ce frappant contraste, et, quant à la géante, avec une expression de dédain que rien ne saurait rendre, elle toise le petit homme, et élevant son bras horizontalement, le passe à diverses reprises sur la tête de celui-ci. Le fantassin, humilié, se retourne vers elle et la raille avec un accent méridional des plus prononcés. La géante repart aussitôt dans une langue qui n'a rien d'arabe et nous paraît ressembler considérablement à l'idiome provençal. L'altercation menaçait de devenir sérieuse, et nous commencions à trembler pour le jeune défenseur de la patrie, lorsque l'*impresario* crut devoir mettre un terme au conflit, en invitant le guerrier à descendre et en tirant le rideau sur la femme-colosse. « Ma foi! nous dit un de nos voisins comme nous sortions de la baraque, si cette géante est arabe, il faut que le lion soit provençal.» Nous répondîmes par un signe d'assentiment, et nous allâmes de ce pas admirer une foule d'autres merveilles. Mais comment les décrire au retour? Nous voilà justement comme cet Apollodore qui eut un jour la fantaisie de sonder le Tartare antique. Il en revint, mais muet et frappé de vertige, tant les prodiges surnaturels qui lui étaient apparus sous terre avaient bouleversé sa raison et ses sens. Nous nous bornerons, par les mêmes causes, à citer pour mémoire :

L'enfant vivant à quatre jambes, offert à l'admiration des bipèdes, ses dissemblables, moyennant la *faible* bagatelle de quinze centimes par tête;

Le phénomène né à Berne, et âgé de quatorze mois, lequel n'est autre qu'un veau de Pontoise orné de plus de pattes que n'en comporte sa qualité de quadrupède;

Le singe mathématicien;

Le nain et la naine Bébé, hauts de cinquante-deux centimètres au-dessous du puits de Grenelle;

Les dames batonnistes, honorées des suffrages de S. M. le roi de Prusse;

Les exercices de *Laroche, modèle de l'Académi royale*, qui, par la seule force de l'échine, soulève (sur l'affiche) un quadrige chargé de quinze militaires;

L'aimable *Physicienne*, qui, après avoir escamoté les mouchoirs de toute la réunion, nous renvoie le nôtre en

l'air, en nous disant avec le plus charmant sourire :
« Excusez, monsieur, si je vous le jette! »

Enfin, *les curiosités neuves et inconnues jusqu'à ce jour, et qui, pour cette raison, n'ont point encore été offertes à la capitale;* ainsi se borne à les désigner, par une savante réticence, le tableau qui convie le public à en prendre connaissance. Qu'est-ce que ces curiosités? Il y aurait, en vérité, indélicatesse à vous le dire ; nous porterions trop de préjudice au chef de l'établissement. Faites comme nous : allez les voir. Il n'en coûte que cinq centimes pour les admirer, et encore on ne paye qu'en sortant, au cas où l'on est satisfait... Mais on est toujours satisfait!

Au milieu de tant de jouissances, la fin du jour est arrivée, et une fusée, partie d'un balcon du château, donne le signal du feu d'artifice disposé sur le quai d'Orsay. C'est la pièce capitale des divertissements de la journée, et la seule qui ait vraiment le don de fixer la curiosité publique. Les progrès de la pyrotechnie ne nous semblent cependant pas en rapport avec ceux de la science chimique. Cet art est fort stationnaire : des moulinets, des fusées, des chandelles romaines et les éternels feux du Bengale semés dans la voûte des cieux avec ordre et économie, tel est l'habituel menu de l'éruption artificielle. La magnificence du bouquet, qui, présentant à l'œil un immense éventail diapré de toutes couleurs, projette une lueur vésuvienne sur le vaste panorama de la ville et des hauteurs environnantes, comble et termine ces splendeurs. Un autre feu d'artifice est en même temps tiré à la barrière du Trône, pour l'usage particulier du plus populaire des faubourgs, à qui il faut aussi sa part de soleils et de bombes tricolores, et qui ne s'en laisserait pas frustrer patiemment, car, un jour de fête publique, tous les citoyens sont égaux devant le soufre et le salpêtre.

Après le feu d'artifice, les illuminations, quelque brillantes qu'elles soient, semblent relativement mesquines :

aussi n'excitent-elles qu'un médiocre intérêt, à part toutefois celles de l'avenue de l'Étoile, qui habituellement sont superbes. La foule se disperse donc presque aussitôt après le bouquet, et chacun regagne son logis; heureux s'il y parvient ce soir-là sain et sauf, et ne reçoit pas dans les jambes, au détour de quelque rue sombre, un de ces pétards à l'aide desquels les gamins de chaque quartier se donnent, au mépris des règlements de police, des feux d'artifice particuliers durant les deux tiers de la nuit. Nous l'avons déjà dit, le gamin est le roi des fêtes officielles; c'est à lui qu'elles sont spécialement dédiées, et c'est pour sa satisfaction qu'à pareil jours Paris dépense chaque année plusieurs centaines de mille francs.

VII

Le Bal Mabille.

Sans danser peut-on vivre un jour? — du Parisien c'est la devise. A peine les cendres du carême ont-elles, comme un gris linceul, recouvert les oripeaux pailletés du carnaval et étouffé la lave mugissante des jours gras, que, de toutes parts, de chaque barrière, sous chaque ombrage, de nouveaux champs chorégraphiques s'ouvrent avec de grandes fanfares pour répondre aux besoins de polka si universellement sentis dans les douze arrondissements, et peut-être même un de plus. Pour ne nous occuper ici que des plus en renom et de ceux où se réunit *l'élite de la fashion* (voyez affiches et réclames), c'est d'abord le bal dit *Mabille*, bosquet naguère humble et enfoncé dans un coin des Champs-Élysées, où nul, si ce n'est l'aventureuse grisette du faubourg du Roule et l'intrépide commis marchand, ne s'avisait de l'aller chercher, et qui tout à coup, surgissant du fond de son obscur réduit, s'éleva orgueilleusement parmi ses plus fiers rivaux, qu'il fit pâlir devant sa gloire et distança rapidement de deux ou trois têtes de kiosque.

Heureuse dynastie des Mabille, qui possèdes de père en fils, d'oncle en neveu, le privilége de fournir des seconds sujets à l'Opéra de Paris, et qui de plus fais des envois en province et à l'étranger, c'est toi qui as ainsi révolutionné l'empire de la pastourelle en plein air. Gloire te soit rendue, et paix sous la charmille aux polkeurs de bonne volonté !

Nous sommes allée des Veuves; c'est aujourd'hui samedi, le *grand jour :* le mardi est moins *bon genre;* le jeudi amène la redoutable concurrence du Ranelagh, et quant au dimanche, il n'en faut point parler. Tu sens bien, cher lecteur, que les gens *comme il faut,* les lorettes qui se respectent, les Arthurs quelque peu lustrés, ne peuvent décemment *se commettre* au milieu de la cohue dominicale, je n'en veux d'autre preuve que le profond mépris avec lequel la direction de l'établissement traite son public du dimanche, en faveur duquel elle réduit dédaigneusement son prix d'entrée à un franc cinquante centimes; or, les jours réservés à l'*aristocratie,* il en coûte cinq francs, pas un centime de moins, pour pénétrer dans le sanctuaire : cinq francs par cavalier s'entend, car le beau sexe habitué de ce lieu enchanteur possède, ici, comme partout et toujours, l'heureux privilége de ne pas payer; au contraire.

Il suffit d'ailleurs de jeter un coup d'œil sur la longue file de milords et de citadines, voire de wursts, de coupés bas et de colimaçons bleu de ciel qui encombrent l'allée des Veuves, pour s'assurer que le bal Mabille reçoit la fine fleur de la place Breda et de la rue Neuve-Saint-Georges.

La nuit tombe, le gaz s'allume, l'archet directorial de l'Orphée de ces bosquets a donné le signal des danses; les cavaliers (à cinq francs) s'élancent vers l'orchestre, entraînant dans leur course impétueuse une foule de Rose-Pompon dont la plupart ont déjà quelque peu dépassé, hélas! l'époque de la floraison, et le bal commence, décrivant une immense spirale autour du pavillon où trône la bande mélodique.

Tout a été dit sur cette danse moderne et abracadabrante qu'on nomme... mais je me trompe, on ne la nomme pas, on se contente d'y aller voir. Au bal Mabille, elle ne revêt aucune forme qui la distingue de ce qu'elle est à la Chaumière, au Ranelagh, au bal masqué. Ce sont toujours les mêmes poses, beaucoup moins lascives que grotesques, les mêmes déhanchements, les mêmes soubresauts, les mêmes contorsions bizarres. Tout cela est tracé, noté, stéréotypé à l'avance; il est impossible d'apporter plus d'ordre dans le déréglement que ne font les jeunes adeptes de cette moderne danse pyrrhique. Il y a aujourd'hui des professeurs de cette façon de cachucha, jadis livrée à l'inspiration personnelle de chaque coryphée; en douze leçons, ces vertueux instituteurs de la jeunesse enseignent l'art de se trémousser en société, et de friser, sans y tomber, la police correctionnelle. Ainsi contenue dans les bornes d'une sévère didactique, la danse en question n'est plus guère qu'un symbole, un souvenir, un simulacre, une orgie de convention. Elle est surtout inconvenante par l'idée de licence qui s'y attache; mais, à vrai dire, elle l'est moins que certaines valses à deux temps dansées dans le plus grand monde avec approbation et privilége des familles, et que les fandangos, boléros, mazurkas et pas plus ou moins styriens exécutés dans les théâtres sous les yeux de l'autorité.

Mais les mots gouvernent le monde, et si le c..... (pardonnez-moi cette initiale) révolte à bon droit la pudeur de nos sergents de ville, c'est sa faute, il a le grand tort de ne pas s'appeler boléro. Aussi ne lui accorde-t-on qu'une tolérance menaçante, et le verrou de Damoclès sans cesse suspendu sur sa tête refroidit singulièrement ses ébats, ce qui n'est point un mal, tant s'en faut, mais ce qui lui ôte tout caractère drôlatique, et finira, si messieurs

lles étudiants n'y prennent garde, par en faire une danse
rectiligne et académique, quelque chose comme le me-
muet, la monaco ou la gavotte.

Salut, ô jeune Iris à la mine éveillée, au tablier d'un
blanc de neige! Où courez-vous d'un pied si preste, fen-
dant la foule, allant, trottant, un éternel bouquet à la main,
vous immisçant dans tous les groupes, et là chuchotant
à l'oreille d'un chacun certaines paroles mystérieuses et
pleines d'intérêt, à coup sûr? Que d'agitation, bon Dieu!
et quel rude métier que celui de fleuriste! Que de mal
pour ne pas placer un bouquet, car, si je ne me trompe,
c'est le même que depuis une heure elle présente à chaque
danseuse. Ce bouquet est inamovible, si la marchande
ne l'est pas. Celle-ci pourtant ne paraît ni décontenan-
cée, ni étonnée du peu de succès de ses démarches, et
reprend sa course de plus belle, après chaque nouveau
refus. C'est que ce bouquet n'est point un bouquet ordinaire. On ne l'achète point, car il est impayable. Qu'on
le regarde seulement, et la marchande est satisfaite. Il
est impossible de pousser plus loin le désintéressement, et
pourtant le commerce ne laisse pas d'être florissant : c'est
un *selam*; on ne le sent pas, on le lit; on y répond sans
prendre d'autre peine que celle de changer l'adresse. La
petite poste de Stamboul a un bureau allée des Veuves,
c'est évident. La belle chose qu'une correspondance orien-
tale! Le simple et parfumé langage que celui du réséda
et de l'œillet!

Voici deux dames que je soupçonne fort de parler ce
suave idiome panaché comme deux almées de naissance.
Le bal Mabille possède en elles deux protectrices bien fer-
ventes, deux habituées bien précieuses; le propriétaire les
salue, et le sergent de ville les honore d'une attention particulière. Elles sont amies inséparables depuis huit jours,
et le seront au moins toute la semaine prochaine, en attendant que quelque Arthur de discorde tombe au milieu
d'elles et en fasse deux ennemies jurées. L'une, en cheveux,

et les bras nus, appartient au genre grisette; c'est-à-dire
qu'elle n'a point encore quitté la rive gauche de la Seine
pour la place Saint-Georges, ce rêve de bonheur, ce bâton
de maréchal des jeunes Aspasies de la rue de la Harpe.
L'autre, plus avancée en grade, a déjà eu plusieurs mobi-
liers tués sous elle; elle habite le quartier élégant, et croirait déroger en imitant le pittoresque laisser-aller de son
amie l'*étudiante*. Une femme qui se respecte ne saurait
danser autrement qu'en chapeau et le corps entortillé dans
un long châle dont la pointe, flottant sur les talons, caresse
moelleusement une noble poussière. C'est ainsi que les
princesses de la nouvelle Athènes ont remplacé la robe à
queue. Celle-ci est, du reste, une des notabilités du Ranelagh, du bal Mabille et autres lieux. C'est pour elle qu'un
bel esprit du café Anglais a rimé ces jolis couplets de facture sur un air connu de M. Doche :

> Connaissez-vous dans la rue de Provence
> Un' femm' qu'on cit' partout pour sa beauté,
> Pour son esprit et pour son élégance?
> Eh bien! messieurs, c'est moi, sans vanité.
>> Grande et brune à l'œil noir,
>> C'est au bal qu'il faut m' voir.
>> Je fais des malheureux,
>> Et même parfois des heureux.

Mais qui s'approche de ces dames et les salue d'une façon comiquement respectueuse? Sa toilette départementale trahit, à ne pouvoir s'y méprendre, son origine, et le
mot *petite ville* est fort lisiblement écrit sur son gilet à
grands ramages. Ou je me trompe fort, ou ce *cavalier*
arrive en droite ligne de Pithiviers, à moins pourtant que
ce ne soit de Romorantin ou de Chinon. A peine débarqué, il a senti le besoin de fasciner une faible femme, de
trouver quelque part un cœur susceptible de battre à
l'unisson du sien. C'est sur ces dames, ou tout au moins
sur l'une d'elles, que Fronsac a jeté les yeux. Il tombe bien!

D'une voix insidieuse, il engage habilement la conver-
ation, en faisant observer, avec infiniment de raison et
l'à-propos, qu'il fait bien chaud; que ces dames doivent
tre altérées par la danse, ce dont elles ne disconviennent
vas. Partant de là, l'Orléanais ou le Tourangeau les sup-
lie d'accepter *une consommation.* Qu'au moins il lui soit
vermis de les rafraîchir, puisqu'il n'a pu les échauffer,
ijoute-t-il spirituellement, ayant le malheur d'ignorer
ncore la schottisch.

La grisette, et même la lorette, est amie du rafraîchis-
vement. Peu fière de son naturel, elle mange et boit dans
va main. Ces dames acceptent sans façon l'invitation du
orovincial, qui les emmène triomphant dans l'un des bosquets d'alentour. Là s'engage un dialogue mêlé de quelques chants : la scène tourne, comme on voit, à la comé-
die-vaudeville.

LA LORETTE, chantonnant le troisième couplet de la jolie
chanson ci-dessus :

> J'ai le front pur et l'âme d'une sainte;
> Je tiens fort bien ma plac' dans un festin...

LE PROVINCIAL. — Madame, pardon si je vous interromps.
Qu'aurai-je l'honneur de vous offrir? De l'orgeat, un verre
d'eau sucrée?...

LA LORETTE. — Pouah! que c'est fade !

LA GRISETTE. — Ça soulève le cœur.

LA LORETTE, reprenant son couplet :

> J'ai le défaut de boire un peu d'absinthe
> Et n' mets jamais un' goutt' d'eau dans mon vin...

Garçon, du rhum!

LA GRISETTE. — Eh bien! moi, je prendrai de l'absinthe.
Alfred a reçu son mois ce matin. Nous allons faire une
noce ce soir.

LE PROVINCIAL, roulant des yeux un peu effarés. — Tu*

dieu! quelle gaillarde! Il est joli le rafraîchissement! Enfin, n'importe! Va pour du rhum et de l'absinthe!

LA LORETTE. — Quatrième couplet :

> Je fais beaucoup d' billets,
> Et je n'en paye jamais;
> J'ai beaucoup d' créanciers,
> Et je suis connue de tous les huissiers.

LE PROVINCIAL. — Charmantes connaissances, madame!
je vous en fais mon compliment. Jolie chanson, en vérité!

LA LORETTE. — Est-ce pas, monsieur? C'est un de mes
adorateurs qui a fait ça pour moi : c'est tapé!... Tu sais,
Blanchette; c'est Gontran, ce petit brun qui a tant d'esprit.

> Lorsque l'un d'eux, forçant mon domicile,
> Saisit, hélas! mes meubles sans merci,
> En me voyant si calme et si tranquille,
> Monsieur l'huissier reste là tout saisi!

LA GRISETTE. — Tiens, tiens, l'huissier qui est saisi! Ah!
ah! que c'est drôle!

LE PROVINCIAL. — Extrêmement drôle! — Dans quel guê-
pier me suis-je fourré!

(On apporte le rhum et l'absinthe.)

LE GARÇON. — Faut-il des cigares?

LA LORETTE. — Comment donc!

LA GRISETTE. — De cinq sous, — et meilleurs que la dernière fois! — entends-tu, petit?

LE PROVINCIAL, bouleversé. — Comment, mesdames, vous
fumez?

LA LORETTE. — Un peu!

LA GRISETTE. — Mais!

LA LORETTE. — Ah çà, d'où sort-il, ce cantaloup? Sur
quelle couche monsieur son papa l'a-t-il récolté, ce jeune
légume?

LE PROVINCIAL, s'horripilant.— Plus de doute, je suis en
bonne fortune avec des sapeurs-pompiers!

Ces dames allument leurs cigares. La lorette reprend sa
chanson :

> Je déjeune chez Dorsay ;
> Je dîne au café Anglais ;
> Je soupe chez Deffieux
> Et je. . . . . . .

(Interrompu par l'orchestre.)

VIII

Le Jardin d'Hiver.

Ce que peut l'industrie privée, l'entreprise du Jardin
d'Hiver l'a prouvé hautement. En quelques mois, un palais
de fonte et de cristal, une serre monumentale d'une largeur moyenne de quarante mètres et d'une longueur de cent
mètres, sur près de vingt d'élévation, dont la construction
a réclamé une surface vitrée de mille mètres carrés, cent
mille kilogrammes de fonte et cent soixante-quinze mille
de fer; ce palais, dis-je, s'est improvisé, avec tous ses étages supérieurs ou souterrains, ses nombreuses annexes, les
vastes bâtiments et les magasins, appareils ou machines
qui en dépendent.

On se rappelle cet embryon de Jardin d'Hiver qui s'ouvrit il y a peu d'années, et, bien que de proportions assez
modestes, obtint une certaine vogue. C'était l'enfance de
l'art; mais l'enfant, grandi en serre chaude, est bien vite
parvenu à une maturité splendide qui n'exclut certes ni les
grâces, ni l'éclat de la floraison. Désormais le calendrier
n'a plus qu'un seul mois : floréal. L'été peut conserver
ses feux, mais l'hiver n'a plus d'autres glaces que celles
du Jardin d'Hiver, glaces étamées ou dépolies qui, loin de
dessécher les fleurs, les reflètent et les font plus belles, et,
au lieu de les supprimer, les multiplient à l'infini.

Le nouveau jardin occupe le même emplacement que l'ancien, mais prodigieusement accru, dans la grande avenue des Champs-Élysées, entre le Rond-Point et l'avenue Marbœuf. La file des voitures en indique de loin le péristyle, que signalent quatre belles cariatides de M. Klagmann. Ce péristyle, formé d'un hémicycle en retraite, rappelle le portique du Théâtre-Historique, mais dans de vastes proportions. Après l'avoir franchi, on traverse une grande salle destinée aux expositions d'objets d'art, et à la suite de laquelle un perron elliptique de quinze ou dixhuit marches s'ouvre et descend dans le jardin.

Le premier coup d'œil est véritablement saisissant, et à tel point même qu'il tyrannise le regard et absorbe, un temps assez long, les beautés de détail, qui sont nombreuses et veulent un examen minutieux. Je ne saurais mieux comparer la disposition et le plan général de l'édifice qu'à ceux d'une église gothique avec sa nef et son transept, mais seulement vue à rebours, et dans laquelle on entrerait, non par le grand portail, mais par l'extrémité du chœur. Le perron élevé au haut duquel s'arrête le visiteur pour contempler ce merveilleux temple de Flore figure assez bien le chevet de l'église ou le sommet de la croix. Le transept est représenté par l'ovale allongé que l'on appelle assez improprement *rotonde*, et qui déborde de dix mètres de chaque côté sur la largeur moyenne du jardin, qui est de quarante. Le palais a du reste toutes les dimensions imposantes d'une cathédrale; il en a presque la hauteur; et enfin, pour comble d'analogie, une galerie supérieure, d'une légèreté aérienne, surchargée d'arbustes en fleur, court à trente pieds audessus du sol, le long des frêles parois de l'édifice, comme ces balustres à jour que l'on admire superposés aux piliers de nos vieux temples. Ce n'est pas seulement ainsi de l'art chrétien, c'est aussi de l'art babylonien; car cette galerie suspendue fait songer aux jardins de Sémiramis. De sveltes colonnettes feignent de la porter, et l'on se demande en vertu de quel miracle de statique elle peut se maintenir ainsi, avec son fardeau, adhérente à ces murailles de cristal.

Une modification au type traditionnel de l'architecture chrétienne consiste à supprimer la ligne droite et rectangulaire pour y substituer la courbe, modification heureuse qui tempère la sévérité du modèle et l'approprie à la destination du temple.

Le perron, décrivant une vaste parabole, se prolonge en deux allées hautes qui conduisent, entre deux haies d'arbustes, jusqu'à l'extrémité opposée du jardin : là elles se relient, en contournant, d'une part, une cascade d'eau chaude, et, de l'autre, une pelouse d'un admirable vert contenant un bassin d'où jaillit un panache fumeux de cinquante pieds de hauteur. Ces deux allées embrassent dans leur enlacement tout le jardin proprement dit, où nous laisserons s'égarer le promeneur à la recherche des mille détails, des mille surprises horticoles ou artistiques qui l'attendent à chaque pas. Ici quelque nouveau jet d'eau ; plus loin une nouvelle cascade ; là des vases, là des statues ; des coquilles marines où fleurissent des îles de plantes aquatiques, où s'ébat la pimpante armée des poissons rouges ; des cages où les aras, les faisans de la Chine et les plus beaux oiseaux des tropiques étalent l'émeraude, l'or et la topaze de leur toilette radieuse. Huit fontaines de M. Klagmann justifient et nous paraissent faites pour augmenter encore la réputation déjà si bien établie de cet ingénieux artiste. Elles se composent de quatre vasques accolées, supportées par des groupes d'enfants, et du point de jonction desquelles jaillit, en se vaporisant, un jet de hauteur proportionnée à la largeur de la fontaine. Cette substitution de quatre vasques jumelles à un bassin unique est une idée heureuse et originale qui produit le meilleur effet, et rénove l'art quelque peu épuisé de la statuaire appliquée aux prestiges de l'hydraulique. Ces fontaines sont en vil zinc, et mériteraient assurément l'honneur du bronze ou du Carrare.

Remarquons deux belles cheminées renaissance qui doivent, ou nous nous trompons fort, provenir du même ciseau. Les gens frileux peuvent donc faire, en toute sécurité, le voyage du Jardin d'Hiver : il est bon à tous les usages, jusques et y compris l'office de chauffoir; on y sent au reste, dès l'entrée, une moite et douce température qui contraste de la façon la plus émolliente et la plus agréable avec la bise du dehors. Le thermomètre, cette horloge publique du Jardin d'Hiver, y marque constamment de dix à douze degrés Réaumur, bénigne atmosphère, qu'entretiennent des bouches de calorifères alimentées, comme l'eau thermale des cascades et des fontaines, par deux chaudières à vapeur de la force de vingt-cinq chevaux, fonctionnant en secret dans un laboratoire souterrain.

Les journaux ont entretenu le public de l'*araucaria excelsa*, hôte gigantesque que les serres du jardin des Plantes ne pouvaient plus contenir, et qu'il était devenu d'une urgente nécessité de congédier, sous peine de le voir percer de sa tête altière la toiture de sa transparente prison. Le Jardin d'Hiver, qui a de quoi loger les cèdres du Liban, a acheté 10,000 francs l'intéressant réfugié, victime de sa haute taille, et le Jardin du Roi, mû par un sentiment de nationalité fort désintéressé, qu'il serait beau de voir régner de temps en temps dans ce pays au profit de l'homme comme au bénéfice des plantes et des bêtes, a mieux aimé le vendre ce prix à son émule que le céder pour 20,000 francs au roi de Prusse. *Gloria in excelsis!...* l'*araucaria excelsa* ne quittera point notre sol. Bien heureux ou bien fin, s'il réussit jamais à briser sa prison de verre!

Le Jardin d'Hiver a de plus *soufflé* au roi de Hollande, — c'est le mot, — une magnifique partie de lataniers et de palmiers que convoitait ce souverain, et qu'on voyait dernièrement en vente sur le marché de Gand. Les agents de notre Jardin ont si bien fait diligence qu'ils se sont procuré cette rare collection, composée de quinze beaux plants, pour une assez forte somme. Le roi de

Hollande se contentera provisoirement de ses jacinthes, de ses tulipes et de ses grandes impériales. Il fait beau voir vraiment les monarques bataves ou germains vouloir disputer ses plaisirs et ses arbres au peuple souverain, au peuple de Paris, le plus munificent et le meilleur des princes pour qui sait l'amuser, le toucher ou lui plaire.

On a également conquis, en cactées et orchidées, une collection importante. On a mis à contribution l'Asie, l'Afrique et l'Amérique. On peut étudier, en longeant les plates-bandes et en côtoyant les massifs, la canne à sucre, le caféier, le cannelier, le giroflier, la vanille, le vétivert, le palissandre, le patchouli, etc., etc. Le bourgeois de Paris est un heureux mortel : non-seulement il peut, comme le riche d'autrefois,

> Il peut dans *son* jardin tout peuplé d'arbres verts
> Recéler le printemps au milieu des hivers,

mais il lui est loisible de comparer, en faisant sa promenade de santé, les flores des régions boréales, australes, arctiques et antarctiques. Le Parisien va devenir grand naturaliste! Lui qui se demandait naguère sur quel arbre vient cette poudre dont on fait les pains de quatre livres, le voici tout à l'heure un aigle en botanique. Voilà du nouveau! O puissance de l'industrie et du progrès!

En somme, le fonds horticole du Jardin représente une valeur permanente de 300,000 francs environ, indépendante, bien entendu, du fonds de roulement affecté au commerce des fleurs et arbustes, qui varie selon l'importance de la vente.

L'établissement, nous l'avons dit, compte de nombreuses annexes. On peut, sans en sortir, trouver à satisfaire toutes les exigences et la majeure partie des jouissances de la vie. Un cabinet de lecture en dépend, à titre purement gratuit. En dépendent aussi, mais non au même titre, un restaurant, un café desservi par Blanche et Poirée; une manufacture non moins recommandable de savarins et petits-fours. Une exposition de tableaux et objets d'art est permanente dans la salle qui précède l'entrée du jardin. Au-dessus de cette salle, une autre est destinée aux concerts particuliers. Un autre salon est affecté à la vente des coiffures de bal. Il y a un étalage à part pour les bouquets et fleurs coupées; un autre pour les jardinières, cassolettes à fleurs, et tout le mobilier horticole des intérieurs élégants; un troisième pour les graines, les plantes potagères, les fruits; des serres-pépinières pour les arbres fruitiers et forestiers; des salons de conversation, de jeu, de travail. J'en passe, et des meilleurs peut-être.

Le goût est si mobile à Paris que, malgré tant de motifs de vogue, l'entreprise n'a pas eu la prospérité à laquelle on devait la croire appelée. Les possesseurs primitifs se sont ruinés, comme toujours, et ceux qui leur ont succédé n'ont pas eu beaucoup meilleure fortune. Le Jardin d'Hiver reste une splendide et tropicale promenade; mais la mode fantasque ne l'a point pris sous son patronage. Le dimanche, il est livré à des concerts douteux donnés par des artistes un peu au-dessus du niveau des cafés chantants, mais n'ayant pas la somme de réputation ni de talent qu'il faut pour s'élever aux théâtres lyriques. On y a donné de beaux bals par souscriptions, et rien n'est comparable, à minuit, à l'effet prestigieux de cette vaste nef embaumée de mille senteurs, éclairée de mille bougies. Tout cela n'a pas relevé le Jardin : il continue de vivre, mais comme une plante d'hiver : sans chaleur et sans éclat. Que l'été de l'Exposition universelle lui soit propice! Il n'a plus que cet espoir.

IX

Les Cafés chantants.

On prétend que le peuple de Paris n'est pas musical. Les succès tardif, il est vrai, mais définitif, tout l'annonce, du

Théâtre-Lyrique, est une réponse suffisante à cette vieille calomnie. La réussite complète et enthousiaste de *Robin des Bois*, du *Barbier* et de plusieurs autres chefs-d'œuvre devant un public des faubourgs, est surtout dans ce sens un fait hautement significatif. A ce sujet, qu'il nous soit permis de rappeler une anecdote qui vit encore dans la mémoire de quelques dilettanti de la fin de l'Empire et du commencement de la Restauration. Lorsque le célèbre ténor Garcia, père de madame Malibran et de madame Viardot, vint à Paris et présenta à l'administration du Théâtre-Italien la partition d'*il Barbiere di Siviglia*, œuvre du jeune Rossini, son ami, dont le nom commençait à retentir en deçà et au-delà des monts, le grand virtuose eut à vaincre une opposition redoutable, principalement de la part de l'illustre Paër, alors tout-puissant dans l'art musical, et qui, sans s'abuser sur la grande valeur du jeune maestro de Bologne, ou plutôt, parce qu'il avait trop bien deviné le génie naissant du chantre de la *Pietra per Paragone* et d'*il Barbiere*, comprenait le besoin de fermer à tout prix la porte à ce nouveau rival, et, par un sentiment de personnalité étroite et ombrageuse qu'on regrette de trouver uni chez un artiste à un grand mérite d'ailleurs, lutta contre Garcia avec le courage du désespoir, échafauda intrigues sur intrigues, exceptions sur stratagèmes, machinations sur complots, pour retarder, pour étouffer, s'il eût été possible, le triomphe certain (il n'en pouvait douter) du plus grand génie musical qui ait paru en aucun temps. C'est ce diplomatique et furieux combat du vieux Paër contre l'art nouveau qui a fourni à M. Scribe le sujet si connu du *Concert à la cour*, et le type de ce rusé directeur de concerts d'un prince d'Allemagne dont les cabales traversent et compromettent longtemps le succès d'une débutante, destinée, comme de raison, à triompher, au dénoûment, des maléfices et embûches de cet endiablé *Kapelle-Meister*, nommé par le fécond auteur : *Astuccio*, ce qui, par parenthèse, signifie *étui* et nullement *astucieux*. Mais laissons là cette vétille et reve-nons à Garcia. Sans se décourager, il lutta pied à pied contre l'opiniâtre et malicieux auteur d'*Agnese* ; si bien que celui-ci, forcé dans ses derniers retranchements, offrit de s'en remettre à la décision, au goût éprouvé d'Habeneck, alors investi du sceptre dictatorial de l'Opéra. Habeneck, grand musicien, dont le très-honorable caractère repousse toute suspicion de connivence dans cette affaire avec *il signor* ÉTUI, reçut la partition d'*il Barbiere*, la garda longtemps dans ses mains, la parcourut, l'examina, la rendit enfin à Garcia, en lui disant « que, sans nul doute, il y avait d'assez jolies choses dans cette œuvre, mais que, pour un public d'élite comme celui des Italiens de Paris, il fallait *des opéras d'une autre force*; que cela pouvait être bon comme opérette, fabriquée à la hâte, pour un carnaval ou une foire d'Italie (il est certain que le *Barbier* avait été conçu, écrit et représenté en vingt jours), mais qu'on ne pouvait se permettre de produire au public français des ouvrages d'une facture aussi légère, etc., etc. » Paër triomphait; mais Garcia, heureusement pour Rossini et pour les Théâtre-Italien, ne se tint pas encore pour battu. Sa conviction énergique, son dévouement au maestro, son ardent désir de jouer devant les Parisiens le rôle d'Almaviva qu'il avait créé à Rome et dont lui-même avait composé la fameuse sérénade : *Io son Lindoro!* triomphèrent de tous les obstacles. Profitant du besoin que l'on avait de lui comme ténor, il ne consentit à s'engager que sous la condition de chanter *il Barbiere* de Rossini, concurremment avec celui de Paësiello. On sait le reste : après un peu d'indécision, le public s'éprit d'une admiration idolâtre, qui dure encore et n'est pas près de s'effacer, pour l'immortel chef-d'œuvre du cygne de Bologne; il ne fut plus question de Paësiello ; la révolution si bien prévue et si obstinément combattue par Paër s'opéra dans l'art musical, et Rossini resta debout, comme un colosse sur les débris honorés encore, mais dispersés et distancés, du vieux style.

Cette anecdote était longtemps après contée par Habeneck lui-même comme un frappant exemple de la faillibilité et de l'incertitude des jugements humains.

Eh bien! pour en venir au point où nous tendons, cet auditoire des boulevards, pour qui le *Barbier* était il y a peu de temps chose aussi inédite qu'il l'était il y a trente ans pour les princes de la musique, ne s'est pas un instant mépris sur la nature et la grande beauté de l'œuvre inopinément présentée à son jugement primitif, à son oreille peu experte. Dès la première audition, il s'est levé avec transport; il a tout admiré, il a tout applaudi; on peut lui donner le *Barbier* à satiété, on est certain qu'il ne s'en lassera jamais. Niez après cela le progrès!

Une autre preuve de la sensibilité et de l'aptitude musicales du *peuple* français, et parisien surtout, est la prédominance, la distinction incontestable de notre école d'instrumentation et de chant. Il peut nous venir quelques prodiges d'Italie, de Prusse ou de Suède; mais, nulle part, on ne chante mieux, on n'exécute mieux la musique qu'à Paris, avec plus de méthode, de goût et de justesse. Le niveau général y est infiniment supérieur à celui de tout autre pays. Le merveilleux ensemble de l'Opéra-Comique ne saurait plus laisser aucun doute sur ce point, et chaque année s'échappe du Conservatoire une génération de jeunes et frais talents qui feraient *fanatisme* sur les plus grandes scènes de la Péninsule elle-même, si la contexture souvent un peu frêle, un peu délicate des voix écloses sous nos frimas et dans nos brumes, permettait à ces rossignols si bien gazouillants de remplir sans crier (ce qui n'est point, hélas! passé de mode) les vastes salles d'Italie. Or, tous ces sujets excellents, artistes jusqu'au bout des ongles, vocalisant si bien et avec tant de charme, à des exceptions imperceptibles près, sont des enfants de l'atelier, de l'établi, de la mansarde, voire de la loge de concierge.

Enfin, un autre indice de l'accroissement du goût musical, à Paris au moins, est la multiplication, presque tou-

jours accompagnée de succès, de ces établissements dits
lyriques, connus sous le nom de *cafés chantants*. Ils ont
pour quartier général les Champs-Élysées en été ; puis,
quand vient la chute des feuilles, ils transportent leurs lares et leurs pupitres un peu partout, aux boulevards, dans
les faubourgs et au Palais-Royal. La spéculation est simple : débiter une consommation médiocre et fort chère,
sous le couvert d'une musique de troisième qualité, tel est
le problème résolu avec infiniment d'avantage par plusieurs
limonadiers-*mélomanes*. Le peuple intermédiaire des petits boutiquiers, des petits rentiers du Marais et de la rue
Coquillière, des jeunes commis de magasin et des troisièmes
clercs d'huissier, lequel ne va, pour cause, ni au Conservatoire ni à l'Académie impériale de musique, et ne peut
même qu'aux grands jours aborder son Opéra-National à
lui, celui du boulevard du Temple, s'accommode, faute de
mieux, de la chansonnette au moka, de la choppe au couplet de facture. Chargé de la tâche importante de rendre
à l'univers compte de ces gymnases mélodiques d'un nouveau genre, nous avons, en homme consciencieux, voulu
prendre avant tout une vue exacte de ces attrayantes loca-
lités. L'un de ces soirs donc, guidé par un transparent lu-
mineux de la force d'au moins une demi-douzaine de lampions, brillant sur le péristyle de l'allée qui conduit au
temple, nous avons gravi deux étages et nous nous sommes
trouvé soudain transporté dans une immense pièce où les
consommateurs étaient, sans hyperbole, entassés comme
il n'est pas possible que les sardines le soient dans leur
annuel passage sur les côtes de Lorient. Je sais bien des
théâtres, et non des moins huppés, qui, bon soir, mal soir,
s'estimeraient heureux d'une telle chambrée. Tout ce
monde, à peu près de la physionomie que j'ai dite, riait,
jasait, buvait, écoutait et fumait. Il y avait beaucoup de
dames, mais évidemment fort aguerries à toutes les senteurs variées de la régie. Quand le formidable nuage qui
faisait nager les objets, tables et gens, dans un clair-obscur

gris bleuâtre, se fut un peu évaporé, ou, pour mieux dire, que mes regards et mon lorgnon en eurent contracté l'habitude, j'aperçus sur une estrade, au fond de l'établissement, cinq houris en robes de bal : c'étaient les *prime-donne* de cette académie-estaminet; non loin, un piano et un jeune pianiste qui martelle le clavier avec assez d'agilité. Je préfère, je l'avoue, ce mode d'accompagnement au détestable quatuor à tous crins, panaché d'un flageolet, qui, ailleurs, ébranle les voûtes d'une symphonie à faire fuir un ménétrier de village. Le piano, du moins, ne donne que des notes justes, et Paris est plein de Thalbergs.

Je reviens à ces dames : elles sont presque toutes jolies, ou du moins agréables. Il en est qui possèdent des quarts, voire des moitiés de talent; ce sont apparemment des *fruits secs*, ou peut-être des quatrièmes accessits *ex æquo* du Conservatoire; mais il est évident pour un œil exercé que la beauté et la toilette sont au moins de moitié dans l'apport artistique de ces sirènes du punch et de la demi-tasse. Il ne siérait point de dire toute ma pensée là-dessus; mais je trouve que Margot la bouquetière opère de bien fréquents voyages de l'intérieur de la salle à l'*estrade*, et *vice versa*. Les énormes bouquets que je vois entassés sur une table, aux pieds de ces divinités, représentent là, exactement comme à l'Académie-Impériale, les hommages et les brûlantes sympathies des dilettanti. Rien de mieux; mais ici il n'est pas d'usage de lancer ces sortes de choses : on les envoie, et ce va-et-vient perpétuel de *sélams* confiés à la rugueuse main d'Iris-Margot la bouquetière, arrive fort à point pour distraire ces dames, pour chasser d'elles les pavots de la langueur et de l'ennui, en y substituant les roses de l'amour-propre satisfait et d'une émotion pudique. Je me retourne et vois sournoisement tapis dans quelque angle certains lions à toute crinière, fourvoyés, — dans des intentions que je soupçonne de n'être pas scrupuleusement musicales, — en cet antre, pardon, en ce temple lyrique de la petite propriété, en ce *caveau* de la romance,

Quant au vrai public, il ne songe point à mal; il savoure et applaudit tout, bavaroises et concertantes. Une affiche manuscrite, placardée à l'entrée, renferme le programme de la soirée et fait part aux consommateurs des morceaux qu'*interpréteront* respectivement mesdemoiselles Palmyre, Angélina, Clara, Rosalba et Anna. Un autre avertissement moins honnête prévient messieurs les amateurs de musique de chambre qu'il n'est point servi de consommation au-dessous de *cinquante centimes*; mais, pour faciliter l'exécution de ce règlement aristocratique, les prix de la denrée sont fixés de façon que chacun puisse atteindre à peu près à coup sûr au *minimum* obligatoire. Un autre article de cet édit draconien enjoint auxdits consommateurs d'avoir à renouveler leurs commandes, toujours d'au moins cinquante centimes, à chaque partie du concert. Cette obligation m'a mis en pleine déroute après le troisième morceau, non, veuillez m'en croire, par un sordide calcul, mais parce que, me venant de régaler pour mes dix sous d'une choppe de cinq, je me trouvai tout à la fois *saturé*, comme disent les chimistes, de fioritures équivoques et de bière de Strasbourg.

Un autre temps d'arrêt résulte de la *quête*, dont chacune de ces dames se charge à tour de rôle, et dont le casuel, réparti entre tous les artistes de la troupe, s'ajoute aux traitements dont j'ignore le chiffre. Je n'aime pas à voir ces belles personnes courir de table en table avec leurs magnifiques affiquets, leurs robes de damas et leurs mantes d'hermine, pour récolter, dans un panier à échaudés, quelques décimes crasseux. La gueuserie qui met des fleurs dans ses cheveux, la mendicité en gants blancs sont bien de toutes les plus tristes et les moins dignes d'intérêt. On leur donne pourtant, moitié respect humain, moitié remercîment de l'ariette qui vient d'enlever les suffrages à la pointe d'une roulade, et il paraît que, sou à sou, ces artistes de la sébile se constituent, grâce aux divins sourires de la quêteuse, un total de *feux* assez rond.

Le personnel de la troupe est modelé sur le patron des entreprises dramatiques.

Il y a d'abord l'*ingénue*, jeune chanteuse de romance, qui, les yeux baissés, s'avance vers la rampe et jure, sur un air de M. Henrion ou de M. Arnaud, un éternel amour à son Victor ou à son Paul.

La forte chanteuse à roulades, la Damoreau, l'Ugalde, la *diva*, et que sais-je encore?

La Stoltz, la Falcon, l'infante de Castille, le contralto, la voix profonde, la cantatrice dramatique, l'amante du beau Sigismond, la malheureuse Léonor :

> Mon arrêt descend du ciel;
> Venez tous, c'est une fè-ê-te !

La chanteuse de genre, la Dugazon, toujours couverte d'applaudissements et assassinée de bouquets dans le couplet de facture :

> Mon Aldegonde,
> Ma blonde !
>
> .   .   .   .   .   .
>
> Ma Roxelane,
> Sultane !
>
> .   .   .   .   .   .
>
> Ma Rodogune,
> Ma brune !

et ainsi de suite sur un air de valse très-précipité (dix minutes sans reprendre haleine) ;

La *Déjazet*, chanteuse grivoise et populaire :

> J' suis née-z-à la point' Saint-Eustache ;
> J'étais l' rossignol du quartier.
> Et j' suis capable, afin qu'on l' sache,
> D' chanter-z-un opéra *hentier*.

« Imaginez-vous, ma'ame chose, » etc., etc.

Puis vient le personnel masculin :

Le ténor :

> Un ange, une femme inconnu-u-e,
> A genoux pri-i-i-ait près de moi,
> Et je me sentais à sa vu-u-e,
> Frémir de plaisir et d'effroi !

La basse chantante :

> Les matelots de la *Belle-Eugénie*
> Ont pavoisé des plus riches couleurs
> Ce beau vaisseau qui part pour l'Italie ;
> C'est le pays des belles et des fleurs !

Le baryton :

> Des bras pour la défendre !
> Un cœur pour la chérir !
> Des bras !... un cœur !... des bras !...

Le comique enfin, le Trial, le Sainte-Foy, le Levassor, qui est ordinairement louche, assez souvent bossu, mais qui n'a aucune chance de dérider son auditoire, de belle humeur pourtant, si à ses talents naturels il ne joint quelque bonne infirmité, difformité, désagrément, tels qu'un nez trop long ou trop court, une bouche tordue, les cheveux rouges, enfin quelque don de naissance.

Tout ceci ne s'appelle pas précisément de la musique ; mais enfin cela y ressemble d'un peu loin et en tient lieu, à peu près comme un dialogue vif supplée à des chanteurs absents, dans certaines représentations d'opéras-comiques en province. Le répertoire du chant ne nous plaît guère non plus ; il se compose ou de fades romances ou de morceaux de haute difficulté qui demeurent à peu près lettre close au public, et ne peuvent être abordés que par des artistes d'élite. Il y a cependant parmi ces troupes foraines des demi-virtuoses à qui n'a manqué peut-être qu'un peu de voix ou de travail pour atteindre à un rang honorable au théâtre. Mais malgré le succès (que prouve le succès ?) de ces établissements, ce n'est point là l'école

musicale du peuple. Sans vouloir nous armer d'aucune
austérité et tout en restant dans le genre qui fait l'objet
de ce chapitre, nous pensons qu'une très-excellente et très-
utile spéculation (tant pour le fondateur que pour la clientèle) serait celle qui consisterait à ouvrir un vaste café
où la consommation de bonne qualité (ce qu'elle n'est pas
dans ces concerts) demeurerait fixée à des prix modérés,
et où, au lieu de tant de *premiers sujets*, de tant de fal-
balas payés par des quêtes humiliantes ou pis encore, on
engagerait simplement une demi-douzaine d'excellents
choristes à cinquante sous la soirée, chargés de faire entendre, avec accompagnement d'un simple piano pour leur
donner le ton, les meilleurs morceaux d'ensemble, les
inspirations vraiment grandes, soit de l'école allemande,
soit de l'école française, soit de l'école italienne. Cela serait fort apprécié, très-bien compris, je n'en doute pas, et
ce peuple, qui aime ce qui est simple et grand, délaisserait
bien vite les ariettes. Il ne s'empoisonne de breuvages frelatés en toute nature que faute d'un vin généreux. Donnez-
le-lui, et vous verrez!

Les Lacédémoniens avaient tort de proscrire de chez eux
la musique comme contraire aux mœurs et comme effé-
minant les guerriers. Ils se trompaient : cet art, celui de
tous qui s'adresse le plus vivement, le plus directement à
l'âme, la fortifie et l'adoucit, la moralise et la relève; mais
ce n'est pas, il est vrai, la musique des cafés-concerts.

<hr>

X

Les Salons. — Le Luxe à Paris.
L'hôtel Melpomène.

Ce grave et frivole sujet comporterait tout un livre.
C'est une grande question de savoir dans quelles mesures
doit être contenu le luxe. Est-il un dissolvant? est-il un
stimulant de l'industrie nationale, et par conséquent un

bienfait? L'un ou l'autre probablement, selon l'usage, suivant l'abus. *Rien de trop*, a dit la Fontaine. Il importe assez peu, en somme, qu'une certaine séquelle de marchandes de modes, de glaciers et de confiseurs, gagne des sommes énormes : cela ne pénètre que fort peu dans les entrailles du travail. Il convient, en revanche, assez que les chefs de famille ne soient point conduits à des capitulations de conscience improbes ou indélicates, au point de vue public, au point de vue privé, par la nécessité de soutenir un train sans cesse croissant et hors de toute proportion avec leurs ressources normales. On dit, mais bien bas, qu'ils n'y peuvent suffire. Et, en effet, jamais le faste, depuis Louis XIV peut-être, n'a été poussé si loin. Sous l'ancienne monarchie, la cour seule abondait dans ces somptuosités : c'étaient cinq ou six cents personnes. Aujourd'hui, la cour qui entraîne la ville, et la ville qui aspire à être de la cour, se confondent dans un même déploiement de magnificences inouïes. Ne parlons pas des broderies, on sait qu'on en a mis partout; des diamants, il faut qu'ils ruissellent; des robes à deux cents francs le mètre, il faut qu'elles aient une queue; des équipages, il faut qu'ils soient dorés, blasonnés, et sans cesse renouvelés; des repas, il les faut à la Trimalcion doublé de Balthazar et de Lucullus. Tout le reste est à l'avenant, et ceux-là même qui profitent de cette plus-value de toutes choses en sont légèrement effrayés. Les fourrures ont atteint cet hiver à des prix réellement extraordinaires, et il est vrai qu'il a été froid, et six mille francs de martre sur le dos d'une femme n'étaient point chose remarquée. On a mis les peaux précieuses d'animaux jusque sous les pieds, dans l'intérieur des carrosses.

Par un juste retour, on n'achète point de livres, on ne va point au concert, on abandonne le Théâtre-Italien, et tout ce qui a fait jadis la renommée d'un Paris moins magnifique. On ne peut pourvoir à tout. Les aliments de l'esprit n'étant point à la mode, et les ornements du dehors

nsi que la sustentation du dedans étant l'affaire princi-
ale, les salons, ce terrain antique consacré à la vivacité
ançaise, périclitent, et on les compte. Les plus famés,
es plus charmants ne sont pas ceux où les pierreries étin-
ellent. Il en est une demi-douzaine où se conserve le feu
cré de la causerie, de la verve. Les autres sont des
rawing-rooms assez muets et qui, malgré d'énormes
épenses, ne peuvent que difficilement rivaliser d'éclat
vec le quatrième acte du *Prophète* ou le deuxième de
 Juive. Les étrangers qui, à moins de qualifications ou
commandations particulières, auraient de la peine à être
troduits au cœur de ces splendeurs mondaines, peuvent
en dédommager à peu de frais en suivant les grandes
ompes de l'Opéra.

Les recherches d'ameublement ne demeurent point au-
essous de l'art raffiné du costume ou de la table, et nous
en saurions donner une plus juste idée qu'en retraçant
 luxe d'intérieur d'une très-grande tragédienne; on sait
'en tels logis viennent converger toutes les opulences
 toutes les mollesses d'une époque voluptueuse.

Dans la rue Caumartin, à droite en venant du boule-
rd, s'ouvre une toute petite rue, déserte et endormie,
rmant angle avec la rue Trudon, de même aspect et de
ême longueur à peu près, qui aboutit par l'autre angle
la rue Neuve-des-Mathurins. C'est dans cette seconde
tite rue que mademoiselle Rachel fit construire, il y a
e dizaine d'années, sur la base et avec les gros murs
ne maison qui a appartenu à M. Walewski, aujourd'hui
nbassadeur à Londres, une délicieuse demeure. L'habi-
ion fut reconstruite en entier par les soins de M. Charles
val, jeune et intelligent architecte, et il en résulta la
tite merveille de richesse et de goût que nos lecteurs
nt être à même d'apprécier, intérieur et extérieur.
Sans être absolument la maison de Socrate, ce ravis-
t hôtel est de peu d'étendue. Quatre fenêtres de façade,
c'est tout. Un entre-sol, un seul étage haut de plafonds,

un attique cachant les mansardes, tel est l'extérieur, d'une
sévérité élégante, et se reliant au style Louis XV par les
corniches, les chambranles et les balcons. Une porte cochère en bois de chêne, à vantaux dépolis, s'ouvre au milieu de cette façade.

La porte, en roulant sur ses gonds, laisse voir une allée
soigneusement dallée de bois, où s'amortit le bruit des
voitures, qui vont se ranger dans une cour suffisamment
vaste pour que l'*évitage* y soit facile. Cette allée est ornée,
dans le goût Louis XV, de bas-reliefs attributifs. Vient
ensuite, après la loge du *suisse*, Bourguignon ou Picard,
et après un double escalier de service, l'escalier de maître. Ici l'architecte a prodigué toutes les ressources et les
coquetteries de son art. Ce maître escalier est dans le goût
gothique chevaleresque, avec colonnettes, ogives, vous-
sures, niches, statues, et tout ce qu'on peut demander à
la pierre taillée, sculptée. Il reçoit une lumière mysté-
rieuse d'en haut, par une coupole en vitraux coloriés,
sertis dans des rinceaux de pierre. La rampe est charmante. Au pied de l'escalier s'élèvent des torchères, des
jardinières, des armures.

Avant de gravir ces marches monumentales, il convient
d'en finir avec le rez-de-chaussée. La cour, qui est car-
rée, toute tapissée de lierre, a pour décoration une gra-
cieuse fontaine en perspective de l'allée. De cette cour,
une pente douce conduit à l'écurie, pour cinq chevaux,
qui a été disposée dans les caves, et près de cette cave-
écurie est situé le foyer du calorifère à eau bouillante,
qui de là dessert toute l'habitation. Le mur de la cour,
dont le pied est bordé de fleurs et arbustes rares en caisses,
est surmonté d'élégantes vasques en marbre.

Le pompeux escalier que nous avons décrit étant monté
sur un tapis turc qui court jusqu'au sommet de la maison, on pénètre dans l'entre-sol par une porte en chêne à
vantaux de fer ouvragé. Là, des réflecteurs répandent, le
soir, les clartés du gaz adoucies et dissimulées par les vi-

traux. L'antichambre est de chêne clair, ornée de banquettes de velours, de quelques tableaux et de torchères flamandes. Ce vestibule s'ouvre à gauche sur la salle à manger.

Cette pièce utile est un opulent pastiche de Pompeïa ou d'Herculanum, et l'on sent qu'Hermione en a voulu le plan. Ce ne sont partout que vases en terre toscane, amphores étrusques, patères, lampadaires antiques. La laine filée et brodée tend les fenêtres. Sur la cheminée se lit dans un cartouche le R majuscule (*Rachel* ou *Roma?*). Les siéges, en maroquin peu toscan, rompent seuls l'économie césarienne de ce *refectorium*, où il paraît que l'on mange tout autre chose que des plies d'Utique ou des oursins de Ligurie.

Voici une armoire de chêne précieusement capitonnée de peau gros-bleu, devant laquelle, ô hommes qui possédez ou que possède l'esprit de votre temps, vous ne manquerez pas de vous prosterner. C'est une *office*, et quelle office! Cicéron n'en a point parlé dans son traité de la matière, il est vrai; mais sachez que sous ces vantaux, si précieusement ouatés et sculptés, se prélassent pour plus de 100,000 fr. de lingots fouillés, pétris, *cellinisés* par les plus grands orfévres de l'Europe.

A droite de l'antichambre s'ouvre une autre pièce, c'est celle du salon de conversation. Là, plus de souvenirs antiques. Tout y est riant, brillant, coquet et animé. Trois fenêtres donnant sur les jardins d'en face; plafond blanc; meubles et tentures de perse, à grands fleurages chinois. Large divan à dossier semi-circulaire. Jardinières à toutes les fenêtres, et pour entre-deux, consoles de Boule niellées. Fauteuils multicolores et multiformes, de tout brocart et de toute guipure. Cage chinoise abritant des oiseaux si rares qu'aussi bien peut-on les dire introuvables. Vases de Chine aux angles; paravent treillissé de bambous, tout garni de plantes grimpantes; *pâté* de tapisserie à fond blanc au milieu, etc., etc.

Voilà pour l'essentiel :

> Mais qui pourrait compter le nombre de flacons,
> Figurines, émaux, potiches, céladons,
> *Bibelots* demandés à toute la nature,
> Qui de ce lieu charmant composent la parure !

On nomme *bibelots*, en style d'amateur, et aussi en style *de marbre*, cet inimaginable amas de bronzes, chinoiseries, filigranes, ivoires, Saxe, Sèvres, bonbonnières, médaillons, éventails, cassolettes, écaille, laque, nacre, cristal, jade, lapis, onyx, malachite, marcassite, poignards, kangiars, bijoux, joujoux, qui doivent nécessairement orner, j'ai voulu dire encombrer, les étagères en bois précieux et ciselé d'une femme posée dans le monde par sa célébrité ou sa beauté. Être *sans bibelot*, c'est le dernier degré du discrédit et de la honte. Aussi chacun, petit ou grand, — et ici encore il serait plus exact de dire : chacune, — travaille-t-il d'un cœur déterminé à s'en procurer la plus grande somme possible. Toutes ces dames du quartier Breda ont du bibelot ; les danseuses en ont, cela va trop sans dire. Ma portière en possède aussi. C'est qu'il y a bibelot et bibelot : celui qu'on gagne à la fête de Saint-Cloud et celui que cent capitaines de navires ont à grand frais, — ou grand fret, — rapportés de toutes les mers, de toutes les rives, de toutes les îles connues ou non connues. Il en peut tenir de celui-là au fond d'une coupe pour un nombre indéterminé de billets de mille francs. Les bibelots de notre grande tragédienne, — est-il besoin de l'ajouter ? — sont aussi au-dessus de tout le bric-à-brac des Parisiennes hétaïres que la perle d'Ophir l'est de l'écaille d'huître, ou la pourpre de la garance. Rien ne saurait se comparer à l'asiatique fouillis de richesses condensées en un petit volume, de choses brillantes et charmantes, qui pare son *salon de conversation*. Il faut renoncer à décrire tant de trésors amassés autour d'elle par des mains royales, princières, célèbres ou tendres. Et pourtant, le bruit court

que mademoiselle Rachel veut rompre avec ses bibelots.
De toute cette fortune, accumulée sous tant de formes séduisantes, elle ne conservera, dit-on, que quelques souvenirs tout à fait personnels, quelques objets d'art parmi
les plus précieux, son poignard tragique qui rentre dans
le manche, et ces couronnes d'or que l'enthousiasme des
fervents auditeurs ou admirateurs, — c'est tout un, — a
déposées à ses pieds. Je conçois, au reste, assez ce renon-
cement au bibelot, et le mot seul, — si j'étais grande tragédienne, — me refroidirait de la chose.

Des ornements d'un ordre plus élevé, et qui font honneur
au goût de la maîtresse de la maison, sont les tableaux de
choix, les Boucher, les Diaz, les Tony Johannot, les Isabey,
les Meissonnier, qui parent cette belle pièce.

Une porte masquée dans un angle conduit du salon de
conversation au cabinet de travail, qui est en même temps
la bibliothèque de Monime et de Roxane. Cette pièce,
meublée en chêne, tendue en cachemire vert-myrte, est
belle et vaste ; des stores de satin colorié en défendent
l'entrée à l'éclat trop vif de la lumière du midi. La bibliothèque, qui est un meuble d'un style austèrement magnifique, contient quatre à cinq mille volumes choisis, dit-
on, par un ministre et par un prince. La plupart ont trait
aux études spéciales de la déesse de céans. C'est dans ce
fastueux laboratoire, peut-être devant ce précieux bahut-
bureau, tendu de velours vert et chargé de tous ces autres
magnifiques et plus sérieux *bibelots* qui accompagnent,
sur une table de travail, l'écritoire d'une jolie femme ;
c'est là, dis-je, devant cette glace de Venise, que se conçoi-
vent et se préparent ces rôles si savamment créés, et ces
effets de scène irrésistibles sur le public et sur la recette.

Au second étage, c'est d'abord un salon d'attente correspondant à l'antichambre du premier. Sur deux fûts ou-
vragés, à droite et à gauche d'un canapé de damas, où,
sur une housse-guipure, est écrite en point normand ou
brabançon, l'histoire du grand saint Hubert et de son

cerf-crucifix, se dressent deux bustes de M. Clesinger, *la Tragédie* et *la Comédie*.

A gauche de ce petit salon d'attente, est le grand salon, occupant toute la façade de la maison. Il est blanc, pourpre et or. Ici, plus de colifichets, mais toutes les ressources et tous les prestiges du luxe le plus princier. C'est un salon de Versailles pour la splendeur et le style, mais avec tous les raffinements, tous les perfectionnements, toutes les coquetteries de la tapisserie moderne. Un grand lustre de Denière (modèle détruit et unique) pend au plafond, tout chargé de moulures et de sculptures d'or. Les candélabres et la pendule sont du même. Deux panneaux d'Anges et d'Amours ont été peints par Muller. Des glaces, il ne faut pas en parler ; on sent ce qu'elles peuvent être. L'*R* tragique et romaine y étale partout ses pleins et ses déliés d'or. La cheminée, fouillée d'arabesques, est ornée de masques allégoriques. Quant aux meubles, ce n'est partout que bois doré, sculpté, et brocatelle pourpre. Les consoles en bois de rose, à plaques de camaïeu rose et bronze ciselé, supportent des antiquités, groupes, vases de Sèvres, et, entre autres objets d'art d'un inestimable prix, le buste de Napoléon premier consul, par Canova. L'empire et la tragédie ont toujours vécu en assez bon accord, témoin Talma et le vainqueur d'Austerlitz.

Il faut passer enfin dans la chambre à coucher. *Incedo per ignes !...* Cette partie délicate de la distribution générale est située de l'autre côté du salon d'attente blanc et or. Là encore, et surtout, impossible de décrire ou seulement de nombrer les merveilles qui frappent à l'envi les regard. Ne parlons pas des chinoiseries, des étagères et des coupes : c'est la moindre des choses, et ce serait à dire : Bric-à-brac, que me veux-tu ? Parlons donc seulement des meubles en bois de rose, à incrustations de porcelaine de Sèvres ; parlons d'un ravissant portrait d'Adrienne Lecouvreur, qui, du haut de son cadre historié, sourit à sa brillante émule, et lui semble souhaiter meilleur destin qu'à elle-même ; parlons d'une statuette de Barre, représentant en ivoire mademoiselle Rachel dans le rôle de Phèdre ; parlons de ce lion gigantesque qui veille au pied du lit de sa maîtresse ; parlons, puisqu'il le faut, de ce... lit majestueux, monté sur estrade et à demi enfoui sous les courtines et le dais de damas et de velours pourpre.

Mais ce n'est ici que le temple, et la divinité en est, dit-on, absente. Mademoiselle Rachel, — autre trait de bon goût, — préfère comme usage, — à ce lit de théâtre et à cette chambre de parade, — une quasi-chambrette de pensionnaire riche, tendue de simple perse, meublée tout bonnement de palissandre, qu'elle nomme sa *cabine*, et qu'elle a reléguée, par choix exprès, au haut de son palais de fée. Elle s'y plaît, dit-elle, infiniment plus que dans ses splendeurs orientales. Le bonheur habite les combles.

Respectons cet aimable et attrayant asile, et voyons plutôt ce boudoir attenant à la grande chambre, et qui, pièce à pièce, a été importé de Macao et de Nankin. Tout est chinois dans cet adorable réduit, depuis les tentures jusqu'à la lanterne et au lustre. Plus loin, c'est enfin le cabinet de toilette suivi de la salle de bain en stuc *vert d'eau*, rehaussé des peintures les plus maritimes.

Et après ? Je crois que c'est tout ; mais en voilà bien assez.

Eh bien ! toutes ces merveilles, toutes ces pompes françaises, japonaises, turques et autres, il a été question de les disperser ! Quoi ! le brutal marteau du commissaire-priseur démolirait cet édifice unique de grâce, de goût, de luxe, de tendresse privée, d'admiration publique, de munificence royale. Quoi ! le hideux encan tiendrait ses assises dans ce nid plus divin que la conque d'azur et de nacre de l'Aphrodite ! Quoi ! le : *Une fois, deux fois*, retentira dans l'ombre de ce boudoir asiatique ! Cela se peut-il bien ? Mais pourquoi, mais comment ? Se fait-on à

grands frais (ce qui ne serait rien), mais à grand renfor
d'art, d'imagination, de triomphes de tous les genres, d
ces palais dorés, pour les abattre ensuite comme un simpl
château de cartes? *Lugete, Veneres!*

Les artistes, il est vrai, sont soumis à de grands écart
de fantaisie. Charles-Quint, qui était un grand artiste e
politique, abdiqua, dégoûté des hommes; mais mademoi
selle Rachel ne songe pas sans doute à abdiquer; et il n'
a point parité. Rembrandt, de son vivant, consomma
comme on sait, une vente *après décès* de ses toiles et d
ses *bibelots* d'atelier; mais le rude et avaricieux bonhomm
au front plissé cherchait tout simplement l'occasion d
réaliser un grand lucre, en jouant un bon tour à ses tro
parcimonieux admirateurs, et ici encore il n'y a aucu
parallèle admissible. De nos jours, on a vu plus d'un ar
tiste célèbre vider son atelier, mais c'était ou par besoi
ou pour s'expatrier, comme Decamps, dans un accès d'hu
meur noire. Une princesse du Vaudeville opéra brusque
ment, — c'est il y a deux ans, je crois, — une liquidatio
en masse des présents d'Artaxerce et autres satrape
qu'une raisonnable carrière, bien fournie, lui avait pro
curé le plaisir de ne point repousser; mais nulle compa
raison possible entre les personnes d'abord, entre les *bibe*
lots ensuite; et le troisième étage de madame D..., où
entre autres jolies choses, on voyait un *oratoire*, et, pou
tableau de piété, le *Bélisaire* de Gérard; où, en revanche
se trouvaient, dans une autre pièce moins sainte, Bossue
et Fénelon, tout étonnés de faire vis-à-vis à des statuette
de danseuses et à des plâtres secrets de Pradier, ne saurai
pas plus entrer en parallèle avec l'hôtel charmant, le mo
bilier et le luxe accomplis de la grande tragédienne, que
le diamant du vitrier avec la *Montagne de Lumière*, du
prix de vingt-cinq millions.

On avait annoncé que mademoiselle Rachel passait la
la mer et qu'elle allait, par sa présence et les ravages qui
en sont partout inséparables, dissoudre les États-Unis, sou

la direction d'un Barnum quelconque, qui, en échange de
tous les dollars des placers, lui ferait jouer à l'ordinaire
deux ou trois tragédies par jour, *Andromaque* avant déjeuner, *Phèdre* à midi, *Bajazet* le soir. Cette nouvelle
a été depuis démentie.

Mademoiselle Rachel, qui, à l'occasion de ce voyage,
a failli quitter les Français pour la cent et unième
fois, veut, dit-on, avoir un salon ; — mais quoi ! n'en
a-t-elle pas deux ? — un salon vaste, où elle puisse
recevoir l'élite des arts, de la diplomatie et même des lettres. L'hôtel Trudon est magnifique, délicieux, mais insuffisant. Il faut une demeure en harmonie avec les goûts
nouveaux, la prépondérance croissante de l'illustre artiste.
On aura donc un grand hôtel ; on le meublera dans un
style noble et dénué de colifichets ; on gardera de l'ancien
quelques riens, et ce sera tout. Cet agrandissement était
devenu de toute urgence, par suite des réclamations in-
stantes d'hommes en place et très-fortement décorés, qui
se plaignaient de ne pouvoir pénétrer dans le sanctuaire.

Voilà ce qu'on a dit, et telle est la grande affaire qui
occupa un instant l'agora et l'acropole. La question d'O-
rient en fut tout effacée. Vendrait-on, ne vendrait-on point ?
tel fut tout un mois le cri des chancelleries et de la con-
férence de Vienne. Cela vous est égal, lecteur ? et à moi
aussi. Je ne blâme point ceux que tente le besoin de
faire de luxueuses emplettes à Corinthe ; mais je ne serai
pas du nombre.

XI

Paris marchand.

C'est toute une face de Paris, et une des plus considérables, ou pour mieux dire, c'est un tableau à mille faces.
Ne pouvant les embrasser toutes, nous en passerons en

revue quelques-unes des plus caractéristiques, à titre de
spécimen, et ce sera l'objet des chapitres qui vont suivre.

« *Nosce te ipsum* était la maxime favorite des anciens
philosophes. On se demande pourquoi, dans toutes nos
feuilles publiques, les articles qui concernent la France
et Paris en particulier, sont, pour l'ordinaire, les plus
courts et les plus insignifiants; par quelle singularité on
saisit avec tant d'empressement l'occasion de parler d'une
coutume chinoise, de citer les mœurs des Orientaux, de
rechercher l'origine d'une invention étrangère, de discuter sur les ruines d'un monument grec ou égyptien, tandis qu'on tient si peu de compte des objets qui nous en-
vironnent. »

C'est en ces termes que préludait en août 1811 notre
très-vénérable ancêtre, l'*Ermite de la Chaussée-d'Antin,*
à cette succession de voyages dans Paris, qui eurent un si
beau succès hebdomadaire dans le feuilleton du samedi
de la *Gazette.*

« M. Caritides (c'est toujours notre bon ermite qui
parle) voulait avec raison qu'on réformât la détestable
orthographe de nos enseignes, et l'on vient de faire droit
(en 1810) au plan qu'Éraste fut chargé par lui de présenter à Louis XIV en 1661. Tant de grossières absurdités
vont enfin disparaître, et il ne restera plus à désirer aux
bons esprits les plus minutieux que de voir peu à peu
s'établir une certaine analogie entre les enseignes et les
professions. Ce défaut était moins choquant autrefois qu'il
ne l'est aujourd'hui : il y avait quelque raison pour qu'un
cordonnier fût à l'image de saint Crépin; un tabletier au
singe d'ivoire; un marchand de tabac à la Civette; mais
quelle espèce de rapports peut-on établir entre le *Masque*
de Fer et les bonnets de coton, entre *Jocrisse* et un joail-
lier, la *Vestale* et une lingère, le *Petit Candide* et un
bureau de loterie, la *Bonne Foi* et un tailleur? »

Ce dernier abus, Louis XIV, ni l'empire, ni la république ne l'ont réformé. Il subsiste plein et entier. Nosce

magasins de nouveautés en sont l'exemple. Les uns ont des enseignes guerrières : *Au Prince Eugène, au Grand Condé;* d'autres sacrées : *à Saint-Augustin, à Saint-Thomas;* d'autres gouvernementales et administratives : *au Grand Colbert;* d'autres lyriques et dramatiques : *au Prophète;* d'autres topographiques : *à la Ville de Paris, à la Chaussée-d'Antin;* d'autres facétieusement modestes : *au Pauvre Diable,* etc. Le *Jocrisse,* d'ailleurs, et le *Masque de Fer* que tympanisait M. de Jouy, n'ont point cessé de subsister.

Le nombre des grands magasins de nouveautés, immenses bazars où l'on trouve tout, depuis la chaussette de fil jusqu'au cachemire de l'Inde, a notablement augmenté dans ces dernières années. En revanche, celui des petits magasins a diminué dans une proportion égale. Ce double mouvement mérite d'être signalé en passant. L'ouverture de grands magasins engloutissant tous les petits, ce n'est autre chose que la reconstruction d'une vraie féodalité financière et commerciale, laquelle fut, au reste, en tout genre, le caractère dominant du dernier règne. Or, admirez comme toutes choses s'enchaînent providentiellement ! Ceux qui ont fait ces créations dans des vues d'accaparement et de monopole ne se doutaient pas, certes, qu'ils entraient ainsi dans les voies d'association et d'avenir, et qu'ils ramenaient le commerce à ses proportions véritables. Pas n'est besoin, pour cette démonstration trop simple, de nous appuyer sur Fourier. Le commerce rend, certes, un service réel et qui doit être rétribué. Mais, comme il n'est qu'intermédiaire, et non producteur véritable, il faut prendre garde que ses bénéfices et ses fonctions ne tournent au parasitisme. Or, certes, cinq cents magasins de nouveautés ne sont nullement indispensables dans Paris et n'ont guère que le mérite d'alimenter cinq cents familles qui, cessant d'être intermédiaires, pourraient dès lors être rendues à la production véritable, au profit de tous et d'elles-mêmes. Au lieu de cinq cents magasins,

vous n'en aurez plus que cinquante : à la rigueur, douze
(un par arrondissement) pourraient suffire, et le public
trouverait fort grand avantage dans ces vastes bazars
dont les entrepreneurs, spéculant en grande échelle et
faisant d'énormes affaires, pourraient dès lors se contenter
d'une prime presque insensible. En un mot, les prix du
commerce s'approcheraient de plus en plus des prix de
revient, et l'acheteur du producteur, par la réduction du
nombre évidemment exagéré des entremises. Nous ne faisons pas d'utopie; nous constatons tout simplement ce qui
a déjà commencé d'être et ce qui sera. Et voilà comment
les hauts barons du négoce et de la finance font tous les
jours, depuis vingt ans, du socialisme sans le vouloir.

... Paulo minora *canamus.*

Déjà ce nouveau mode d'organisation commerciale porte
ses fruits. Arrêtons-nous à l'étalage. Parmi ce grand
nombre d'objets étiquetés sous le vitrail et variant dans
leur prix fixe, il en est dont le taux, dans sa modicité,
vous surprendra certainement. Ces mots : GRANDE OCCA-
SION, RABAIS PRODIGIEUX, vous frapperont de toutes parts.
Vous verrez étalées des robes à vingt-cinq centimes le
mètre, des foulards (tout soie) à un franc cinquante. Ces
bon marché, rare en effet, peut s'attribuer à plusieurs
causes. D'abord, les gros, présentement en train de manger les petits, obtiennent de ces derniers aux abois,
moyennant quelque avance légère, des marchandises à
vil prix : ils en achalandent leur boutique, et le public
insoucieux profite de la bonne aubaine sans s'inquiéter le
moins du monde du sinistre dont il se mouche, ou du
désastre qui l'habille. Ensuite, il y a certaines parties légèrement *avariées*, bien que le gros des acheteurs n'en
puisse juger et n'y prenne aucunement garde, mais dont
un connaisseur quelque peu émérite apprécierait facilement le bon marché trompeur et les causes finales. Mais

ce mot : *Bon marché*, est d'un effet magique et irrésistible sur le chaland parisien.

Enfin, il y a tels articles sur lesquels l'entreprise consent volontiers une perte... *Timeo Danaos.* C'est l'annonce perfide sous les fleurs de la devanture; c'est le puff de l'abnégation; c'est la bagatelle de la porte pour faire stationner, et puis *entrer le monde.* Une fois que le *monde est entré...* Mais n'anticipons point sur les péripéties d'une spéculation si fine, toujours la même et toujours couronnée du plus grand succès.

Voici un spécimen de ces annonces savantes :

PARAPLUIES depuis TROIS FRANCS !

Le *depuis* (je ne l'ai connu que *depuis*) étant invisible à l'œil nu, je m'avise que voilà une occasion unique de me garer contre l'orage, et jetant un coup d'œil sur l'état peu serein de l'atmosphère, j'entre aussitôt et je demande, avec l'autorité d'un homme qui a trois francs à dépenser, un parapluie. On m'en apporte une douzaine. Ils sont tous neufs et magnifiques : manches d'ivoire, d'ébène ou de bois sculpté; superbes baleines, belle soie (cuite). Je suis ébahi, et j'ai besoin, pour rassurer ma conscience, de me faire répéter par l'honnête marchand le prix d'un superbe vert-pomme que je caresse du regard.—Combien donc celui-ci ? — Monsieur, dix-huit francs. Je commence à comprendre. — Mais, dis-je en regrettant mon illusion qui fut courte, n'avez-vous pas des parapluies à trois francs? — Oui, monsieur, oui, oui, sans doute, reprend le commis en souriant d'un air de bonhomie narquoise; nous allons vous montrer cela. — Ce disant, il m'exhibe un fafiolet sans nom, un parasol en miniature, un diminutif d'ombrelle, bon à donner dans les foires aux petits enfants en sevrage avec un moulin de papier, pour qu'ils en fassent des débris. Zéphyr, tendre zéphyr, respecte un parapluie de trois francs! — Quoi ! c'est cela ? dis-je; ni

soie, ni baleines, ni manche presque ! — C'est vrai, monsieur, mais pour trois francs ! — Ce n'était pas un parapluie, ce n'en était vraiment que l'ombre. — Mais que
j'aille seulement jusqu'au bout de la rue, je n'aurai plus
rien dans les mains ! — Ce n'est peut-être pas bien solide
en effet ; mais aussi, monsieur, pour trois francs !—Tenez,
monsieur, reprend l'employé par manière de commiséra-
tion et de condescendance, voulez-vous quelque chose de
bon ? prenez-moi cela !—Et il me tend le fatal vert-pomme,
que, vaincu par une fausse honte et par la pluie tom-
bante, je me ruine pour acheter et que je perdrai après-
demain.

Il serait long d'énumérer tous les artifices, feintes, surprises, apparentes distractions, à l'aide desquels MM. les
employés en nouveautés excellent à pousser à la vente. Je
demande à voir un gilet de flanelle, et l'on me montre des
cravates. Je serai fort heureux si je m'en tire à moins d'une
bonneterie complète. Une voisine a besoin d'un modeste
fichu : c'est pourquoi, depuis un quart d'heure, on lui fait
passer sous le nez toutes les dentelles de Flandre. Il n'en
reste plus rien de la modeste toile dont j'ai vu un échantillon ; mais, en revanche, on m'en étale une magnifique
et d'Irlande. On me promène de comptoir en comptoir,
d'étage en étage, et je sors de là chargé de nippes, mais
nu comme un petit saint Jean.

L'envie, la curiosité, la vanité, la coquetterie et même
quelque chose de plus sont habilement caressées par ces
serpents à face humaine. Ils exploitent les hommes par
les femmes, et les femmes l'une par l'autre. Que milord
protecteur se garde de paraître ici avec sa protégée, pour
peu qu'il tienne à ses guinées, et je le soupçonne d'y tenir.
Qui ose marchander pour une jolie femme ? MM. les commis ont un flair pour discerner les unions morganatiques
des légitimes. Avec celles-ci point d'affaires. Les douze
arrondissements devraient élever un temple à ce treizième
invisible, qui alimente le négoce. C'est lui qui les nourrit ;

Il est le père à tous (commercialement parlant). J'accom-
oagnais un jour, dans un de ces bazars, une femme jeune
qui demandait à voir une très-simple robe. Le commis
s'empressa d'étaler une étoffe à dix ou douze francs le
mètre. Comme il en cherchait plusieurs autres : « Je
vous préviens, lui dis-je, que madame est ma sœur. »
Le commis rengaîna ses précieux tissus, et livra ce qu'on
demandait, sans plus chercher à *faire l'article.*

Quand une pratique féminine se montre un peu récal-
citrante, on détache sur elle, à titre de renfort, un auxiliaire indispensable de tout magasin bien monté. C'est
l'employé *joli garçon.* Ceci soit dit sans vouloir ravaler
le mérite des autres : ces messieurs, j'en conviens, sont
de fort jolis hommes ; mais l'employé que je viens de dire
est le *primus inter pares.* C'est l'Antinoüs du comptoir ;
c'est la *jeune garde,* qui ne donne que dans les instants
décisifs. Doué d'une puissance fascinatrice, l'employé joli
garçon est blond ; il a la bouche en cerise, les moustaches
en accroche-cœur, l'œil gros et bleu à fleur de tête, l'o-
reille rouge, le teint fleuri ; lorgnon dans l'œil, tenue sévère de gentilhomme sans cheval. Il grasseye et parle des
pouffes. Il est d'un effet foudroyant sur les grisettes et les
rentières; mais il lui arrive quelquefois de s'attaquer aux
grandes dames, et c'est avec moins d'agrément. On a vu
parfois la jeune garde enfoncée sur toute la ligne. Voici
un joli mot de marquise que l'on nous conte à ce sujet.
Une femme d'esprit et du monde avait pris fantaisie d'un
châle. Elle ne s'était pas décidée. A quelques jours de là,
elle revient et demande à revoir son châle. Le chef de
l'établissement reconnaît parfaitement la dame, et l'Apollon pareillement, qui s'exulte dans ses moustaches. —
C'est le cachemire fond vert ? — Oui, monsieur. — C'est
celui que M. Arthur a eu l'honneur d'offrir à madame ?
M. Arthur prend une pose.) — Qu'est-ce que M. Arthur ?
dit la dame intriguée. — C'est un de nos premiers commis : un grand jeune homme blond, physique distingué,

bonne tenue, manières parfaites... (Nouvel effet de gilet
de M. Arthur.) — Ma foi, monsieur, repart la dame, je
sais de quelle couleur est le châle, mais je vous avoue
humblement que je n'ai pas pris garde à celle du commis.
(Les bras tombent des mains et le lorgnon de l'œil à M. Arthur.) Le cachemire n'en est pas moins payé et livré pour
lui-même. La jeune garde avait cru vaincre ; elle tombe
à plat ; mais elle prendra sa revanche avec les lorettes.
Gare aux Anglais !

Les magasins de nouveautés sont naturellement remplis
de fort vieilles choses, et le talent par excellence est d'en
écouler le plus possible, tout comme la spécialité des marchands de ces vieilleries, que l'on a nommées bric-à-brac,
est de vendre, autant qu'il se peut, des antiquités toutes
neuves. Chaque art a sa nécessité, et chaque métier ses
exigences. Les vieilleries ou rebuts, en nouveautés, se dé-
bitent facilement aux provinciaux, voire aux Parisiens,
par quelques artifices de jargon et de mise en scène. On
a soin de ne les produire que dans les entresols obscurs,
ou le soir, au jour éclatant mais ambigu de l'éclairage,
et c'est peut-être pour cela qu'on les a nommées *rossignols*, du nom de cet oiseau, terne et morne le jour,
mais si mélodieux la nuit.

XII

Le Vêtement et le Tailleur.

L'importance sociale du vêtement et de l'extérieur en
général est plus grande qu'on ne le suppose communé-
ment, sur la foi d'un adage érigé en axiome par la sagesse
populaire, qui cette fois me paraît moins sage que de coutume. L'habit ne fait pas le moine, dit le proverbe ; cela
ne me semble pas bien prouvé. Je suis convaincu, pour
ma part, que l'habit fait au moins les trois quarts du moine.
La Fontaine, avec son bon sens et sa naïveté admirables,

me paraît avoir mis le doigt sur le nœud de la question,
lorsque de l'apologue : *l'Ane chargé de reliques*, il tire
cette moralité :

> D'un magistrat ignorant,
> C'est la robe qu'on salue.

Que le magistrat soit savant ou ignorant, chacun s'in-
cline devant lui. — Pourquoi? — A cause de sa robe.
Donc la robe, si elle ne fait pas précisément le magistrat, fournit au moins une bonne part de l'étoffe;
c'est elle qui donne au personnage cette ampleur qui lui
vaut les saluts de la foule. Sans elle, il serait méconnu;
avec elle ou sous elle, il devient aussitôt un homme
important, entouré des égards et de la considération,
mêlée de crainte, du vulgaire. Ajoutons qu'avec une
telle aide, il lui faut bien peu de mérite et d'efforts
pour que ces marques de respect, au lieu d'être purement
nominales et démonstratives, comme dans le cas où elles
s'adressent à l'habit, s'attachent à la personne même.
L'homme est de sa nature si routinier, si peu enclin à user
de son jugement, à pénétrer le fond des choses, qu'à
l'ombre des idées reçues, il suffit de bien peu pour égarer
sa courte vue, pour obtenir ou pour capter son estime et
sa confiance. Que le magistrat ou le moine fasse seulement pour se maintenir à son rang une partie de la besogne : la robe fera aisément le reste.

De tout temps, au surplus, le costume a exercé une
grande influence, non pas seulement sur l'entourage de
l'homme, mais sur l'homme lui-même. On pourrait presque modifier un autre proverbe, et dire, non sans quelque
degré de certitude : « Montre-moi ton habit; je te dirai
qui tu es. » Le corps, de même qu'il est le vêtement de
l'âme, peut être considéré à bon droit comme l'âme du
vêtement. Et, par le corps, notez que nous n'entendons
pas uniquement le moule anatomique, la charpente os-
seuse, identiques ou à peu près chez tous les membres de

la grande famille humaine, mais la physionomie, l'empreinte bien marquée que donnent à la matière même les pensées, les goûts, les penchants, les habitudes de la vie : le corps moral, s'il est permis d'employer cette hardie locution et de diviniser ainsi la périssable partie de nous-mêmes. Remarquez bien que tous les peuples, et presque sans exception tous les individus, ont porté et portent encore, malgré l'effacement des types et le niveau passé pour l'inobservateur sur toutes les personnalités, le costume qui représente et peint le mieux leur genre de vie, c'est-à-dire la marque, *la livrée* de leur caractère propre et de leurs passions. Les Perses, mous et efféminés, se couvraient de longues robes de pourpre et de lin : ils furent vaincus sans peine par les Lacédémoniens, qui étaient toujours bardés de fer, et les Athéniens, chez qui la corruption n'était point encore infiltrée.

Que si des peuples nous passons aux individus, nous trouverons des faits exactement semblables. Si un vêtement trop élégant annonce le relâchement des mœurs, en revanche une tenue sordide et le défaut absolu de soins sont à peu près invariablement l'indice de mauvaises passions ou d'un certain désordre moral, quand ils ne sont point uniquement le résultat de la misère. En dépit du mot d'Alexandre, et de la consécration donnée par l'assentiment de ce grand homme à un excès blâmable en soi, il me paraît bien difficile de disconvenir que Diogène le Cynique ne fût quelque peu fou. Je comprends à merveille les manchettes brodées et l'habit de cour que M. de Buffon avait soin de mettre avant d'écrire : ce n'est pas là une simple manie ; il existe un rapport frappant entre cette splendeur de costume et la magnificence du style, toujours élevé, pompeux, imagé, du célèbre naturaliste. Quand un autre écrivain non moins immortel, le malheureux Jean-Jacques Rousseau, commença d'éprouver les funestes lubies qui devaient le conduire à sa perte, il quitta brusquement le costume décent qui séyait à sa position honorable,

et prit celui d'un ouvrier; plus tard, devenu tout à fait
fou, il s'habilla en Arménien et se fit jeter de la boue et
des pierres par les polissons du village où il était venu
enfouir sa sauvage misanthropie. Une tenue propre et ré-
gulière, sinon recherchée, est toujours la marque, non-
seulement du bien-être matériel, mais de l'égalité d'humeur et du contentement d'esprit.

Venons maintenant au tailleur.

J'étais dernièrement chez un de mes amis, homme de
lettres et homme d'esprit, ce qui n'est pas absolument in-
conciliable, lorsque son tailleur vint lui apporter, dans la
toilette (mouchoir de soie) de rigueur, un pantalon évidemment trop exigu, mais en saisissant l'occasion pour
glisser un mémoire qui l'était moins.

Mon ami, qui est myope et distrait, promenait mélancoliquement son lorgnon du pantalon au mémoire, es-
sayant d'entrer dans l'un et de lire l'autre.

— Eh bien! lui dit le tailleur, comment trouvez-vous
ça? Hein! comme ça colle!

— Cela me gêne, répondit mon ami un peu soucieux.

— Pas possible! Voyez pourtant comme ça tombe!

— Cela tombe mal.

— Vous m'affligez. Enfin on peut arranger cela, repartit le tailleur avec un gros soupir.

— Oui, oui, arrangeons cela... dans trois mois...

— Comment! dans trois mois? Vous voulez dire dans
trois jours.

— La belle avance!

— Mais, mon cher monsieur, vous n'y êtes plus. Que
ferez-vous au mois d'octobre d'un pantalon de piqué blanc?

— Eh! qui vous parle de cela?

— Comment, mon cher monsieur, s'écria le tailleur
avec un gros soupir de satisfaction, c'est de mon mémoire
qu'il s'agit? Il fallait donc le dire tout de suite!

En disant ces mots, il secoua sa *toilette* en signe de

triomphe, et s'en fut tout courant, criant à mon ami, qu⟩
s'efforçait de s'excuser :

— A votre aise, mon cher monsieur, à votre aise ! Jl
me figurais que mon pantalon vous gênait.

Tous les tailleurs sont ainsi faits. La perspective d'u⟩
vêtement à retoucher les effraye. C'est un *poignard*, ca⟩
il s'entend que la reprise est à leur compte, et qu'un⟩
demi-journée ou une journée extra est au bout de chaqu⟩
faux pli. De là le nom tragique donné à ce vêtement mal⟩
heureux. Mais que dire de celui qui, radicalement man⟩
qué par quelque faute de l'ouvrier ou du coupeur, rest⟩
pour compte à l'entreprise ? Ah ! pour celui-là, c'est u⟩
kris de Malais, c'est un kandjiar, c'est un *poignard* em⟩
poisonné ! Ce n'est pas tant encore la perte matérielle qu⟩
la blessure d'amour-propre dont saigne le flanc germa⟩
nique de M. Schlagmann ou Wetzel. Un habit manqué⟩
juste ciel ! que pensera l'Europe et que dira le sport ⟩
Malheureux habit, de quelle main convulsive l'industrie⟩
te rejette dans sa *toilette !* Tu devais faire son triomph⟩
et tu n'es plus que son opprobre. Va, cache-toi, et diss⟩
simule sa défaite avec la tienne. Que faire d'un *poi⟩
gnard* que l'on ne saurait même se passer au travers du⟩
corps ?

Heureusement !...

Car le tailleur est un artiste. Il se souvient du temps où⟩
tailleur d'habits se disait par opposition à *tailleur d'i⟩
mages*, et partageait avec le sculpteur le domaine de la⟩
plastique. L'un se charge du nu, l'autre de l'habillé, voilà⟩
toute la différence. Le tailleur sait et sent cela. Un habit⟩
manqué, c'est pour lui une statue refusée à l'exposition.⟩
Odieux jury !

Le tailleur a d'ailleurs tous les côtés de l'artiste : le dés⟩
intéressement et l'esprit d'aventure. Il ne se traîne point⟩
terre à terre, comme tant de boutiquiers prosaïques, dan⟩
l'ornière de l'étroit calcul et de la taquinerie mesquine.⟩
Commercialement, le tailleur sait donner beaucoup au⟩

asard. Il ne chagrinera jamais un galant homme qui
porte noblement, et en bon lieu, un vêtement de sa façon.
. saura au besoin doubler même les poches de son gilet
de telle façon que cette perle des clients puisse tenir son
rang dans le monde et faire honneur à son habit. Je connais maint fils de famille qui n'a, durant longues années,
dû qu'à la confiance généreuse de son tailleur de soutenir honorablement sa naissance, en déjouant la ladrerie
des grands-parents. Le tailleur sait d'avance qu'un bon
quart tout au moins de sa clientèle ne le payera que peu
ou point. Cette perspective ne l'effraye pas : ce sont les
hasards de la guerre, et il dresse ses batteries ou ses ta-
rifs en conséquence.

C'est en effet chose idéale que le prix d'un habit, dont
la moitié au moins, chez le tailleur de quelque renom,
représente tout à la fois l'aléatoire du commerce, la prime
d'assurance payée (ou promise) contre les sinistres mu-
tuels, et le mérite de la coupe.

Ce dernier point est l'essentiel, et le ciseau est tout
pour l'artiste, quand toutefois il ne se change pas en poignard. On sait cette superbe réponse d'un célèbre tailleur
à un député économe, des dernières années du règne de
Louis-Philippe, qui, trouvant le prix d'un habit (cent cinquante francs) un peu cher, demandait à fournir son drap.

— Bien volontiers, monsieur, lui répondit l'artiste avec
un sourire de condescendance.

Livraison faite, habit endossé, l'honorable législateur
demanda le prix.

— Cent cinquante francs, monsieur, comme toujours,
fit le tailleur en s'inclinant.

— Tout compris, je le sais ; mais j'ai fourni mon drap.

— Monsieur, je ne compte jamais le drap. Je le donne
par-dessus le marché !

Le *coupeur* est un être à part. C'est, comme on le conçoit sans peine, l'homme important de la maison. Tout
tailleur a été coupeur ; mais il y a, en revanche, des cou-

peurs qui ne deviennent jamais tailleurs. Ce sont des âme
d'artiste et des intelligences enthousiastes de la gloire
mais insensibles au profit. Le coupeur rêve la nuit d'u
certain cran au gilet et d'une échancrure de basque.
s'éveille en sursaut, ruminant dans sa tête, combinar
harmonieusement les numéros 86, 79, 36, 44 et 53. O
n'est point un quine à la loterie, c'est la formule, le sign
abstrait, la grande ligne rudimentaire d'une coupe inédi
et savante qui fera son apparition dans le monde merveil
leux du jardin Mabille, le mardi qui vient ou celui d'aprèé
O puissance des chiffres! qui croirait que ces nombres ca
balistiques recèlent tant de poésie apollonienne, tant o
grâce, tant de contours, tant de déhanché séducteum
Aussi, dès l'aube, le coupeur s'installe-t-il au comptoii
devant un formidable amas de pièces d'étoffes, plus grav.
qu'un censeur royal, et plus inspiré qu'un poète. Son œa
flamboie ; il se frappe le front, tandis que son infatigablc
ciseau multiplie les *membres* épars. Au nom du ciel, m
lui parlez pas : pour un mot, vous troubleriez l'enfanto:
ment. Il vient de créer un habit à trois boutons au lieu
de quatre ; il va trouver une nouvelle manche, et, :
l'expansion lyrique continue, il est capable d'inventer um
mode de collet que l'on n'a jamais vue — depuis 1826.

Il faut admirer le coupeur ; mais il ne faut pas avoïc
trop de foi en lui. Non-seulement, dit la Bruyère, un hom
nète homme doit se laisser habiller par son tailleur, à ll
mode courante et sans s'en occuper ; mais une des pre
mières conditions de l'élégance, dit Pelham, un héros db
M. Bulwer (*The adventures of a gentleman*), est de n'a
voir pas un habit trop bien fait, observation fine et très
juste.

Il nous reste à dire quelques mots de l'ouvrier tailleum
(*pique-prune*). J'avoue mon ignorance et déclare ne poim
connaître l'étymologie de ce sobriquet populaire. Cettl
classe d'ouvriers, vouée à l'immobilité, est, sans doute ela
vertu de la loi des contrastes et par esprit d'oppositionn

couée d'un naturel remuant; ennemie de la tyrannie, elle
a pris pour maxime : « Les grands ne nous paraissent tels
que parce que nous sommes accroupis, levons-nous ! » —
Et elle se lève fréquemment, sachant bien qu'il dépend
d'elle de faire du peuple français une nation de sans-
culottes. Mais les lois sur les grèves n'étant point abolies,
tout rentre bientôt dans l'assiette et la couture accoutu-
née, et le peuple français finit par s'habiller, tant bien que
mal. Ainsi soit-il !

En règle générale, et pour terminer, le tailleur parisien
pourrait se définir : « Un industriel allemand qui taille des
habits anglais. »

XIII

La Bourse.

On déclame beaucoup contre l'agiotage, et c'est avec
toute raison. Mais il est facile d'en médire, non d'en ex-
tirper les racines. Les fonds publics, les actions industrielles
ou de la Banque n'ont de valeur et ne se maintiennent en
crédit qu'à la condition d'être toujours et promptement
réalisables. De là ce grand marché tenu toujours ouvert
au commerce des rentes et des autres effets. Or, comment
empêcher que la spéculation, levier et âme du négoce,
n'intervienne dans celui-ci ? En n'autorisant pas les transactions à terme ? C'est précisément ce qu'on fait. Les tribunaux refusent de sanctionner ces sortes de marchés,
qu'ils traitent comme un jeu. Mais ils ne les préviennent
pas. Si les soixante agents de change de Paris qui, bon an,
mal an, recueillent chacun de cent à deux cent mille francs
de courtage, en étaient réduits pour salaire au produit des
ventes au comptant, ils ne gagneraient pas cent louis peut-
être, et leurs charges, au lieu de valoir un demi-million,
voire le million entier, iraient juste de pair avec la plus

modeste étude d'huissier audiencier ou de tabellion rural. Dans les dernières années du règne de Louis-Philippe, vers le temps de la crise ou vogue des chemins de fer, c'étaient vingt millions par an que prélevaient tant le *parquet* que la *coulisse* (deux mots que nous allons expliquer bientôt ci-après) sur les opérations du joueur. Que l'on juge, par ces simples chiffres, de l'intensité des *affaires*; et que l'on juge aussi du *bénéfice net* réservé aux spéculations ! *Et nunc erudimini !* Quel *flambeau*, grand Dieu ! quelle torche ! quel incendie à dévorer bois, châteaux, fermes, maisons des champs, maisons de ville !

Pourtant, les *droits* attribués aux agents de change pour actes de leur ministère sont modiques, et ces messieurs même s'en plaignent. *Cinquante francs* pour l'achat de *quatre mille cinq cents* de rente ou de *trois mille*, ce qui est tout un (selon qu'il s'agit de la rente quatre et demi ou trois pour cent), et autant pour la vente : c'est pour rien. La *coulisse* se contente de *moitié*. Calculez ce qu'il faut de fois cinquante francs ou de trois mille francs de rente achetés, vendus, rachetés, pour déposer, en fin de compte, entre les mains crochues de l'intermédiaire, un reliquat de vingt millions.

Le *parquet*, c'est la collection des agents de change privilégiés qui, *seuls légalement*, procèdent à la vente et achat des effets publics. Ils sont au nombre de soixante, avons-nous dit déjà, mais par le fait ils sont bien deux ou trois cents, chaque charge étant, presque sans exception, une sorte de commandite, et le titulaire n'en étant d'habitude que le tiers ou le quart, ou tout au plus moitié. À une heure sonnante, de par les règlements du préfet de police, une cloche sonne dans la grande salle de la Bourse : c'est l'ouverture du marché. Les agents de change sont déjà dans leur *corbeille*, carnet en main, prêts à *pointer.* La *corbeille* est cette petite enceinte circulaire fermée par une balustrade et élevée de quelques pieds au-dessus du niveau de la salle et de la foule des joueurs. D'une heure jusqu'à trois, le marché se poursuit sans interruption aucune. La foire aux bestiaux de Poissy ou de Caen est un modèle de silence et de placidité auprès de cette mêlée tapageuse. Voilà soixante hommes, bien nés pour la plupart ; voilà soixante dandies, millionnaires et hauts barons de la monnaie, condamnés deux mortelles heures au métier de stentor et à s'époumonner comme des crieurs en plein vent, dans une mêlée furibonde, dans un conflit de faussets, de basses-tailles et de glapissements où Dieu pourrait tonner à de certains moments sans faire entendre sa grande voix. Le métier est rude, sans parler des soucis, des marches et des contre-marches, et des *bouillons* ; mais cent mille francs par an en moyenne, cela compense bien des extinctions de voix, bien des déboires et une culbute éventuelle suivie d'un voyage en Belgique, en Suisse ou aux États-Unis. C'est ce que l'on nomme un *sinistre*.

Que crient ces messieurs? Ils crient : *Je prends, je vends, je donne!* A tel taux telle marchandise! Il faut que du milieu de cette tempête orale grossie, enflée par les mille voix des spéculateurs subjacents, l'appelant ou l'interpellé, le demandeur ou l'offrant, distingue précisément l'article dont il a besoin, et l'on s'étonne qu'il y parvienne. Mais c'est une grande chose que l'habitude, et bien fine est la perception du conduit auditif logeant le nerf de l'intérêt. Le marché, vingt marchés, que dis-je, cent marchés sont conclus en une minute : *Je prends, je donne!* Un signe, un geste de la main, une note prise au crayon, et c'est chose faite. En cas de dissidence ou de malentendus, fort rares, je crois, le calepin fait foi devant le syndicat, comme le grand livre et le journal d'un négociant en justice.

Côte à côte avec le parquet, à chaque extrémité, formant les deux anses de la *corbeille*, la *coulisse*, comme lui, en même temps que lui, s'agite, s'enroue et s'égosille. Elle offre les mêmes marchandises ou plutôt la même marchandise, celle qui est objet de spéculation, tête de marché, *leading-ware*. C'est quelquefois le *cinq pour cent*, c'est-à-dire le quatre et demi; mais plus habituellement le *trois*. Au reste, cette substitution est d'infiniment peu d'importance . c'est convention pure; au lieu de quatre ou de trois, on pourrait prendre le *stockfish* ou le curaçao de Hollande pour point de mire général des spéculations ou paris : les affaires, l'animation et les effets seraient les mêmes..

On peut s'étonner de voir la coulisse, clandestine et illégale de sa nature, vivre fraternellement avec le monopole, à ce point de lui monter sur les épaules et de lui oser faire une rude concurrence sous ses yeux, à sa barbe et dans son temple même. C'est à peu près comme si les contrefacteurs belges venaient s'établir à Paris et nous offrir *leurs* produits quai Voltaire ou boulevard Italien. Ici, et au sujet de cette anomalie apparente, doivent trouver place quelques explications indispensables sur le rôle et l'origine de la *coulisse*.

Deux heures de marché par jour sont loin de faire face soit aux besoins réels, soit à l'empressement et aux caprices des joueurs, soit enfin aux diverses éventualités qui peuvent à chaque instant surgir en dehors du délai légal et exercer une plus ou moins forte pression sur les rentes. A spéculateur bien épris, deux heures de possession par jour ne peuvent évidemment suffire. La rente est une déité que l'on n'oublie guère une fois qu'elle s'est logée dans notre âme ; *te veniente die, te decedente canebat*.... Le matin, et le soir, et le jour, et la nuit, bien qu'on en ait, il faut se préoccuper d'elle. C'est dans cette nécessité incontestable que la *coulisse*, parquet au petit pied, parquet ambulant et mobile, parquet sans garanties, mais non sans probité et sans ressources, parquet quelquefois plus sûr que le plancher officiel, a sa meilleure raison d'être. Dès l'aurore (parisienne), c'est-à-dire dès neuf ou dix heures du matin, elle se réunit dans son laboratoire habituel, le passage de l'Opéra ; elle y tient séance jusqu'à l'heure de la bourse, où, comme nous l'avons vu, elle accompagne le parquet, le devance même, et, dans tous les cas, lui survit ; car la *petite bourse* (celle de la coulisse) dure jusqu'à quatre heures en Bourse même pour reprendre au passage ses opérations à peine interrompues par un dîner hâtif, et les continuer d'ordinaire jusqu'à onze heures ou minuit. Dans la saison des veilles, en hiver, il se fait des affaires toute la nuit, et l'agiotage, qui ne respecte rien, se glisse jusqu'au sein du bal de l'Opéra, où il *fait neuf* ou *douze mille,* selon le cas, sans fausse honte ni faux nez, entre un verre de punch, une salade de homard et un domino flamboyant, émerveillé de tant de rentes, malheureusement toutes *à terme.*

De cet état de choses viennent les écarts énormes qu'on remarque, très-fréquemment, entre les cours de fermeture d'une bourse et ceux d'ouverture de la bourse du lendemain. Quelque nouvelle d'importance, quelque on dit, rumeur ou panique, est survenu dans l'intervalle, et tout cela s'est escompté, s'est exploité, séance tenante, sur le marché de la coulisse. Le parquet, généralement, n'a guère qu'à ratifier ce mouvement intérimaire, et c'est ce qu'il fait d'habitude en reprenant la trame non où il l'a laissée, mais où la lui rend la coulisse. On conçoit dès lors qu'il ne puisse demeurer indifférent ni étranger aux opérations de cette même coulisse, qu'il consacre en les acceptant et en y prenant lui-même part. En un mot, la coulisse est la continuation et le complément tout à fait indispensable du parquet. D'ailleurs elle est, comme l'agiotage, absolument inattaquable et insaisissable, au moins par décret, règlement, loi ou ordonnance, et c'est ce qui saute aux regards de quiconque est un peu au fait des opérations de bourse, de la manière toute spéciale, toute sommaire et expéditive dont elles s'engagent et se résolvent. Il est peu de matières dont on parle plus et qui soit moins connue ; c'est pourquoi, et quelle que soit la difficulté du sujet, nous allons tâcher d'en donner quelque teinture à nos lecteurs.

Au premier abord, il semble que ce soit la chose la plus simple. *Donner et ne pas recevoir*, disait le maître d'armes de M. Jourdain, voilà toute la science de l'escrime; *recevoir et ne pas donner*, voilà au contraire toute celle de la spéculation sur les rentes ou autre, et du commerce en général. Il ne s'agit que d'*acheter* ou de *vendre* selon le cas. Cela est tout élémentaire. Eh bien! c'est ce tout petit art d'acheter ou de vendre à propos, c'est ce tout petit tour de main qui fait qu'on tue et n'est pas tué, qu'il n'est pas commode d'acquérir, et qui, fort loin d'être un vulgaire talent, n'est, hélas! donné qu'à un petit nombre de spadassins ou de joueurs. — Je demande humblement pardon à tous deux de l'accouplement.

Je crois que la rente montera; j'ai foi dans la sagesse et dans le zèle du gouvernement; je suis optimiste. J'achète donc, j'achète *fin courant* ou *fin prochain* dix-huit mille francs de rente, lesquels, au cours actuel de 96 ou 97, représentent un capital de trois cent quatre-vingt-dix mille francs environ. Vous entendez bien que je n'ai ni l'intention ni le pouvoir de prendre livraison du marché à son échéance. Seulement, fin courant ou fin prochain, ou plus tôt si les circonstances sont propices, je revendrai ma rente et je réaliserai le bénéfice que j'espère. S'il n'y a point de bénéfice, si la rente baisse au lieu de monter, je revendrai également, mais je réaliserai une perte, et je payerai la *différence* du prix d'achat au prix de vente, augmentée, bien entendu, de l'inévitable courtage. En un mot, mon opération consiste uniquement en ceci: *Je parie* que la rente montera, et le pari m'est tenu par l'agent de change ou le coulissier auquel je m'adresse, au nom d'un parieur contraire inconnu de moi, comme je le suis moi-même de lui.

Or, je le demande, comment législation, justice, police peuvent-elles empêcher des paris sur un objet déterminé, entre gens qui n'ont pour ce faire qu'une parole, un signe, un geste à échanger? Autant vaudrait défendre au public du Champ de Mars de ponter mille louis, mille francs, ou mille sous sur le garrot des miss Annette et des Arabian du jour. La même raison qui fait que les marchés à terme ne sauraient être absolument interdits aux agents de change fait que ceux-ci ne peuvent non plus les interdire à la coulisse, et qu'ils doivent vivre, côte à côte et sur un pied d'apparence toute fraternelle, avec ce pharaon du trottoir, bien qu'il leur ôte évidemment une grande part, sinon la meilleure, de leurs énormes bénéfices.

Il n'y aurait qu'un seul moyen de prévenir l'agiotage : ce serait un profond changement dans les mœurs publiques, non le mépris du gain qu'il ne faut guère prévoir, mais la séparation de deux choses distinctes, de la politique d'avec les intérêts matériels, qui jusqu'ici se sont liés fort étroitement, au préjudice des uns et de l'autre ; ce serait que la rente, devenue paisible et sûre propriété comme toutes les autres, cessât d'être le régulateur capricieux et fraudé de toutes les transactions et de l'intérêt de l'argent ; ce serait qu'un bruit de paix ou de guerre, habilement, perfidement jeté au milieu du marché, ne parût plus de nature à influer à ce point sur les destins d'un grand pays ; ce serait enfin que lui-même prît assez de confiance en son honnêteté et en sa solvabilité pour ne pas croire, au moindre émoi, que le sol tremble sous ses pieds, voir ses nombreux créanciers réduits à la misère et lui-même à la banqueroute. C'est ce qui arrivera certainement le jour où les gouvernements voudront ou pourront établir nettement le doit et l'avoir du pays, assurer sur des bases solides le payement de sa dette et nous la montrer diminuant au lieu de s'accroître ; c'est dire assez que l'agiotage a poussé et conserve encore de profondes racines en France, et que notre génération ne paraît point destinée à le voir s'éteindre.

La *coulisse*, composée d'éléments fort divers et fort hétérogènes, mérite d'exercer le crayon de l'observateur. On y voit des gens qui ont longtemps brillé sur la *scène* du fin-courant et du report officiels, et que des malheurs, une ou deux liquidations désastreuses ont rejetés hors du théâtre de leurs prospérités légales. Nombre d'anciens agents de change y tiennent le simple carnet de l'intermédiaire ou du courtier marron, voire de l'humble parieur. Plusieurs aussi y ont refait sur ce terrain plus ignoré, mais non moins riche et productif, leur fortune perdue sur une plus haute scène, leur million qui s'est fondu au feu dévorant de la rampe. A fort peu d'exceptions près, la coulisse passe pour *solide*, et les *sinistres* n'y sont pas plus fréquents qu'au parquet de la Bourse. Elle est le *Rio-Sacramento* où s'expatrient les agents ou les joueurs désarçonnés, et par conséquent offre toute la bigarrure énergique et passionnée d'une naissante colonie fondée sur l'amour des pépites. Il y a là tels chercheurs d'or dont les aventures, comme drame, comme intérêt, comme soudaines et étonnantes fluctuations, ne le cèdent point à la vie accidentée des plus rudes et des plus éprouvés mineurs des placers de San-Francisco.

C'est là qu'il faut étudier, si l'on veut le connaître à fond, ce jeu abstrait et singulier de hausse et de baisse où n'apparaît ni carte, ni flambeau, ni enjeu, où un seul mot, un signe, une ligne au crayon suffisent pour creuser la tombe ou jeter les bases des fortunes les plus énormes. Au parquet, il est impossible de rien démêler dans ces cris confus qui frappent l'air et assourdissent les oreilles des spéculateurs ; d'ailleurs, ils n'en approchent pas. Dans la coulisse ils sont mêlés aux agents, qui opèrent pour eux, et ils ont le grand avantage de les voir *travailler*, en s'assurant ainsi que leurs instructions sont exécutées à la lettre, c'est-à-dire au chiffre, car c'est là le point scabreux. Essayons donc de pénétrer dans ces périlleux arcanes du passage de l'Opéra et du café-divan, qui en est le laboratoire et l'annexe, et tâchons de saisir le jargon qui s'y parle, argot aussi intelligible au profane que pouvaient l'être au vulgaire l'oracle de Delphes ou le langage ésotérique des prêtres de la haute Thèbes. En voici quelques spécimens :

« En *liquid*, envoyez trois mille ! (*Liquid* est mis ici pour *liquidation*, le coulissier facétieux et ami des belles manières se plaît à abréger ses formules comme la jeunesse dédorée de l'époque, et elle dit *en liquid*, comme ailleurs on dit : d'*autor*, d'*achar*, *soc* ou *démoc*.) — Pour fin prochain, j'ai quinze cents. — Envoyez *dont dix* pour demain ! — A cinquante (c'est le taux en centimes de la rente); quatre-vingt-seize cinquante, quatre-vingt-quinze cinquante (le principal demeure ici sous-entendu), à cinquante, je prends quatre mille cinq cents. — Qui veut *dont deux* pour fin courant? etc., etc.

Les mots : *dont deux, dont dix, dont un, dont cinquante*, incessamment répétés, révèlent l'existence d'un ordre tout particulier de spéculation : c'est la *prime*, dont les nombreuses combinaisons avec le *ferme* font d'un jeu simple en apparence une suite d'opérations très-compliquées et très-ardues, difficilement accessibles à l'intelligence et surtout à la pratique de quiconque n'a pas fait une étude spéciale de ces dangereuses formules, et encore cette étude lui serait-elle vaine et funeste, s'il n'a du ciel ou d'ailleurs reçu cette flamme secrète d'âpreté, d'astuce et de savoir-faire, qui brille aux rares fronts des héros de la Bourse et fait le vrai spéculateur.

Sans prétendre initier nos lecteurs et leur faire un cours de ces savants mystères, nous essayerons du moins d'en mettre sous leurs yeux les éléments et le glossaire, ne fût-ce que pour les aider à comprendre les termes hiéroglyphiques du bulletin de bourse qui s'étale chaque matin au bas de tous les grands journaux.

Vendre ou acheter de la rente *ferme*, c'est faire un marché avec toutes ses conséquences éventuelles : c'est-à-dire que si la rente hausse ou baisse de dix francs dans l'intervalle d'une nuit, comme cela s'est vu très-souvent, vous êtes ruiné ou enrichi selon l'importance de l'affaire.

C'est pour remédier aux effets désastreux d'écarts aussi

considérables que le marché *à prime* a été introduit!
Exemple : la rente est aujourd'hui au cours de 94. Tel
est du moins le taux auquel vous l'auriez *ferme*. *A prime*,
vous la payerez plus cher, 95, je suppose ; mais aussi, en
cas de sinistre, vous êtes dès lors assuré de ne perdre
qu'une certaine somme.

Il y a des primes à tout prix : les plus communes sont
d'*un franc* ou de *cinquante centimes*, ce qui revient à
dire que vous n'êtes exposé à perdre qu'un franc ou un
demi-franc sur votre marché. C'est ce qu'en jargon de
bourse on nomme *dont un* ou *dont cinquante*. Dans les
temps agités comme ceux où nous sommes, on fait des
primes de *deux* ou même de *cinq* francs La coulisse en
détaille à *vingt-cinq centimes* et même à *dix* et *cinq*
centimes (celles-ci pour le lendemain).

Les prix de ces diverses primes sont naturellement gra-
dués sur le taux des pertes possibles. Une prime de cinq
francs n'est naturellement guère au-dessus du cours du
ferme ; une prime de deux francs est plus chère, une d'un
franc plus chère encore, etc., etc., ce qui s'explique par
les grands risques incombant au vendeur dont le bénéfice
possible est limité, tandis que ses pertes ne le sont point...
En cas d'abandon de la prime, il ne pourra jamais gagner
que cinq, deux, un franc, cinquante centimes. Tandis
qu'il peut être *enlevé* (c'est le mot consacré) de dix, de
quinze, voire de vingt francs (*enlèvements* rares, il est
vrai, et auxquels il est mis bon ordre), et c'est pour lui
tenir compte de cette disparité de position que le marché
à prime a toujours lieu au-dessus du cours.

C'est au dernier jour du mois, à deux heures précises,
que l'acheteur doit faire connaître s'il garde ou *lève* ou
non sa prime, et c'est là l'opération si connue en bourse
et dans le monde d'argent sous le nom de *réponse des
primes*. Cette réponse n'a pas besoin d'être faite explicitement : elle est naturellement réglée par la situation des
cours. Si la hausse s'est faite dans le courant du mois,

suffisante pour atteindre au niveau des primes, celles-ci
sont *levées :* le vendeur doit fournir de la rente à tout
prix ; dans le cas contraire, les primes sont abandonnées.

Cette *réponse* solennelle est comme le nœud de la liquidation qui s'ensuit. Si les primes en effet sont levées, *il
manque*, comme l'on dit, *des rentes ;* si elles sont abandonnées, les vendeurs, n'ayant plus que faire de celles
dont ils s'étaient munis à toute éventualité, les rejettent
sur le marché, et de là la hausse ou la baisse. C'est la *position de la place*, toujours nécessairement ignorée, qui
détermine dans les fins de mois, et bien plus que les événements politiques, ces brusques soubresauts de la rente
si communs et si redoutables.

Il y a comme une sorte de flair en quelque sorte divi-
natoire pour apprécier cette *position de la place ;* mais
les plus fins y sont trompés.

Outre l'avantage évident de ne courir qu'un certain
risque avec la chance d'un bénéfice illimité, les acheteurs
de primes ont celui de pouvoir *travailler* leur prime tout
le mois, et c'est à quoi les habiles ne manquent guère.
Dans notre cadre trop restreint, il nous est difficile de
donner une idée tant soit peu approximative des diverses
opérations que peut engendrer une prime : *revendre
ferme* quand une fois on en a atteint le niveau, puis *rache-
ter*, puis *vendre* encore, soit ferme, soit à prime de valeur
différente, telles sont les principales évolutions accomplies
par un spéculateur expert, s'abritant derrière sa prime
comme le soldat assiégé derrière un mur ou une fascine,
tant que dure le mois ; puis, au jour de la *réponse*, l'uti-
lisant encore ou s'en débarrassant, par l'abandon, comme
d'un fruit dont on a extrait tout le suc.

Ainsi l'on conçoit très-bien que vendre *ferme* sur une
prime et au niveau de cette prime ce soit, sans risque
aucun, s'assurer toutes les chances soit de la hausse, soit
de la baisse. Car, s'il y a baisse, on rachète avec bénéfices, et l'on garde toujours sa prime. Si la hausse survient

ensuite, on revend sur cette même prime, et, dans tou
les cas, on ne peut en perdre le montant, puisque, d''
vance, elle est vendue au taux d'achat. Mais, outre qu'u
pareil concours de circonstances favorables ne se présen
pas toujours, il faut, pour manier une prime et en tire
tout le parti possible, une dextérité qui en fait le lot ex
clusif des habiles. Ce n'est pas que les novices et les besa
gneux n'y aient le plus souvent recours, poussés par leui
agents, qui sont bien aises ainsi de diminuer leurs chanc
de perte en se créant complaisamment de beaux petits *nid*
à courtage ; mais la prime, cette arme à deux tranchant
excellente entre les mains d'un initié, se retourne de
pointe contre l'inexpérimenté qui perd la faculté de
mouvoir dans cet amalgame de *ferme* et de *prime,* e
après quelques mois de cet exercice, finit habituellemen
par perdre *ferme.*

Il arrive très-souvent aussi que les deux opérations s'en
gagent simultanément ; *acheter ferme* et *vendre immé*
diatement à prime, ou bien *acheter une prime* et *vendr*
ferme, ou bien encore *prime contre prime,* c'est-à-dir
acheter une prime et en vendre aussitôt une autre de tau
et de cours différents ; c'est ce qu'on nomme *une affaire*
liée. Mais l'explication de ces combinaisons, que nous n
pouvons qu'indiquer, nous entraînerait trop loin. On per
voir seulement par tout ce qui précède que les opération
de bourse, si faciles en apparence, sont loin d'être chos
si simple, en théorie même. Pour la pratique, c'est vrai
ment bien une autre affaire.

Illi robur et œs triplex... Que celui qui n'a point le cœu
cerclé de fer et de chêne n'approche point de cet écuei
Les plus hardis, les plus vaillants s'y sont vus sombre
corps et biens. C'est la machine à engrenage qui, saisis
sant le petit doigt, tire et broie le corps tout entier. Pare
à l'Océan, la Bourse ne conserve aucune trace des sini
tres qui s'y consomment tous les jours. *Apparent rar*
nantes... quelques-uns s'élèvent ou surnagent ; mais qu

naufragés pour un triomphateur du flot amer ! Habi-
é, force, courage, sang-froid, flegme, présence d'esprit
et bonheur, — ce n'est rien de trop pour durer sur ce
, perfide. Quelquefois l'occasion du gain s'offre à vous,
is si fugitive qu'un instant d'hésitation vous la fait
dre sans retour ; puis survient la perte, le déficit nais-
t qui, creusé par l'entêtement, atteint aux profondeurs
gouffre. Il est de grandes phases où tout le monde ga-
e à la Bourse ; ce sont les périodes de hausse continue,
nme celle qui inaugura l'émission des premiers che-
ns de fer ; mais il est presque sans exemple que nul y
gardé son gain. Heureux qui gagne à son début ; plus
ureux peut-être qui perd. Alléché par l'exemple et la
spective de quelques bénéfices énormes, et qui par
a même représentent la mort de milliers de gens, un
vice vient *tirer un coup de pistolet* à la Bourse (c'est
xpression pour désigner une opération isolée et sans
te, un coup de main) ; il a la ferme volonté d'en de-
urer là, gain ou perte ; mais le gain le séduit, la perte
dépite ; il persévère ; il se ruine, et l'on compte sur
s millions de spéculateurs dix hommes, peut-être (et
core je ne garantis pas le chiffre), assez fortement
mpés pour être demeurés fidèles à leur résolution pre-
ère.
Le peuple des spéculateurs est un monde tout à fait à
rt, comme celui des marins. Il doit de vivre au milieu
s orages et des désastres à son expérience et à sa fermeté,
encore toutes ces qualités natives ou acquises ne sau-
ient-elles toujours le préserver du naufrage. Mais qu'un
mme étranger à ce genre de négoce, à ce genre de mé-
r (car c'en est un), et attiré par l'apparente simplicité
l'agiotage, se hasarde au milieu de tous ces loups de
er mêlés de quelques flibustiers, et il y a dix mille à
rier contre un qu'il y périra sans ressource. La logique
le sens commun n'ont que faire en ce jeu perfide, en
tte mêlée dévorante. Ce sont des qualités dont il faut se

défaire et se défier comme de vices, car elles conduiront inévitablement le spéculateur à sa perte.

D'un événement prévu ou connu à l'avance, conjecturer un mouvement, former la base d'un calcul, cela est plus que téméraire. En règle générale, lorsqu'une circonstance appréhendée ou espérée se réalise, c'est le contraire des prévisions qui a lieu. L'effet est *escompté* soit en hausse, soit en baisse, et la réaction survient. Puis, que de fois un événement même tout à fait imprévu n'a-t-il pas produit des conséquences tout autres que celles qu'on lui avait prédites ! Que de fois des ministres ou de hauts fonctionnaires prévaricateurs et félons ont été châtiés de leur déloyauté, en essuyant de grosses pertes, là où, se fiant aux nouvelles qu'eux-mêmes avaient reçues les premiers, ils comptaient sur un large gain ! Il faut une sagacité plus qu'ordinaire pour apprécier les vraisemblables résultats d'un incident ou d'une mesure, en tenant compte d'ailleurs de l'état des esprits, de la position du pays, de celle de la place et de tant d'autres circonstances qui échappent nécessairement à l'œil incertain du vulgaire.

Pourtant, dans l'interprétation des événements politiques, il est une sorte de boussole. Ne demandez pas à la Bourse de s'exalter sur tout ce qui touche soit à la grandeur du pays, soit à l'orgueil national. Durant tout le cours de l'empire, la rente cinq pour cent ne s'est jamais élevée au pair, et pourtant non-seulement alors nous étions maîtres de l'Europe, mais la France jouissait d'un budget réglé et d'un ordre dans les finances inconnu avant et depuis. On sait quel fut le contre-coup de la bataille de Waterloo, saluée en Bourse de Paris par une hausse formidable. Les écus n'ont point de patrie. Nous rappellerons également l'exemple de ce spéculateur qui, l'un des premiers instruit du traité d'Aix-la-Chapelle (celui de 1817) qui accordait enfin l'évacuation du territoire français occupé depuis trois ans par les troupes de la Sainte-Alliance, creva cinquante chevaux pour acheter à Paris de masses de rentes prodigieuses, et fut complétement ruiné. Le départ de ces chers Cosaques et de nos amis les Hulans avait produit la stupeur à notre Bourse et décidé une baisse considérable. La rente montera sur un succès de poudre et de fanfares, comme la prise de Mogador, qui dans une nuit détermina cinq francs de hausse, nous laissant la carte à payer des lauriers et de la bataille ; mais il est inouï que jamais un haut fait véritablement sérieux et national ait été reçu par les écus agioteurs et les valeurs de portefeuille, autrement que par une panique et une dépression marquée de toutes les valeurs françaises. Réglez-vous là-dessus, si jamais nous sommes battus quelque part.

Ce dont se préoccupe uniquement la Bourse, c'est la question matérielle : c'est son rôle, force est d'en convenir, mais ce rôle, elle le remplit non-seulement sans grandeur (ce qui n'est pas son rôle), mais sans initiative et sans largeur de vues, sans prévoyance, et nous pourrions presque dire sans intelligence. Qu'on annonce un emprunt, la rente baissera, beaucoup moins parce que c'est une nouvelle charge ajoutée à toutes celles qui nous grèvent, que parce qu on vend tout simplement sa rente pour participer au nouvel emprunt *avec primes* et faire curée de nos misères. Mais que l'emprunt soit ajourné, ne fût-ce que de trois mois (grâce à l'accroissement de la dette flottante, qui est un emprunt d'une autre forme), aussitôt la rente remonte. Trois mois, mais c'est la fin du monde ! Le boursier ne voit que sa liquidation, et après cela, le déluge !

A la Bourse, rien n'est perfide et dangereux comme une nouvelle.

Si elle est vraie et importante, elle n'arrive au commun des spéculateurs qu'après avoir été exploitée, pressurée par les habiles et les puissants de la finance. Comment la plèbe pourrait-elle lutter contre les courriers spéciaux et les dépêches électriques qui renseignent les forts et les grands de la Bourse ? On a comparé les petits joueurs à

des gens qui tiendraient une partie d'écarté sans voir dans
leur jeu, tandis que l'adversaire aurait l'œil dans leurs
propres cartes. La comparaison est fort juste et se vérifie
tous les jours.

Si la nouvelle est fausse, en revanche, on en laisse toute
la primeur à la dupe qu'elle servira à dépouiller. Ces
sortes de machines de guerre sont d'un emploi journalier
et on les a, par euphémisme, nommées *canards*. A bien
prendre, la Bourse est une grande volière hantée par quatre
espèces d'oiseaux : canards, pigeons, oisons, vautours. En
fait de moralité, l'agiotage, qui, du reste, se tiendrait
déshonoré vraisemblablement de tricher au piquet ou à
la bouillotte, en est encore au temps des Mazarin et des
Grammont, qui ne se faisaient nul scrupule de se servir de
dés pipés et d'écouler des doublons faux à la bassette ou
au passe-dix. Ces aimables filouteries étaient réputées
tours de bonne guerre, et l'on ne s'en cachait point : on
s'en vantait même. Ainsi fait-on des canards, entre amis,
s'entend. Quelquefois la plaisanterie passe la mesure, et
la justice intervient. Il n'y a pas longues années (c'était
à la fin de l'empire), le célèbre philhellène, lord Co-
chrane, fut condamné au pilori pour avoir fait passer en
temps fort opportun par-devant la Bourse de Londres un
écriteau portant ces mots en caractères gigantesques : *Paix
avec la France !* Pas n'est besoin d'ajouter, je pense, que
milord était à la hausse. Ce que c'est que d'aimer les
Grecs ! De pareils traits, pour se pratiquer parmi nous
plus indirectement et avec moins d'aplomb, n'en sont pas
moins très-fréquents.

Il nous reste à tracer une rapide esquisse des deux
grandes catégories qui distinguent les spéculateurs : les
haussiers et les *baissiers*. Les Anglais ont deux mots for-
expressifs pour peindre ces deux grandes divisions. Pour
eux, les haussiers sont des *ours*, et les baissiers des *taureaux*. L'*ours*, courant à son ennemi, se dresse, tandis
que le *taureau* baisse la tête pour encorner son adversaire.

Les habiles sont tour à tour ours et taureaux, et savent saisir le moment de changer d'allure. Mais il est à remarquer que généralement on est ours ou taureau de naissance; on ne se refait pas; on est atrabilaire ou optimiste par nature. Taureau et ours sont deux animaux fort pesants et peu prompts à *se retourner*. Suivez ce candide ours, vous le verrez toujours dans la voie du mirage et de la déception. Au contraire, ce taureau farouche a toujours les naseaux près du sol, et prétend faire baisser le monde avec lui. Laquelle de ces tendances, de ces monomanies, est la meilleure? Je ne sais trop. Il y avait un agent de change, fort brave homme, qui, lorsque se présentait à lui quelque client manifestant l'intention de vendre et lui demandant son avis, répondait invariablement : « Eh! eh! vous n'avez peut-être pas tort!... »

A deux minutes de là, un autre le tâtait pour savoir s'il fallait acheter. « Eh! eh! mon brave ami, vous ferez fort bien peut-être! » répliquait notre digne agent; et, comme ces médecins rivaux qui tuent et guérissent par un système diamétralement opposé le même nombre de malades, il avait raison une fois sur deux. J'ai entendu toutefois professer par une bouche très-compétente en la matière cette doctrine, qu'il était plus prudent et plus sûr de toujours supposer le mal et de toujours caver au pis, en cas d'incertitude, quel que fût l'état du ciel. C'est la théorie de la baisse, et je crois qu'en l'état de nos sociétés, plus d'éventualités fâcheuses que de bonnes sont à prévoir dans le lointain. Mais, et surtout pas de logique, pas de raisonnement et pas de sens commun, car c'est la perte des joueurs.

Dans les dernières années du règne de Louis-Philippe, bon nombre de spéculateurs étaient à la baisse permanente. Ils subissaient à chaque fin de mois des différences considérables et les payaient sans murmurer, s'attendant que la mort du roi et l'effondrement attendu de toutes les valeurs pour cette époque si critique les récupéreraient am-

plement et avec usure de leurs pertes. Prévisions humaines! Quand Louis-Philippe rendit le dernier soupir, la
nouvelle de sa mort fut accueillie à la Bourse par une
baisse de cinq centimes!

XIV

Ça dépend du Maire de Saint-Denis.

CROQUIS DE MOEURS INDUSTRIELLES.

1ᵉʳ TABLEAU.

Sur le boulevard, devant le café du Helder. — Deux
bourgeois prenant de la bière; le financier Castorine songeant à prendre quelque chose.

1ᵉʳ BOURGEOIS, *à l'autre.* — Je vous dis, mon cher, que
ça dépend du maire de Saint-Denis.

2ᵐᵉ. — Croyez-vous?

1ᵉʳ. — J'en suis sûr.

2ᵐᵉ. — On m'a pourtant bien assuré que ça dépendait
beaucoup du préfet.

1ᵉʳ. — Erreur! Je vous dis, moi, que le maire et le préfet sont d'accord. Cela dépend, à présent, du maire de
Saint-Denis.

2ᵐᵉ. — Du reste, l'affaire est très-bonne.

1ᵉʳ. — Excellente!

2ᵐᵉ. — Et nous saurons demain à quoi nous en tenir.

1ᵉʳ. — Demain, à sept heures; n'y manquez pas.

2ᵐᵉ. — Non, certes. Garçon! payez-vous. — Adieu donc.
A demain, cher.

1ᵉʳ. — A demain.

*Ils se séparent; Castorine demeure tout pensif et mur-
mure :*

— Quoi diable est-ce qui pourrait bien dépendre du maire de Saint-Denis?

UN GARÇON. — Monsieur ne prend rien?

— Non, rien pour le moment. — Du maire de Saint-Denis!... Il faut voir, il faut voir! ·

Castorine lève le siége dans la plus vive agitation.

2me TABLEAU.

Chez le maire de Saint-Denis. — Même journée.

LE MAIRE. — Monsieur, qu'y a-t-il pour votre service?

CASTORINE, *à part.* — Je saurai ce qui dépend de toi, ou le diable m'emporte! — (*Haut.*) Monsieur le maire, je viens au sujet de l'affaire... que... vous savez...

LE MAIRE. — L'affaire?... Ah! oui, l'affaire... Eh bien, monsieur, eh bien?

CASTORINE. — L'affaire en question...

LE MAIRE. — Oui, oui, l'affaire, la grande affaire...

— Et qui dépend de vous...

— A peu près...

— A ce qu'on prétend, du moins.

— On a raison, je crois.

— C'est selon. Des gens bien informés assurent que cela dépend du préfet.

LE MAIRE, *évidemment troublé.* — Qui dit cela?

CASTORINE, *à part.* — Du courage, de l'aplomb, morbleu! C'est le moment.— (*Haut.*) Qui dit cela? moi, monsieur le maire!...

LE MAIRE, *reculant.* — Vous, monsieur?

CASTORINE, *majestueusement.* — Moi, monsieur!

— Cependant, M. le préfet m'assurait encore avant-hier...

— C'est possible; mais moi, c'est hier que je l'ai vu...

— Ciel!

— Et il m'a donné sa parole...

— Pour la grande affaire?

— Pour la grande affaire.

— Ah! voilà un trait, par exemple! Je tombe de mon haut. Après tant de promesses, tant d'assurances...

CASTORINE.—Je le tiens!—(*Haut.*) Vous voyez donc bien, monsieur le maire, que la chose dépend de lui...

LE MAIRE. — Mais c'est une infamie!

— Et non de vous. — (*A part.*) Que diable est-ce que cela peut être?

— Une abomination!

— Je ne dis pas.

— Mais enfin, monsieur, qui êtes-vous? que me voulez-vous?

— Castorine, votre concurrent, monsieur le maire, re-présentant de la Société Alpaga, Peluche, Mérinos et Comp., et qui ne veut que votre bien.

— Mais enfin, monsieur, puisque vos affaires sont en si bon train, puisque vous affichez l'espérance, la prétention de nous couper l'herbe sous le pied...

— Je n'affiche rien, monsieur le maire, je n'espère rien : je suis sûr.

— Quel objet peut avoir, en ce cas, votre démarche? Venez-vous ici nous narguer?

— Dieu m'en garde! Je viens au contraire vous préve-nir qu'il n'y a plus à vous occuper de l'affaire, puisqu'elle nous est...

— Concédée!

— Pas encore, mais c'est tout comme... puisque ça dépend du préfet!

— Trahison!... Il est donc vrai! (*Vivement.*) Mais voyons, monsieur, puisque vous êtes sûr de l'affaire, est-ce qu'il n'y aurait pas moyen de...

— (*A part.*) Il y vient de lui-même. (*Haut.*) De...

— De s'arranger?

— Et comment?

— De fusionner, par exemple?

— C'est difficile, très-difficile. La Société Alpaga et Mérinos n'a jamais fusionné avec personne.

— Il y a commencement à tout. Veuillez considérer, monsieur... Castorine, et représenter à la Société... Alpaga que c'est une affaire locale.

— Locale? ah! oui, c'est juste. Locale, très-locale.

— Uniquement locale! et qu'il est bien dur pour la commune de voir passer une affaire qui l'intéresse aussi directement, aussi exclusivement, entre les mains d'étrangers.

— C'est vrai, monsieur le maire; mais, vous le savez, les capitaux n'ont point de patrie!

— Et c'est là le malheur, monsieur, c'est là le malheur!

— Adieu, monsieur le maire. Ne m'en veuillez pas trop! Chacun pour soi en ce bas monde, et la Bourse pour tous. J'ai bien l'honneur...

— Un instant, monsieur, un instant, de grâce! Demain même nous avons une réunion...

— (*Bas.*) Allons donc!

— Faites-nous l'honneur, faites-nous la faveur d'y venir. Vous rencontrerez ici tous les principaux intéressés, et peut-être bien qu'à nous tous nous trouverons un moyen de concilier, d'accommoder, à la commune satisfaction, vos prétentions et les nôtres.

— Monsieur le maire, à ne vous rien celer, je crains bien que cela ne soit inutile. La maison Alpaga a déjà toutes ses couvertures prêtes; Peluche et Mérinos sont très-chauds pour l'affaire, et, à vous parler franchement...

— Mais enfin, monsieur, qu'en coûte-t-il d'essayer? Dites à messieurs vos associés que l'on fera de son mieux, et, si vous-même n'avez pas de répugnance à une... amiable composition...

— Moi! point du tout, monsieur le maire.

— (*Avec élan.*) Vous viendrez donc?

— Puisque cela vous fait plaisir, monsieur le maire, j'en aurai beaucoup moi-même...

— A la bonne heure! Touchez là.

— Mais, je vous le dis, j'espère peu.

— N'importe; nous comptons sur vous.

— Soit, je viendrai.

— A demain donc, mon cher monsieur... Castorine!

— A demain donc, monsieur le maire.

— A sept heures.

— A sept heures.

LE MAIRE, *resté seul*. — Ces gens de Bourse ne sont pas encore si Turcs. Celui-ci a l'air bon enfant. Diable de préfet!

CASTORINE, *en sortant*. — Qu'est-ce qui peut bien dépendre du maire de Saint-Denis?

3ᵉ TABLEAU.

La réunion d'actionnaires. — M. le maire, puis Castorine.

LE MAIRE. — Messieurs, c'est un malheur, un très-grand malheur. Vous m'en voyez abasourdi. C'est un vilain tour que nous joue là M. le préfet. Tel que vous me voyez, j'ai failli être sur le point de donner ma démission; mais les intérêts de la commune avant tout! Heureusement, il nous reste une planche de salut. Avec des efforts incroyables, j'ai obtenu, hier, de M. Castorine, notre concurrent, de la Société Alpaga, Peluche ou Pruche et Mérinos...

VOIX DANS L'AUDITOIRE. — Drôles de noms!

— Connais pas!

... Qu'il voulût bien se *transporter dans notre sein* pour *entendre nos ouvertures*. — Pourvu qu'il ne nous manque pas de parole! — Ainsi nous sommes d'accord sur le chiffre, n'est-ce pas? — Il est sept heures un quart, sept heures dix-sept minutes même. — Il m'a cependant bien promis. — Ah! le voici, grâce à Dieu. Son arrivée m'ôte un poids.

Castorine fait son entrée d'un front superbe. Toute la société se lève.

LE MAIRE. — Monsieur Castorine, veuillez prendre place au bureau. Ces messieurs et moi vous savons gré de votre exactitude, un très-grand gré. Monsieur Castorine, nous sommes des hommes ronds en affaires, et nous allons droit au but. En deux mots, je vais vous dire le maximum des sacrifices que nous pouvons nous imposer pour rester maîtres de notre ligne d'omnibus...

CASTORINE, *à part lui.* — Ah! c'est une ligne d'omnibus. Charmé de l'apprendre!

— ... De Saint-Denis à Paris. Ces messieurs ici présents, M. Coquardon, M. Mitouflet, M. Coléoptère et autres, considérant l'immense intérêt qu'il y a pour la commune à conserver une affaire qui l'intéresse si directement, j'oserai même dire, comme hier, si exclusivement, m'autorisent à vous offrir, à vous et à votre maison, pour vous désister de vos droits, une somme de vingt... ma foi, je vous dirai tout de suite le fin mot, de vingt-cinq mille francs! Ce n'est sans doute pas beaucoup pour une maison comme la vôtre. — (*A part.*) Tâchons de le flatter! — (*Haut.*) Mais nous n'y pouvons ajouter un centime. D'honneur, c'est tout notre bénéfice d'ici à deux années, pour le moins, que nous vous abandonnons là.

CASTORINE, *gravement.* — C'est peu, monsieur le maire, peu, très-peu! Les omnibus sont très-demandés sur la place, et n'en a pas qui veut. Vous savez le proverbe, messieurs : *Non datur omnibus;* cela ne se donne point! Mais enfin (*d'une voix attendrie*), j'ai fait part à mes commettants des considérations, majeures pour la commune, qu'hier vous m'exposâtes. Je les ai, non sans peine, décidés, — moyennant indemnité raisonnable, — à se désister, par égard pour vous et ces recommandables messieurs, de leurs droits sur votre ligne d'omnibus, bien qu'ils en eussent fort envie. C'est donc avec satisfaction, une satisfaction bien vive, que je me déclare prêt, mes-

sieurs, à prendre vos vingt-cinq mille francs, en échang:
de la renonciation volontaire de ma compagnie à toutl
prétention sur votre intéressante entreprise!

*Exclamations et vivats prolongés dans l'auditoire. — L'
maire se rengorge. — Un membre propose de voter des r*
merciments à ce vertueux et habile négociateur.

On passe une plume et un portefeuille à Castorine, qu
signe l'abdication, se portant fort pour la Société Alpaga,
Peluche, Mérinos et Comp., et palpe les billets de mille.

UN MEMBRE MÉCONTENT, *très-haut.* — C'est pourtant bie
dur! Enfin nous vivons dans un temps où il faut, à c
qu'il paraît, que les loups mangent les brebis.

LE REPRÉSENTANT DE LA MAISON MÉRINOS. ·— Ah! messieurs:
la grande erreur!

LE 1er BOURGEOIS DE LA VEILLE, *à son voisin.* — Où dia
ble ai-je vu cette tête-là?

2me BOURGEOIS. — Je l'ai vue aussi. Eh bien! mon cher
quand je vous le disais, *que ça ne dépendait pas di*
maire de Saint-Denis!

XV

L'Ingénue de la banlieue.

Publié récemment dans un recueil parisien, le chapitre qu
précède a valu à l'auteur la lettre ou la riposte suivante.

Monsieur,

Vous avez publié récemment un croquis de mœurs in
dustrielles qui a été remarqué, et qui montre dans tout so
jour *l'habileté* de nos *faiseurs,* en même temps que l'in
génuité des habitants de Saint-Denis.

Je viens, monsieur, vous offrir une contre-partie de cett
anecdote, et vous prouver que les *bons habitants du vil*

age, comme on disait encore il y a vingt-cinq ans dans les romances de MM. Bruguière et Romagnési, savent bien prendre leur revanche à l'occasion et *enfoncer* les malins de la grande ville.

Ce qui prouve, monsieur, pour le dire en passant, que l'industrialisme est de tous les pays, comme de tous les âges et de tous les sexes, hélas!

Par un hasard singulier et assez piquant, c'est précisément de Saint-Denis, de ce village naïf dont vous avez célébré la déconvenue, que nous vient l'héroïne commerciale et timide dont j'ai à vous conter les exploits.

Il faut seulement vous dire, monsieur, quelques mots de moi avant tout, non certes pour poser devant le public, — je n'en ai ni le droit, ni surtout l'envie dans la présente circonstance, — mais pour l'intelligence de l'histoire.

Je ne suis ni vieux ni jeune, ni pauvre ni bien riche, et je vis de quelques rentes raisonnables. Mes cheveux blonds s'argentent, par-ci par-là, de quelques fils un peu trop clairs, mais qui, grâce au ton peu tranché de la nuance primitive, sont encore à peu près imperceptibles. J'ai sans doute de grands défauts, comme tout le monde; mais je ne m'en connais qu'un bien avéré, si c'en est un : une certaine faiblesse pour la plus belle, la plus intéressante mais la plus industrielle moitié du genre humain. Sept ou huit lustres bien comptés devraient peut-être me garantir de cette tendre erreur; mais que voulez-vous? j'ai fait, comme le grand cousin du *Déserteur*, une forte maladie qui m'a retardé.

L'autre dimanche donc, — c'était un jour de pluie, — je m'étais réfugié avec bon nombre d'autres promeneurs, surpris, comme moi, par une averse, sous le banal refuge d'une porte cochère du boulevard. Tout contre le mur se tenait modestement une jeune fille de la plus rare candeur apparente : seize ans au plus, une charmante figure à la Greuze; le pied mignon, emprisonné dans une assez forte chaussure; la main petite, un peu violette de froid, s'abritant à demi, faute de gants, sous un pauvre petit châle bien court; une robe bien mince, et pour coiffure un bonnet chargé d'au moins trois francs de rubans bleus; enfin tout l'attirail de la vertu. Involontairement, je regarde cette jolie personne, et m'aperçois, non sans un certain plaisir, qu'elle n'évite point mes yeux. Cela me flatte : je passe aux questions et aux marques de sollicitude obligées sur l'état de l'atmosphère. On me répond d'une voix bien douce que l'on est venue de Saint-Denis pour des commissions, mais qu'une certaine tante que l'on croyait trouver n'étant point au logis, on s'est vue dans un embarras assez grand, que compliquent l'inclémence du ciel et l'ignorance parfaite où l'on est des rues de Paris. J'offre galamment une voiture, que l'on refuse. Cette réserve me plaît. Enfin la pluie cesse, et me voilà guidant l'intéressante villageoise, — à pied, puisqu'elle y tient, — dans ce vaste écheveau de rues, pas mal brouillées, que l'on nomme la capitale. Certaines industries commencent à observer assez religieusement le repos du dimanche, et les magasins où avait affaire la jeune orpheline — de tante — se trouvèrent fermés.

— Bon! me dit-elle, il va falloir que je revienne demain matin.

— Et de ce pas où allez-vous?

— Je retourne à Saint-Denis, monsieur.

— Quoi! si vite?

— Je n'ai que le temps : il me faut deux heures pour aller.

— Dix minutes, voulez-vous dire.

— En chemin de fer, oui, monsieur; mais moi je prends la grande route.

— Est-il possible? Quoi! avec ces petits pieds et par le temps qu'il fait!

— Je vais et je reviens toujours à pied.

— Ah! mademoiselle, pour cette fois du moins, je ne le souffre pas. Je vais vous conduire au chemin de fer, où vous me permettrez de vous offrir une place.

— Monsieur, vous êtes bien bon.

Nous voilà en route pour l'embarcadère du Nord.

— Mais vous n'avez donc point d'argent ?

— Pas beaucoup, monsieur : il faut le ménager. L'ouvrage ne va pas fort en ce moment.

— Vous êtes ouvrière, mademoiselle ?

— Oui, monsieur, en corsets.

— Vous vivez avec votre famille ?

— Oui, monsieur.

— Et vous vous nommez ?

— Ernestine.

Il me semble, à ce mot, voir en elle l'Ernestine de madame Riccoboni. Elle en avait le charme : nulle raison de douter qu'elle en eût aussi la vertu. L'absence de gants, de gros souliers, quatre lieues à pied en un jour, me semblent des certificats satisfaisants. Je ne suis pas un Don Juan, et je commence à avoir honte de ma façon d'entreprise, toute respectueuse qu'elle ait été jusqu'à présent. Cependant, je ressens certain secret désir de revoir cette jeune fille. — Si elle est innocente, me dis-je, à Dieu ne plaise que je cherche à la séduire ; je ne suis pas encore dans l'âge ; mais si, par aventure, elle ne l'était... qu'à demi, aux deux tiers, ou au quart, ou même pas du tout, triple sot je serais. Tâchons donc d'éclaircir la chose.

— Mademoiselle, reprends-je, vous m'avez dit votre nom, voulez-vous savoir le mien ?

— Oui, monsieur.

— Voici ma carte.

— Merci, monsieur.

— Ne la perdez pas, et si vous avez besoin de moi en quoi que ce soit, pour vous guider encore, ou tout autre service, vous savez écrire ?

— Oui, monsieur.

— Vous m'écrirez.

— Oui, monsieur.

— Ou vous viendrez me voir.

— Ah! pour cela non, monsieur.

— Et pourquoi?

— Par la même raison qui fait que je ne monte pas en voiture.

Bien répondu. Continuons :

— A quelle heure reviendrez-vous demain matin?

— A dix heures.

— Par le chemin de fer?

— Non, monsieur, à pied.

— Je m'y oppose formellement. Voici un billet pour retourner à Saint-Denis. Voici le prix d'un autre pour revenir demain. Mais j'y songe : pourquoi donc vous en allez si vite?

— C'est que si je tardais, je serais grondée. Ma mère veut aller ce soir au spectacle...

— De Saint-Denis?

— Oui, monsieur. On doit jouer les *Filles de marbre.* C'est si joli, à ce qu'on dit.

— Et votre mère compte sur vous sans doute pour l'accompagner?

— Non, monsieur, non, non! pour garder la maison.

Pauvre petite! qu'elle est touchante dans sa résignation! Comme cela est simplement dit! Aurais-je trouvé à la fois Ernestine et Cendrillon?

Je reprends en ces termes :

— Et pourquoi, mademoiselle, gardez-vous la maison?

— Monsieur, ma mère paye sa place, et elle dit que j'en puis bien faire autant, si je veux.

— Vous avez donc une bourse à vous?

— Oui, monsieur, j'ai *sept francs.*

Elle est charmante, ma parole! — Et combien coûte le spectacle?

— Quarante sous; c'est bien cher.

— Sans doute; mais, deux francs prélevés, il vous resterait encore cent sous.

— C'est encore bien vrai, monsieur; mais j'aime mieux ne pas dépenser.

— Bravo! me dis-je, comme Almaviva; « elle est inté-ressée; tant mieux! » — Mademoiselle, voici les quarante sous : je ne veux pas que vous gardiez la maison.

— Ah! monsieur, vous me comblez!

Pauvre fille! on voit bien qu'elle n'est pas *de marbre*. Le sera-t-elle jamais? *That is the question!*

— Eh bien, mademoiselle, lui dis-je, — nous touchons au point délicat, — puisque vous me savez tant de gré d'une bagatelle, vous plaira-t-il que nous nous revoyions demain?

— Mais, sans doute, monsieur, cela me plairait bien.

— Je serai donc ici à dix heures, et je vous attendrai à la sortie du chemin de fer.

— Pourquoi faire?

— Pour vous guider encore dans Paris, si vous en avez besoin; et puis, comme il sera d'assez bonne heure, si vous n'avez pas déjeuné, eh bien! nous déjeunerons ensemble.

— Chez un traiteur?

— Précisément.

— Ah! quel bonheur! Je n'ai jamais déjeuné chez un traiteur.

— Eh bien, c'est un commencement.

— Mais ma tante?

— Vous irez la voir après le dessert.

— Mais si l'on me fait déjeuner à la maison?

— Vous direz que vous n'avez pas faim, ou vous ferez semblant de manger.

— Faire semblant, c'est difficile.

— Enfin, est-ce convenu?

— Au restaurant, comme ça doit être amusant! Eh bien, monsieur... je tàcherai.

Le sifflet précurseur du départ se fit entendre, et mon

accordée de village, mon idylle en bonnet bleu, s'élança
légère comme une biche, dans la salle des voyageurs.

Le lendemain, ma foi, j'étais là à l'heure dite, mais ne
comptant guère sur la ponctualité de l'ingénue, et seulement voulant, comme on dit, en avoir le cœur net, et ne
pas manquer aux lois de la chevalerie que j'ai toujours
respectées. A ma grande surprise, la jeune Ernestine fut
exacte, et je la vis paraître une des premières en tête du
flot pressé de voyageurs que vomissent, de quart d'heure
en quart d'heure, sur le macadam de Paris, nos dix ou
douze chemins de fer.

— Courons! me dit-elle, en me prenant par la main. Il
y a quelqu'un de Saint-Denis qui arrive tout derrière moi.

O innocence, est-ce ta voix, ou bien n'est-ce qu'un affreux leurre?

Lorsque nous fûmes à cinquante pas de la gare, nous
reprîmes haleine, et je hélai une citadine.

— Montons, lui dis-je, cette fois; je suis fatigué, et le
déjeuner est loin.

Elle monta sans trop se faire prier, et, pour la rassurer
pleinement, je relevai les stores rouges qu'un voyageur
— ou deux voyageurs précédents, — avaient hermétique-
ment fermés.

— Où allons-nous, dit le cocher. — Faubourg du Temple, chez Passoir.

Quand la jeune personne se vit sur des coussins qui lui
paraissaient très-moelleux, elle commença à sourire, et se
prélassa avec un nonchaloir gracieux qui n'eût point dé-
paré une marquise ou une Laïs dès longtemps faite à rouler en colimaçon.

Je jouissais de son plaisir et lui indiquais les monuments,
sur sa demande, à mesure que nous les avions en vue.

— Mais, à propos, où allons-nous? fit-elle tout à coup,
comme tirée d'un songe et s'éveillant en sursaut.

— Déjeuner, vous le savez bien.

— Oh! pas encore, dit-elle. Voici ce qui m'arrive : il

lfaut que je sois avant onze heures rue Grenier-Saint-Lazare, chez le marchand qui nous fournit de la toile à corsets. Ma tante nous doit de l'argent, et l'on m'a dit chez
moi de lui en demander pour mes emplettes.

— Où demeure-t-elle cette tante?

— Faubourg-Saint-Martin, numéro... Mais si je vais
chez elle, elle me retiendra.

— C'est juste : comment faire alors?

— Dame! je ne sais pas.

— Combien doit-elle vous remettre?

— Mais une vingtaine de francs au moins.

Je ne crois guère aux tantes, en général; celle-ci me
parut un peu apocryphe. Je compris toutefois le sens de
l'apologue, et, tirant de ma poche une pièce de vingt
francs, je l'incisai légèrement, et par deux fois, de la
pointe d'un petit canif de nécessaire que j'avais dans mon
portefeuille.

Elle me regardait avec étonnement.

— Que faites-vous donc? me dit-elle.

— Mademoiselle, lui dis-je, je fais une croix dessus; —
et je lui présentai la pièce.

Je crois qu'elle comprit à son tour; car elle rougit légèrement, en balbutiant :

— Je vous la rendrai ce soir.

Je fis un geste de dénégation sceptique qu'elle inter-
préta, et avec raison, dans le sens d'un refus, car elle s'é-
cria avec une sorte d'effusion :

— Ah! monsieur, vous êtes trop bon!

Ma bonté n'était pas très-grande; elle ne me coûtait pas
très-cher; mais l'enthousiasme naissant s'en allait grand
train; il est vrai qu'avec lui fuyait le remords.

— Cocher, rue Grenier-Saint-Lazare, criai-je, numéro...

— Dix-sept, je crois, fit la naïve Ernestine; mais dites-
lui d'arrêter au coin de la rue; car on me connaît dans
la maison, et je ne veux pas que l'on m'y voie descendre
de voiture.

La recommandation fut faite, et, dix minutes après, l'équipage tarifé s'arrêtait au coin du faubourg Saint-Martin et de la rue Grenier-Saint-Lazare.

— Sera-ce long? dis-je à l'aimable villageoise.

— Un quart d'heure peut-être. Il faut faire couper et numéroter les toiles...

— C'est beaucoup...

— Mais je tâcherai d'abréger! dit la charmante enfant avec le plus joli sourire.

J'eus le pressentiment, en la voyant descendre, que je faisais une sottise. Mais il était trop tard pour réfléchir : déjà elle s'était élancée et avait contourné l'angle des deux rues.

Je me rejetai dans le fond de la voiture, et j'allumai un Londrès. J'en fumai un, j'en fumai deux, j'en fumai trois, et l'innocente Ernestine ne reparaissait point. Je regardai ma montre : il y avait tout juste une demi-heure qu'elle avait mis pied à terre. Je commençai de trouver qu'elle n'*abrégeait* pas beaucoup, nonobstant sa belle promesse. Je patientai encore dix minutes, après quoi je payai grassement mon cocher, pour qu'il ne me rît point au nez, et je descendis à mon tour. J'allai au numéro 17 : nulle apparence de toilier; c'était un perruquier qui tenait l'unique boutique.

Je dois me rendre cette justice que je pris vite mon parti et m'en allai déjeuner seul le plus stoïquement du monde. — Après tout, me disais-je, c'est, avec un louis épargné, une faute, et en tout cas peut-être une imprudence de moins. Prenons les choses par le bon côté. — Et, quoique seul, je déjeunai à merveille.

Si l'histoire en demeurait là, elle serait assez vulgaire. Une jolie fille qui prend les vingt francs et refuse le déjeuner d'un Artaxerce, cela s'est vu et se verra. Mais l'aventure a une suite, et c'est ce qui la rend singulière et neuve.

Le lendemain au soir, je ne pensais plus guère à la

naïve corsetière, quand je reçus une lettre timbrée de
Saint-Denis. Je l'ouvris avec une certaine curiosité : elle
était de la jeune Ernestine elle-même, d'une écriture pas-
sable, d'une orthographe douteuse, et conçue en cinq ou
six pages. Elle contenait en substance le récit très-détaillé
de la plus piteuse aventure.

— D'abord, ce n'était point au n° 17, mais au 27, que
logeait le marchand de toiles. Rendue là, la jeune ingénue campagnarde avait opéré ses achats et se disposait à
se retirer, quand la funeste tante avait fait son apparition
en personne. Interpeller sa nièce, lui demander d'où venait un argent suspect, la rudoyer, la souffleter, l'entraîner au bas de l'escalier, puis chez elle, avait été l'affaire
d'un instant. De là, la même acariâtre ascendante avait
reconduit cette touchante jeunesse à l'omnibus de Saint-
Denis (ce mémorable omnibus dont vous avez si bien ra-
conté les péripéties), y était montée avec elle, et l'avait
ramenée au maternel logis, où il avait fallu s'expliquer,
sous les gourmades et les menaces, sur les sources d'une
opulence si insolite. Les réponses n'ayant point paru satis-
faisantes, séquestration, pain et eau, assaisonnés de coups,
s'en étaient suivis. Bref, la catastrophe était complète. On
me racontait tout ceci avec des yeux baignés de larmes;
on me suppliait de répondre au plus vite, bureau restant,
à mademoiselle E...; on espérait bien me revoir avant peu,
coûte que coûte; et l'on terminait par cette phrase vraiment jolie et tout à fait attendrissante dans son tour un
peu rustique : « Veuillez agréer tout ce dont mon cœur
a tracé les lignes ! Veuillez agréer mes peines et me faire
savoir si vous les partagez, afin que je souffre un peu
moins ! »

La vanité quadragénaire est une faiblesse dont je n'ai
certes pas la prétention d'être exempt. A première lecture, je me sentis assez agréablement chatouillé et même
un peu ému par ces pattes de mouches aussi brûlantes
qu'incorrectes. Mais la raison reprit assez vite le dessus,

et la réflexion m'ouvrit une échappée terrifiante sur des
abîmes de perversité inconnus. Sous ces démonstrations
si pleines de tendresse, je flairai l'insidieuse provocation
à une réponse compromettante, à un *commencement de
preuves par écrit*, le hideux *chantage* entrepris peut-être
avec la connivence, sous la dictée des grands parents ;
l'accusation instante de tentative de rapt, de détourne-
ment de mineure, le juge d'instruction et ses grandes manches noires. Dieu sait si je me suis trompé. Je répondis donc
très-laconiquement, et par un billet sans signature, à l'a-
dresse indiquée, où je déclarais ne rien croire de tout ce
que l'on me contait, et, au demeurant, désirer formellement en rester là.

A peine cette sèche épître était-elle lancée, que je fus
pris comme d'un remords de conscience. — Car, après
tout, me dis-je, si cela était vrai ! Il y a des tantes par le
monde, moins qu'on ne dit certainement, mais enfin il y
en a. Elle s'est trompée de numéro, et c'est ce qui peut
arriver aux plus honnêtes filles du monde. L'aventure est
invraisemblable, je l'avoue, mais elle est possible. Sachons
ce qui en est !

Je pris canne et chapeau, et m'acheminai de nouveau
vers la rue Grenier-Saint-Lazare. Je m'arrêtai devant le
n° 27.

— Où va monsieur ? me cria la concierge d'une voix
aigre.

— Chez le marchand de toiles du premier.

— Au premier, c'est une sage-femme !

— Et au second ?

— C'est un capitaine en retraite.

— Et au troisième ?

— Ah çà ! est-ce que vous allez me faire poser longtemps comme ça ? jappa le cerbère femelle, en refermant
son vasistas. Cet agréable *cordon* me prenait pour l'un
de ces plaisants arriérés qui, s'obstinant sur les traces de

feu *l'homme le plus gai de France,* se divertissent encore de temps en temps à *parler au portier.*

Décidément, pas plus au 27 qu'au 17, il n'y avait de toiles que celle où je m'étais laissé prendre. Le guet-apens devint alors pour moi une vérité : j'y échappais avec un bonheur dont je ne puis assez rendre grâce au peu de bon sens que m'a départi la nature. Il avait été pratiqué avec une telle perfection, que je ne doute pas qu'il ne soit journellement mis en œuvre, et qu'il ne réussisse le plus habituellement et en plein. Inutile de dire que la glace calculée de ma réponse a éteint le feu de la batterie *de campagne* dirigée contre moi, et que les amoureuses protestations ont cessé. Si toutefois je recevais encore quelque projectile, je m'empresserais de vous en faire part, pour l'instruction et l'édification de ceux de vos lecteurs qui, comme moi, pourraient être plus jeunes de cœur que d'années.

Eh bien ! monsieur, que dites-vous maintenant de l'ingénuité des habitants de Saint-Denis ? Ne les trouvez-vous pas de force à lutter contre les Castorine et les Alpaga parisiens ?

Je termine ce récit, à la manière des fables, bien que ce n'en soit pas une, par cette moralité : « Adorateurs du beau sexe, défiez-vous, en temps d'averse, des jeunes filles sans parapluie — qui ont des tantes, et de la toile à acheter. »

Je suis, monsieur, avec une parfaite considération, votre très-humble et très-obéissant serviteur,

HYACINTHE DULAURIER,

Rentier de l'État, sentimental et bloud, mais un
peu jeune pour son âge; qui heureusement unit
la prudence du serpent à la pommade du lion.

XVI

Le Temple.

« Jésus entra dans le temple de Dieu et en chassa tous ceux qui y vendaient et qui y achetaient. Il renversa les tables des changeurs et les siéges de ceux qui vendaient des pigeons. Il leur dit : Il est écrit : « Ma maison sera » appelée la maison de la prière, » et vous en avez fait une caverne de voleurs. » (*Evangile.*)

Quelle étrange coïncidence qu'après cette divine exécution et au bout de dix-neuf siècles écoulés, nous retrouvions précisément les marchands groupés dans le *Temple !*

Ce n'est pas là un pur jeu de mots, ni le simple jeu du hasard. Sous tels accouplements étranges d'expressions et d'idées se cache souvent un sens philosophique profond.. L'alliance de ces deux termes, en apparence si contraires, *marchands* et *temple*, est un symbole. Elle résume son époque. Aujourd'hui, comme au temps d'Hérode, il faut au trafic des autels.

Le Temple, sous les auspices et à l'ombre duquel s'étale et fleurit le bas commerce de la première ville du monde, est, pour comble d'analogie, la commémoration, le vestige ; il fut, alors qu'il existait, l'image de ce temple sacré de Jérusalem dont le Christ, entrant dans une fureur sainte, chassa d'indignes brocanteurs. Le Temple fut fondé par ces moines guerriers qui avaient abrité leur ordre sous le nom et le souvenir vénéré du centre de la foi moderne.

Les tendances commerciales du Temple remontent haut. Qu'on nous permette, à ce sujet, un court trajet rétrospectif.

§ 1er.

ORIGINE ET HISTOIRE DU TEMPLE.

On ignore au juste le millésime de la fondation du

Temple. Il importe peu de le rechercher. Ce qu'on sait bien, c'est que le couvent existait depuis plusieurs siècles, lorsque le frère Hubert, trésorier de l'ordre, en construisit en 1212 le donjon, composé des deux tours où Louis XVI et sa famille furent enfermés, et qui ne furent démolies qu'en 1811.

Le Temple de Paris était le grand prieuré, c'est-à-dire la résidence du grand prieur de l'ordre entier.

Au treizième siècle, le Temple fut singulièrement accru et embelli. Il contenait alors dans sa vaste enceinte un labyrinthe de jardins, de cours, d'échoppes et de maisons fort belles pour le temps, dont l'ensemble était désigné sous le nom de *Ville neuve du Temple*. Il paraît que cette résidence, depuis si triste, n'était pas dénuée d'agrément. Lorsque Henri III, roi d'Angleterre, vint à Paris, en 1254, il refusa le palais que lui offrait saint Louis et préféra habiter le Temple.

C'était derrière les hautes et épaisses murailles qui entouraient cet enclos, et sous la garde des religieux armés de l'ordre, que les rois de France déposaient habituellement leur trésor.

En 1314, quand le bûcher de l'île Louviers se fut dressé pour Jacques de Molai et ses frères, lorsque les *chants furent cessé*, le Temple passa, avec toutes ses dépendances et priviléges, aux hospitaliers de Saint-Jean de Jérusalem, qui furent depuis l'ordre de Malte. Le dernier grand prieur de cet ordre fut le duc d'Angoulême, fils aîné du roi Charles X.

L'enceinte du Temple, exclusivement soumise à la juridiction de l'ordre, était lieu franc et lieu d'asile. On trouvera à ce sujet quelques détails dans le paragraphe suivant. Ce privilége persista jusqu'à la révolution.

Lorsque Louis XVI et sa famille furent transférés au Temple après le 10 août, voici dans quel état les augustes proscrits trouvèrent cette sombre demeure :

L'ancien palais des grands prieurs, où ils furent d'abord

amenés, était depuis longtemps désert et servait seulement
de pied-à-terre et d'hôtellerie passagère au comte d'Artois
dans les voyages que ce prince faisait de Versailles à
Paris. Un jardin inculte l'entourait, tout hérissé de mauvaises herbes, couvert de plâtras, de gravois et de débris
de constructions.

L'ameublement de cette demeure abandonnée était mesquin et délabré. Mais c'était de la magnificence auprès
de celui qui garnissait les deux tours formant le *donjon*,
comme nous l'avons dit plus haut.

Ces deux tours inégales étaient quadrangulaires toutes
deux, et chacune d'elles flanquée de deux tourelles à
chaque angle. La grande était fort élevée et se terminait
au sommet par une terrasse ou plate-forme. Elle comprenait dans ses quatre murs un espace de trente pieds en
tous sens. Les murailles avaient neuf pieds d'épaisseur.
Les embrasures des fenêtres, percées dans ces énormes
blocs de maçonnerie, s'élargissaient à l'intérieur et se ré-
trécissaient au dehors, de façon à ne laisser poindre dans
l'édifice qu'un jour douteux et crépusculaire, encore obscurci par d'énormes barreaux de fer. Un pilier colossal
occupait le centre de la tour, et, gravissant jusqu'au sommet, donnait successivement naissance à quatre voûtes
ogivales qui recouvraient quatre salles d'armes, communi-
quant avec des réduits plus étroits nichés dans l'intérieur
des tourelles. Chaque salle était close par une double porte
en chêne massif constellée de clous à tête de diamant. Un
escalier en colimaçon desservait les divers étages. Il y avait
dans la tour sept guichets, et à chaque guichet une sen-
tinelle. Du haut de la plate-forme, où il régnait toujours
un vent très-fort, l'œil embrassait la plupart des monuments de Paris, et l'ouïe percevait le murmure affaibli
de la grande ville.

La petite tour était, comme la grande, surmontée d'une
terrasse et divisée en quatre étages.

Deux portes basses et cintrées donnaient accès dans les

ux tours. De larges allées pavées entouraient le donjon; es étaient séparées par des barrières en planches et outissaient au jardin, désolé, comme nous l'avons vu, dont la seule végétation digne de ce nom était une allée marronniers sous lesquels le monarque déchu avait la rmission, à certaines heures du jour, de se promener et faire jouer le dauphin sous la garde et sous les yeux s municipaux de service.

Une haute muraille bornait de toutes parts ce triste enos; mais elle n'était pas assez élevée pour que les habints des étages supérieurs des maisons voisines ne pussent ercevoir les prisonniers durant leurs promenades, en être s et leur adresser de loin en loin quelques signes timides pitié ou de consolation, témoignages que les captifs inrprétaient comme un espoir, une promesse de délivrance. Lorsqu'ils furent conduits au Temple, on les déposa au lais du prieuré, que l'on croyait devoir être leur résince. Mais, dans la nuit du même jour, arriva de la Commune l'ordre de les transférer dans la petite tour où le nt sifflait, où la pluie pénétrait, et où n'existaient ni tenres, ni lits, ni fauteuils, ni aucun meuble, si ce n'est ne bibliothèque de vieux livres provenant du grand rieuré. Un ameublement pris au palais y fut improvisé lla hâte pour le roi et la famille royale; mais, peu de urs après, l'impitoyable Commune donna ordre de sérer les prisonniers et de transporter Louis XVI seul dans grande tour, où il résida jusqu'à sa mort, sauf le court tervalle de temps qu'il passa à la Conciergerie.

Le manque d'espace nous défend de pousser plus loin s détails; mais si quelques-uns de nos lecteurs désiraient nnaître plus à fond la physionomie du Temple à cette ooque capitale de son histoire, nous ne pouvons que les envoyer à la poétique et saisissante description qu'en a acée l'illustre auteur des *Girondins*.

Le Temple, après la mort de Louis XVI, continua d'être ne prison d'État. Il reçut, entre autres captifs, le célèbre

Georges Cadoudal, dans la conspiration duquel le Templ
lui-même, ou du moins ses hôtes les plus habituels jou
rent un assez grand rôle. Georges, avant son arrestatio
avait trouvé asile chez une jeune *rapioteuse* du Templ
(raccommodeuse de vieilles nippes), et sur sept femm
impliquées dans le procès, il s'en trouva trois exerçant cett
honorable profession.

En 1811, le donjon et ses deux tours furent jetés bas,
le Temple, affranchi ainsi de son entourage lugubre, res
simplement le bazar, le fouillis, le Capharnaüm du b
négoce parisien.

§ II.

LE TEMPLE, BAZAR ET LIEU D'ASILE.

Comme bazar, le Temple avait de qui tenir. On ignor
généralement que les templiers furent non-seulement 1
premier ordre religieux et chevaleresque, mais encore le
premiers banquiers de l'Europe. Possesseurs d'immense
richesses, répandus sur toute la surface des États mo
dernes en plus de mille *commanderies*, ils devancère
leur époque, et imaginèrent, par une conception plein
de génie, de faire servir leurs trésors à l'accroissement d
leur puissance territoriale et financière, conciliée avec les
intérêts évidents des princes, ceux des peuples et du né
goce. Les rapports continuels et anciens établis entre les
diverses commanderies leur permirent de délivrer au
rois et aux marchands des *lettres de créance* sur leur
maisons religieuses d'Europe et d'Asie. Le chef d'ordre veill
lait par ses frères *visiteurs* à ce que nulle de ces maison
ne fût jamais au dépourvu, celles qui avaient du numé
raire en abondance ayant soin d'expédier aux autres le trop-q
plein de leurs coffres-forts. Ils prêtèrent sur gages et mêm
sur parole. Ils devinrent, grâce à la puissance et à la loyauté
bien connue de leur ordre, les dépositaires des trésors de
presque tous les rois et les grands personnages de l'Europe,
en même temps que les intermédiaires des payements entre

nuverains. Une convention de 1269, passée entre Louis IX
le prince Edouard d'Angleterre, et obligeant le premier
payer vingt-cinq mille livres tournois, porta que « *se-
ant payez ces deniers chescun an à Paris au Temple.* »
Ainsi, les templiers furent tout simplement les créateurs
u *compte courant*, de la *lettre de change*, de l'*emprunt
ublic*, en un mot de la *banque* et du *crédit* modernes.
Ils rendirent ainsi d'immenses services ; mais leur pros-
:rité éveilla les haines et les défiances d'un roi néces-
teux dont ils avaient le tort d'être les créanciers, et, tant
e lumières, de génie, de bienfaisance, vinrent aboutir au
lcher de Clément V et de Philippe le Bel, qui, en brûlant
s templiers, éteignit ses obligations.

Après eux, l'Europe retomba dans la barbarie finan-
ère, et l'on peut affirmer, sans crainte de démenti, qu'elle
y échappe point encore.

li était naturel que sous de tels auspices, après de sem-
lables exemples, le Temple s'ouvrît au commerce.

Seulement, s'il est vrai que les extrêmes se touchent,
e dicton ne reçut jamais confirmation plus éclatante. Les
iperies et les vieux cuirs s'étalent où florissaient jadis la
aute banque et le crédit international de l'Europe.

Ce commerce de vieux débris n'est pas neuf dans la ca-
itale. Dès 1278, un édit de Philippe le Hardi portait qu'il
erait construit des halles près le cimetière des Innocents,
t que là il serait placé *de pauvres femmes et de miséra-
les personnes pour y vendre de vieux souliers, de la
riperie et de méchants cuirs.*

Du cimetière des Innocents, cette spécialité respectable
assa au Temple, où elle s'est maintenue jusqu'à nos jours
n tout profit et toute vogue.

Nous avons dit que le Temple était *lieu d'asile.* Les
anqueroutiers et toutes personnes menacées de la prison
our dettes y devenaient inviolables. D'autre part, le com-
nerce, affranchi du contrôle des jurandes et des maîtrises,
jouissait de la liberté la plus illimitée, en sorte qu'il

n'était pas rare de voir tel marchand ruiné en sortir avec
une fortune dix fois supérieure à celle qu'il possédait avant
sa chute. Mercier, dans son *Tableau de Paris*, cite entre
autres un épicier failli qui, durant son séjour au Temple,
s'était triomphalement relevé par une *tisane purgative et
confortative* qu'il avait inventée et dont il vendait jusqu'à
douze cents pintes par jour, « car elle faisait beaucoup de
bien, » au nez et à la barbe des *guérisseurs* et des apo-
thicaires de profession, qui ne pouvaient arguer, dans l'enceinte du Temple, de leur privilége pour s'opposer à ce
débit phénoménal, car le privilége expirait au seuil de
cet étrange enclos.

Cette réunion de débiteurs et de négociants marrons
formait sans doute une bizarre et pittoresque république.
Voici dans quels termes Mercier la dépeignait vers la fin
du dix-huitième siècle :

« C'est à qui n'acquittera pas ses dettes. L'un demande
du temps ; l'autre obtient un arrêt de surséance, celui-ci
un sauf-conduit. Ceux qui ne connaissent pas ces ressources se réfugient dans l'enclos du Temple.

» Là, l'exploit de l'huissier devient nul ; l'arrêt qui ordonne la prise de corps expire sur le seuil de la porte. Le
débiteur peut entretenir ses créanciers sur ce même seuil,
les saluer, leur prendre la main. S'il faisait un pas de
plus, il serait pris ; on fait tout pour l'attirer au dehors ;
mais il n'a garde de tomber dans le piége.

» Il paye cher une petite chambre étroite, toujours préférable à la prison. Du fond de cette retraite, il arrange
ses affaires, il traite, il négocie. Si les créanciers sont in-
traitables, il reste dans l'asile que lui ont préparé les religieux templiers, qui ne s'en doutaient guère. »

La population de l'enclos du Temple était nombreuse et
animée, et le commerce fort actif. Les chalands du dehors
abondaient, alléchés par le bon marché et la certitude de
trouver là ce qu'on ne vendait pas ailleurs. L'enclos était
pourvu de cafés, de traiteurs, de guinguettes ; on y ren-

ontrait en un mot tout ce qu'il fallait pour bien vivre. Il
était même question d'y établir un théâtre à l'époque où
écrivait Mercier. L'idée était heureuse : il faut la recom-
mander au directeur de la prison pour dettes de Clichy.

« Il n'y a point d'inconvénient, ajoutait l'auteur de *Mon
bonnet de nuit*, à laisser subsister ce lieu privilégié, parce
que les créanciers s'arrangent toujours beaucoup mieux
avec le débiteur présent qu'avec le débiteur absent.

» Il est bon qu'il y ait dans une grande ville un asile
ouvert aux victimes de cette foule de circonstances qui
agitent si diversement la vie humaine. »

Cette parole était bonne et plus juste que les déclama-
tions habituelles du dramaturge moraliste. Malheureusement, son vœu n'a pas été exaucé, et la faux révolutionnaire, en abattant les priviléges grands ou petits, bons ou
mauvais, nous a laissé seulement la contrainte par corps,
sans égide ni correctif.

§ III.

PHYSIONOMIE ACTUELLE DU TEMPLE.

Entre la rue du Temple, la rue du Petit-Thouars, la rue
Percée et la place dite de la Rotonde, s'élève sur une vaste
place un non moins vaste marché couvert, coupé, par un
large passage en plein ciel et qui a la forme d'une croix,
en quatre compartiments ou *carrés* dont chacun a, comme
on le verra tout à l'heure, sa dénomination et son carac-
ère propre.

Indépendamment du passage principal qui les dessert,
les quatre compartiments sont sillonnés en tous sens de
ruelles obscures et assez larges pour que deux personnes
puissent y cheminer de front. C'est sur ces ruelles, sur le
passage et sur les quatre rues adjacentes que s'ouvrent
les *places* ou boutiques renfermées, au nombre de deux
mille environ, dans les quatre carrés réunis.

Cette disposition ne saurait mieux se comparer qu'à
celle d'une énorme ruche, à cette différence près, que le

miel déposé dans ses alvéoles n'a pas précisément le calice
des fleurs pour origine, et que les frelons y pullulent, au
moins en nombre égal à celui des abeilles.

Cet essaim frelaté n'y en butine pas moins pour des
millions de marchandises. Il serait assez difficile d'éva-
luer tout ce que renferme ce bazar. On y trouve de tout,
de tout, depuis l'objet le plus infime jusqu'aux plus précieux articles. Néanmoins, il est juste de reconnaître que
la friperie et le vieux cuir y dominent.

Chaque *place* ou boutique se loue trente-trois sous par
semaine. Ce loyer est perçu par la Ville, qui a fait la dépense du marché. Il s'acquitte tous les lundis. Chaque
place n'a guère que quelques pieds carrés, mais il est loisible au marchand d'en louer deux ou même trois.

Au centre du marché, entre les quatre compartiments
s'élève un pavillon ou kiosque grossier affecté à la surveillance du bazar et au haut duquel flotte le drapeau national.

Les deux carrés à droite du passage principal forment ce
qu'on nomme la *série rouge* ; les deux autres, la *série
noire*. *Rouge* et *noir*, serait-ce un emblème ? C'est ce que
la suite nous dira.

§ IV.

LES QUATRE CARRÉS.

Paris, quoi qu'on en dise, est et sera longtemps la ville
des extrêmes contrastes. A ceux qui en douteraient, à
ceux qui nous allèguent le nivellement de la civilisation,
nous répondrons : « Allez au Temple ! » Ils jugeront si ce
bazar ressemble à celui de Delisle ou de la Lampe merveilleuse.

Mais ce n'est pas là tout : au sein du Temple même, ils
trouveront logées et l'inégalité et les distinctions sociales.
De tel vendeur du Temple à tel autre, il y a toute la distance d'une paire de bottes éculées à une pièce de dentelles.

Le Temple a, comme toute association humaine, son

ristocratie et sa démocratie. C'est ce dont font foi les
noms seuls assignés par la langue et la voix populaires aux
quatre carrés du marché.

Le premier se nomme emphatiquement le *carré du
Palais-Royal*. Là siégent le haut commerce du bazar,
les marchands d'étoffes de soie, de Valenciennes et de Ma-
lines, de tapis, de *frivolités*, de gants, d'essences, de cor-
bets, etc., etc., lesquels, par parenthèse, trouvent souvent, à cinquante pour cent de rabais, d'élégantes, jolies
et furtives acheteuses, promptes à fuir après le marché
comme un essaim d'oiseaux mignons qui serait venu bec-
queter son déjeuner dans un cloaque. Les dentelles du
Temple notamment jouissent d'une haute réputation
parmi les princesses parisiennes nécessiteuses, ou même
auprès des honnêtes femmes économes.

Le second carré se nomme le *Pavillon de Flore*, ou
compartiment du *Drapeau*. Là ne sont déjà plus que les
objets utiles : la matelasserie, la literie, les boutiques de
blanc commun, les robes d'indienne, les rideaux, les
layettes, etc. Le *Pavillon de Flore* est le carré bourgeois,
comme le *Palais-Royal* est le carré mondain et fashionable du Temple.

Vient ensuite le troisième carré, dont le nom est moins
euphonique. Il s'appelle, j'en demande pardon à mes lec-
trices, *le Pou volant*. Ce qui y domine, ce sont les chiffons, la vieille ferraille, la friperie surtout. Au reste, cette
dernière branche d'industrie englobe tout le marché du
Temple. Elle côtoie même et envahit les carrés aristocratiques.

La dénomination du quatrième carré nous remet en
mémoire ces autres paroles du Christ : « Le temple est la
maison de Dieu, et vous en avez fait une caverne de voleurs. » Le quatrième carré se nomme *la Forêt noire*. Je
veux croire que l'aspect enfumé de ses ruelles, les odeurs
plus que nauséabondes qu'y dégagent le vieux cuir rance
et la graisse dont on l'enduit sont pour beaucoup dans

cette appellation maussade et légèrement injurieuse. Les
habitants du lieu ne s'en formalisent pas et ne font nulle
difficulté de s'en servir eux-mêmes dans le langage courant. Ils sont presque tous savetiers, c'est-à-dire marchands de savates, ou débitants de choses encore plus innommées, encore plus bas classifiées dans l'échelle commerciale. La voix publique les accuse de *mastiquer* la
marchandise qu'ils sont censés raccommoder, c'est-à-dire
d'en dissimuler ingénieusement les avaries et les voies
d'eau, au moyen d'un enduit spécial de graisse noire ou
autre drogue équivalente. D'où le sobriquet de *mastiqueurs*, sous lequel on les désigne, et d'où peut-être aussi
la qualification de *Forêt noire* décernée à leurs effroya-
bles taudis.

Tels sont les quatre carrés du Temple, et l'on voit qu'en
eux se résume toute la hiérarchie sociale : richesse, —
médiocrité, — pauvreté, — misère, sinon vol.

Chaque boutique porte un numéro d'ordre, et la plupart
sont décorées, en outre, d'enseignes. Ce genre de prospectus
ou d'annonces. qui se compose d'une grossière enluminure
accompagnée d'une devise ou d'une dédicace quelconque.
me fait surtout l'effet de fleurir chez les *mastiqueurs*
chiffonniers et bas fripiers de la *Forêt noire*. Quelques-
unes sont excentriques, comme : *au Polichinelle Vam-
pire*. D'autres sont empruntées aux souvenirs de l'art
dramatique, dont le Temple s'est toujours montré très
friand : *au Sonneur de Saint-Paul ; à la Grâce de Dieu*
(le mélodrame) ; *à Debureau*. Il y en a de religieuses
comme celle-ci (toujours dans la *Forêt noire*) : *à la Providence :* la pancarte représente le Christ issant d'un
champ de blé splendide et tel que malheureusement la
récolte dernière n'en a point assez produit. Enfin, au-
dessus d'une rangée de souliers à peine *mastiqués*, j'ai
constaté les invocations et les dédicaces suivantes : *à la
Violette ; — Fleur des champs ; — au Grand Homme*
(la redingote grise) ; et enfin *à Voltaire !* On s'explique

nal le rapport qui existe entre l'industrie d'un *mastiqueur*
t le génie du prisonnier de Sainte-Hélène ou du châtelain
e Ferney, si ce n'est peut-être que savetier debout vaut
nieux qu'empereur ou même philosophe enterré.

En général, j'ai remarqué au Temple que plus le com-
nerce est infime, plus l'enseigne est ambitieuse. C'est
eut-être rationnel, le pavillon devant non-seulement
ouvrir, mais rehausser la marchandise.

§ V

L'ARGOT DU TEMPLE.

Le Temple a son argot. Qui n'a le sien ici-bas, depuis la
haute et basse pègre jusqu'à la haute politique? L'explica-
ion de quelques-uns des vocables particuliers à celui du
emple aura l'avantage de jeter un grand jour sur des
hœurs généralement fort ignorées.

On a vu plus haut ce que sont le *mastiqueur*, la *rapio-
euse*. Il est bon d'observer que si le *mastiqueur* est
ommé tel, c'est parce qu'il ne *rapiote* pas.

Les savetiers prennent aussi le titre de *fafioteurs*, mais
eci dans l'intimité. Officiellement et en public, ils se dé-
orent du nom de marchands de *bottins*. Ce mâle du fé-
ninin *bottine* me plaît particulièrement.

Les *roulants* ou *chineurs* sont les marchands d'habits
mbulants qui, après leur ronde, viennent dégorger leur
narchandise portative dans le grand réservoir du Temple.

Les *niolleurs* sont les marchands de vieux chapeaux.

Une *niolle* est un chapeau d'homme retapé.

Un *décrochez-moi ça* est un chapeau de femme d'occa-
ion. Que dites-vous du mot, madame? n'est-il pas neuf
t expressif? Au reste, qu'il ne vous fasse pas peur. Je vous
ssure que j'ai vu au carré du *Palais-Royal* des *décro-
hez-moi ça* qu'on eût pu facilement *accrocher* passage
lu Saumon, et qui valaient au moins dix francs.

Les *bausses* et les *bausseresses* sont les patrons et les

patronnes huppées de la communauté. C'est l'aristocratii
du lieu.

Les *galifards* sont des façons de commissionnaires saute?
ruisseaux qui portent au client les marchandises vendues?
Il y a aussi des *galifardes*.

Les places ou boutiques se nomment *ayons*. Je remarque?
en passant, que le mot se prononce à peu de chose près
comme : *haillon*.

Les *râleuses* méritent une mention spéciale. Ce sont ces
femmes qui courent sus au bourgeois, le tirant par l'habit.
par les bras, menaçant de le déchirer, comme jadis les
femmes de Thrace l'époux affligé d'Eurydice. On devinu
sans peine que les *râleuses* sont des *racoleuses* ou cour?
tières lâchées par les marchands sur le *gonce* (passant?
pour le forcer à acheter. C'est avec une haute conscience
qu'elles s'acquittent de cet emploi diplomatique.

L'argent, au Temple, est de la *braise*, ou de la *thune*,
ou de la *bille*. Les pièces de vingt sous sont des *points*, e?
six forment une *croix*.

Les vêtements, en terme générique, sont des *frusques*,
une *pelure* est un habit ou une redingote; le pantalon est?
un *montant*.

§ VI

SOUS LES CARRÉS DU TEMPLE.

Le passant ou le promeneur qui n'a pour but que d'ob-?
server peut se risquer sans trop d'inconvénients dans le?
Palais-Royal ou au *Pavillon de Flore*, les marchand?
de ces deux carrés aristocratiques ayant trop le sentiment?
de leur haute position commerciale pour interpeller le?
chaland. Ils se bornent donc en général à l'attendre dans?
leur boutique, et lui adressent tout au plus quelques invi-
tations polies à vouloir bien examiner les splendeurs de?
leur étalage. Mais, pour se hasarder sous les sordides?
ruelles du *Pou volant* et de la *Forêt noire*, il faut une?
sorte de courage. Si vous avez le bonheur d'échapper aux ?

leuses qui vous guettent dans ces repaires, vous n'échap-
perez pas du moins aux provocations que mille voix vous
lancent d'un ton moitié câlin et moitié menaçant, aux
apostrophes directes, et, si vous ne mordez pas à l'hame-
çon, aux quolibets, voire à un feu roulant d'injures.

Un ou deux spécimens du genre.

Au promeneur montrant sa face. — Achetez quelque
chose, monsieur! — Achetez-vous, monsieur? — Vous
n'achetez pas? — Que faut-il à monsieur, un tapis? — un
habit pour aller à la cour? — un joli manteau (au mois
d'août)? — une belle *niolle?* — un *décrochez-moi ça* pour
l'*ame* vot' épouse? — des bottes vernies? — un parapluie? — un clyso-pompe? — Eh! dites donc, monsieur,
arrêtez-vous!

Au promeneur montrant le dos. — De quoi, de quoi!
voilà tout ce que monsieur achète! — Eh ben, excusez!
— Qué qu'y vient faire ici, ce méchant fashionable? —
Monsieur, faites donc *rapioter* au moins les trous de votre
habit! — Ça marche sur ses tiges, ben sûr! — Pas *pus* de
raise que dans mon œil! — Ohé, pané! — Pané! —
Pané! — Laisse donc passer monsieur; c'est un ambas-
sadeur qui s'en va à la cour de Perse!

A la râleuse, après une affaire conclue. — *La grolle,*
va-t'en vite essayer cet amour d'habit à *mossieu!* mène-le
chez le marchand de vins. *Mossieu* va être reluisant: il
sera fait comme un saint Georges (lisez: comme un petit
saint Jean).

§ VII

LA ROTONDE.

Au delà des quatre carrés s'élève la Rotonde du Temple;
c'est, ainsi que son nom l'indique, un édifice entièrement
circulaire, formant à l'extérieur au rez-de-chaussée un
cloître ou galerie de quarante-quatre arcades soutenues
par des piliers toscans, sous lesquelles on voit étalés les

oripeaux, les vieilles *frusques*, les vestes de hussard, les habits pailletés de carnaval ou de théâtre de quarante quatre marchands d'habits, uniformiers, refaçonniers.

Cet édifice singulier fut construit par Perrard de Montreuil en 1781. Du temps de Mercier, il servait de logement aux débiteurs retirés dans l'enclos du Temple. Aujourd'hui, il est habité par la descendance fripière de ces illustres réfugiés. Une cour humide et obscure en occupe le centre. Douze escaliers le desservent. On évalue à plus de mille le nombre de ses habitants. C'est un phalanstère... O Fourier!

C'est pourtant-là la demeure favorite des *bausses* et des gros bonnets du bazar, qui abusent de leurs capitaux pour tyranniser le marché et faire la hausse ou la baisse sur la Bourse aux *effets... fripés*.

§ VIII

LE CARREAU. — LES CHINEURS. — LA BOURSE DU TEMPLE.

Entre les quatre carrés et la rotonde du Temple, s'étend en plein air sur le pavé un espace nommé *Carreau*. C'est là que les *chineurs*, marchands d'habits *roulants*, viennent apporter chaque jour la cargaison de vieilles nippes qu'ils ont recueillies le matin dans les chambrettes d'étudiants ou chez les gentilshommes gênés. C'est là que s'établissent les cours de la *pelure* et du *montant* hors du service; c'est là que régulièrement il se tient, de onze heures à deux, une véritable Bourse dont l'animation rappelle la physionomie du temple dit de Plutus, au temps des promesses d'actions.

Et qu'on ne s'y trompe pas! l'agiotage est là tout aussi meurtrier et tout aussi féroce qu'au passage de l'Opéra ou sur la place de la Bourse. Il se fait des marchés à terme et à livrer sur les fonds de culottes et les habits trop mûrs, exactement comme sur la rente, le nord, les gaz ou les esprits. La Bourse du Temple a ses Fould et ses Rothschild

out comme l'autre. Aujourd'hui le bleu est en faveur et
es porteurs sont triomphants; demain ils seront *dégraissés*
iar des livraisons écrasantes. Il y a la demande fallacieuse
iour mieux vendre, qui produit la hausse factice, bientôt
iuivie de la débâcle; il y a les accapareurs. Quand ceux-ci
ieulent de la baisse, ils jettent sur le marché tout leur
pnds de boutique, et Dieu sait quel fonds! Si c'est le con-
raire, ils raréfient sur la place la vieille *frusque;* ils font
a soupape aspirante, et, de temps en temps, expédient le
rop-plein de leurs garde-robes pour le Congo, le Sénégal
iu les Indes occidentales, où elles vont faire les délices
ies rois nègres et des petits-maîtres de Saint-Domingue
iu des Barbades.

§ IX

GUINGUETTES ET ALENTOURS DU TEMPLE.

Tout le quartier du Temple participe plus ou moins des
igréables professions qui viennent d'être passées en revue.
ie marché déborde sur les rues du Temple, du Petit-
Thouars, Phélipeaux, Percée, du Forez, et plusieurs autres
iont les boutiques sont autant de succursales vouées au
iulte de la friperie et de la matelasserie.

Puis, de nombreux cabarets où les marchands du Temple
rouvent en tout temps le litre à huit, le ragoût à trois
ous la part et le moka sucré à cinq centimes la tasse,
imaillent et égayent les abords du marché. Les plus célè-
res et les mieux hantés sont *l'Éléphant* et *les Deux-Lions,*
iù se rassemble, à l'entre-sol, l'aristocratie du Temple.
''est là que les *baussses* préméditent le coup de bourse
iu lendemain.

Viennent ensuite, dans un ordre plus secondaire, *la
Girafe, le Lion-d'Or, les Deux-Boules* et quelques
iutres, où se réunissent les petits spéculateurs en vieilles
iippes, les courtiers, les *coulissiers,* par opposition au
iarquet que ne représentent pas trop mal les *baussses,*

les échoppes de la rotonde du Temple et la guinguette des *Deux-Lions.*

Enfin, il y a, au coin de la rue du Forez, le *Camp de la Loupe,* fréquenté par les bas courtiers en tout genre et par les *fafioteurs* de la *Forêt noire,* qui sont les *forts* et la terreur du marché, et dont les brutales rixes ensanglantent souvent la nappe du marchand de vins, déjà toute souillée des maculatures d'un vin bleu et des stigmates d'un festin, nécessairement d'*occasion,* comme tout ce qui se vend au Temple.

La plupart de ces guinguettiers joignent à leur profession celle de prêteurs d'argent. On assure qu'ils en pourraient remontrer au juif Shylok, et qu'il est peu de leurs clients que l'une de leurs industries n'affame à la longue, tandis que l'autre est censée les alimenter.

Tel est le Temple, bazar universel et immense de la très-petite propriété, établissement utile et surtout pittoresque, excroissance logée au front de la grande cité parisienne, mais qui, pareille à la verrue de Cicéron, ne messied pas à l'effet général du visage et n'est pas près de disparaître.

XVII

L'École de Droit.

L'école de droit, c'est le pôle magnétique où convergent toutes les ambitions du collége. *Etre étudiant,* vivre à Paris, jouir d'une pension de quinze cents francs, habiter, rue du Foin-Saint-Jacques, une chambre à vingt francs par mois, dîner chez Viot ou chez Rousseau, à quatre-vingts centimes par tête, et aller à la Grande-Chaumière ou à la Closerie des Lilas, voilà le rêve de tout lycéen de province. O l'heureux temps que la jeunesse !

Mais, chose singulière ! cette école de droit si convoitée, si ardemment appelée de loin, perd de ses charmes en raison directe du carré des distances. Il semble qu'avec l'éloignement cesse immédiatement le prestige de son pouvoir attractif, et tel étudiant novice, qui naguère soupirait après ce sanctuaire cher à Cujas et à Barthole, en a à peine effleuré le seuil qu'il se hâte de quitter le temple et d'en publier le chemin.

L'enseignement public du droit ne remonte pas très-haut en France. Les Gaules en étaient encore réduites au seul droit ecclésiastique, lorsque le parlement osa instituer à Paris, en 1563 et en 1568, quelques chaires de droit civil. Elles ne furent pas longtemps ouvertes; car, dès 1576, l'ordonnance de Blois, signée par Henri III, interdit cet enseignement, et, sans nul exposé de motifs, défendit « à ceux de l'Université de Paris *de lire ou graduer* en droit civil. »

Louis XIV enfin, par édit de 1679, ordonna le rétablissement des chaires civiles, où du reste n'était guère enseigné alors que le droit romain, mais amplifié, commenté et obscurci par la troupe pédante et ambitieuse des scoliastes.

Sous Louis XV, le bâtiment de la rue Saint-Jean-de-Beauvais menaçant ruine, il fut nécessaire de transférer, l'enseignement du droit dans un nouveau local, et l'école actuelle fut construite auprès de Sainte-Geneviève, sur les dessins de Soufflot, à qui, par parenthèse, ce monument mesquin fait assez peu d'honneur. Il est difficile de reconnaître dans ce plan semi-circulaire, dans ce maigre péristyle, et cette lourde colonnade qui supporte intérieurement l'édifice, le génie grandiose du populaire architecte du Panthéon. Il est à croire que cette forme incorrecte et massive avait été imposée à Soufflot par l'édilité contemporaine, et que le soin de l'art avait dû s'effacer devant des préoccupations de voirie et d'alignement.

L'inauguration de cette école eut lieu en grande pompe le 24 novembre 1783. La faculté de droit se composait alors de six professeurs de droit romain ou canon, d'un professeur de droit français et de douze agrégés. Si l'on en juge par les plaintes de quelques écrivains contemporains, l'enseignement y était alors d'une faiblesse désespérante ; les examens de pure forme, et le commerce des diplômes toléré, sinon autorisé. L'un de ces écrivains allait jusqu'à imprimer (*Mémoires secrets de l'année* 1752) : « Les écoles de droit sont à la fois l'abus le plus déplorable et la farce la plus ridicule ; les examens et les thèses y sont de vraies parades. » C'est un reproche qu'on ne saurait plus adresser à l'enseignement de la faculté de droit de Paris, et contre lequel se chargeraient de protester au besoin les doléances des élèves sur la sévérité sans cesse croissante des professeurs.

La révolution suspendit l'enseignement officiel du droit. L'école actuelle reçut pendant cet interrègne diverses autres destinations. La municipalité du quartier y siégea, et le tribunal de cassation y tint quelques temps ses séances. Cependant, il s'était ouvert, rue de la Harpe et rue Vendôme, deux écoles particulières, l'une désignée sous le nom d'*Université de Jurisprudence*, l'autre d'*Académie de Législation*. C'est sur les bancs de cette dernière institution intérimaire que se sont formés les plus anciens et les plus illustres d'entre les avocats qui ont marqué au barreau de la première moitié de ce siècle, entre autres MM. Dupin aîné, Mauguin, Parquin et Hennequin.

L'école de droit fut rouverte à l'avénement du Code civil. Elle fut réorganisée par le décret du 14 mars 1804, qui régla chacune des matières de l'enseignement, la durée des études, le nombre des examens, en un mot, toute la discipline intérieure de l'école.

Il est à peu près superflu de rappeler que l'enseignement du droit embrasse trois années nécessaires pour l'obtention de la licence, quatre pour celle du doctorat.

La première année comprend l'étude des *Institutes*, des *deux premiers livres du Code civil*, et un cours d'*introduction générale à l'enseignement du droit* ;

La deuxième année, la suite du *Code civil*, *les Pandec-tes*, *la législation criminelle*, et enfin *le droit criminel et la législation pénale comparée;*

La troisième année, la fin du *Code civil*, le *Code de commerce* et le *droit administratif.*

La quatrième année complète les études de l'aspirant-docteur par celle du *droit des gens*, du *droit constitutionnel français* et de *l'histoire du droit français et du droit romain.*

Dans la première quinzaine de chacun des trimestres de l'année scolaire, les étudiants sont tenus de justifier de leur présence par l'inscription de leurs nom, prénoms, âge, lieu de naissance et demeure, sur un registre ouvert à cet effet au secrétariat de la Faculté. C'est ainsi que douze inscriptions sont nécessaires pour parvenir à la licence; seize pour atteindre au doctorat.

Le prix de l'inscription et de quinze francs, ce qui n'a rien d'exorbitant. Néanmoins on a vu, on voit tous les jours et on verra longtemps encore des étudiants se dispenser de cette formalité si simple, sous le prétexte peu avouable de poules, de déjeuners fins et de bals masqués trop multipliés, et prolonger ainsi, non sans un remords mêlé peut-être de quelque joie secrète, le temps de leurs études, c'est-à-dire celui de leur séjour à Paris, au delà des bornes légales. Le type de l'étudiant de *quinzième année* n'est nullement une invention du vaudeville qui l'a si souvent exploité avec plus ou moins de succès. Ce type existera toujours . il est visible à l'Odéon, chez Bobino, au café Procope, à la Chaumière, à Montmorency, au bal Mabille, partout, en un mot, excepté à l'école de droit, dont il s'exclut volontairement, ou *se prive*, pour parler sa langue, avec un soin religieux. La quinzième année de droit n'étant pas encore portée au programme de l'année scolaire, il n'a que faire là en effet.

Il va sans dire que celui-là considère l'*inscription* comme le plus méprisable des préjugés sociaux, et se reproche amèrement la seule qu'il ait prise en sa vie, un jour que, nouveau débarqué, jeune et privé d'expérience, il était encore tout plein des homélies de sa famille ; moment d'erreur qu'il a depuis triomphalement réparé.

La plupart des étudiants ne poussent point heureusement jusqu'à ce fier radicalisme le dédain des liens scolaires. L'inscription à prendre n'est pas le difficile : c'est l'examen, que dis-je ! ce sont les examens et la thèse qui hérissent le chemin du barreau d'une succession d'importunes et onéreuses barricades. Il faut subir quatre examens pour arriver à la licence, un la première année, un la seconde, deux la troisième, et puis la thèse. Pour franchir ces divers degrés, deux choses sont indispensables : beaucoup d'études, un peu d'argent. Or, l'inverse serait beaucoup mieux du goût des récipiendaires.

L'étudiant qui a pris la vertueuse résolution de se présenter à l'examen doit au préalable *consigner* la somme perçue au profit de la Faculté. C'est là ce que l'étudiant de quinzième année appelle faire une dépense folle. Malheureusement, le futur examiné a le droit de retirer, avant l'épreuve, la *consignation*, et c'est là une tentation perpétuelle à laquelle il n'a pas toujours le courage de résister. Il a beau s'enfouir, comme le hibou cher à Minerve, dans les épaisses ténèbres des cabinets de lecture scientifiques qui abondent au quartier latin, sous un triple rempart composé des œuvres complètes de MM. Duranton et Ducaurroy, ces graves et savants commentateurs du Code et des Institutes : les bruits et les séductions du dehors, la voix railleuse des faux amis, les provocations perfides de quelque minois chiffonné viennent souvent battre en brèche sa ligne défensive et troubler son trop faible cœur jusque dans la paix de l'étude. Que d'avocats en herbe j'ai vus vivre d'examens non subis, et dévorer jusqu'à trois thèses avant d'en produire une seule !

Luit enfin le grand jour de l'examen. Six étudiants, embarrassés dans la robe noire que leur loue un appari-

eur sur le pied de trois francs la séance, se présentent de
ront, pour être interrogés à tour de rôle devant le formidable aréopage, composé de trois ou de cinq professeurs.
C'est là que ces derniers peuvent prendre une ample et
légitime revanche, pour peu qu'ils aient l'âme rancunière,
du dédain et de l'abandon dont leurs enseignements sont
quelquefois payés. L'étudiant peu sûr de lui-même fré-
mit, et à bon droit, s'il lui faut comparaître devant une
mauvaise série. On nomme *série* la réunion de professeurs
qu'assigne le hasard pour jury d'examen à chacun des récipiendaires. Une *mauvaise série* est nécessairement celle
qui se compose de professeurs sévères dont on a peu suivi
les cours. Il existe, sous ce rapport, une statistique morale,
très-profondément étudiée, du caractère de chacun des
membres de la Faculté. Tel a la réputation d'être parfaitement débonnaire, oublieux des désertions, et l'étudiant,
qui a toujours quelque peccadille de ce genre sur la conscience, supplie le ciel de lui envoyer ce doux juge pour
examinateur. Mais quelle déception s'il lui faut affronter
le regard investigateur et les questions embarrassantes de
ceux que la rumeur publique des écoles arme d'une rigueur
inflexible, et qui passent, à tort sans doute, pour goûter
un malin plaisir à surprendre en flagrant délit d'ignorance
ceux des élèves de l'assiduité desquels ils n'ont pas lieu
d'être contents! Tel autre professeur, sans être aussi sévère,
aime un certain genre de réponses : par un faible assez
naturel, il désire entendre de la bouche du récipiendaire
les définitions, les arguments, les commentaires qu'il affec-
tionne, et qu'il a cent fois proclamés du haut de sa chaire,
a développés avec amour dans ses volumineux ouvrages
de droit. S'il y a controverse sur un point, il éprouve une
double jouissance d'auteur et de jurisconsulte à s'entendre
répéter la version par lui adoptée à l'égard du texte en
litige. Tel autre enfin aime, dit-on, à disserter, et fait
assez volontiers les demandes et les réponses : celui-là est
trois fois béni. Il va sans dire que nous ne nous faisons en

aucune façon garant de ces bruits d'école que la tradition
lègue précieusement à chaque nouvelle génération d'étudiants.

Le résultat de l'examen dépend de la couleur des boules
obtenues par l'examiné. Il y a trois boules : une noire
pour le rejet, une blanche pour l'admission, et une rouge
qui équivaut à ce qu'en langue littéraire on appelle un
succès d'estime. L'élève qui a eu la chance ou le mérite
de passer ses quatre examens à toutes boules blanches
obtient la remise de ses droits de thèse; mais il est peu de
ces élus.

Un autre moyen d'émulation consiste dans la distribution annuelle de prix décernés au concours pour chaque
branche d'enseignement.

Après le premier examen, l'élève, si, bien entendu,
l'épreuve lui a été favorable, prend le titre de bachelier
en droit. Le second lui confère le grade de *capax*. Les
deux derniers, suivis de la thèse, le conduisent à la licence...

Le jury d'examen passe pour très-sévère dans la faculté
de Paris. C'est peut-être une réputation que les paresseux
lui ont faite. Quoi qu'il en soit, cette faculté crée encore,
bon an, mal an, un demi-millier d'avocats au moins, ce
qui est un assez beau chiffre et promet ample protection
à la veuve et à l'orphelin. Le nombre moyen des étudiants
inscrits sur les registres de l'école est de trois mille, ce
qui semblerait impliquer une production annuelle de mille
avocats environ; mais, de ce nombre, il faut retrancher
une assez grande quantité d'étudiants, inscrits pour la
forme, qui ne poussent pas jusqu'au bout les épreuves de
la licence, ou, désespérant d'obtenir leur admission à
Paris, finissent par aller terminer leur droit dans quelque
faculté de province, où ils se flattent de trouver un jury
plus accommodant.

Un instant on a pu penser, grâce à la progression croissante que suivaient les inscriptions aux facultés de droit
et de médecine, que la France allait se couvrir de méde-

lins et d'avocats. Il n'en est rien heureusement. De nouvelles conditions d'études imposées pour l'admission aux
cours des facultés ont ralenti cette fièvre qui poussait la
jeunesse aux professions libérales; la réflexion et l'expérience l'ont calmée plus sûrement encore, et le nombre
des étudiants en droit inscrits à l'école de Paris a sensi-
blement diminué depuis une quinzaine d'années.

Le jury d'examen pour la thèse se compose d'un professeur, *président de thèse*, et de quatre assesseurs, pris
également dans les rangs de la faculté. Le récipiendaire
choisit son *président de thèse* et tire au sort les deux
questions de droit français et de droit romain qu'il aura
à développer. Cela fait, il s'enferme un mois ou six semaines pour élaborer le sujet de son argumentation. Puis
il fait imprimer sa thèse avec une belle dédicace à ses
vénérables *auteurs*. C'est bien le moins qu'il leur doive
pour les trois années, souvent quatre, et quelquefois un
plus grand nombre, durant lesquelles ils l'ont stipendié,
nourri et entretenu à Paris, sans compter l'arriéré de tous
genres, les mémoires de tailleurs, les suppléments pour
achat de livres, une grosse plaisanterie qui ne manque
jamais son effet; en un mot le chapitre élastique et accommodant des *dépenses extraordinaires*.

Au jour dit, l'étudiant développe sa thèse avec plus ou
moins de succès. Les cinq professeurs qui l'écoutent ont
le droit de l'interroger, non-seulement sur les sujets qu'il
a spécialement traités, mais sur chacune des matières ju-
ridiques qu'il a dû étudier durant le cours de trois années.
Ils usent rarement d'une grande sévérité dans cette dernière et solennelle épreuve, les quatre examens précédemment subis pouvant être considérés comme une garantie
suffisante de l'instruction acquise par le récipiendaire. Il
a eu d'ailleurs amplement le temps de se préparer et d'ap-
profondir les sujets qui lui sont échus, en sorte qu'à moins
d'une lourde maladresse ou d'un insigne mauvais vouloir
il doit se tirer avec succès du développement de sa thèse.

Aussi la passe-t-il généralement à boules blanches, ou au moins de cette couleur mixte qui, sans annoncer un triomphe, n'implique pas non plus un revers. Il a donc rarement sujet de maudire ses juges; la faculté lui décerne un beau parchemin revêtu de la griffe suprême du grand maître de l'Université, et l'heureuse France compte un avocat de plus !

Une épreuve autrement sévère et redoutable est celle qui s'ouvre par la voie du concours pour les chaires vacantes des facultés de droit. Il ne s'agit plus là d'un examen d'élèves : ce sont des maîtres, des docteurs éprouvés par de longs et sérieux travaux, qui combattent, non plus pour un titre, mais pour les premières fonctions de l'enseignement : la chaire amplement rétribuée et justement considérée du professeur de droit, inamovible comme les magistrats auxquels ses leçons apprennent à tenir les balances de la justice.

Les épreuves sont de deux natures : il y a les épreuves de *candidature*, et les épreuves *définitives*.

Les épreuves de candidature sont deux compositions écrites et deux leçons publiques sur des sujets tirés au sort, et dans lesquelles le candidat disserte, professe et enseigne comme s'il occupait déjà une chaire, répétant ainsi le rôle qu'il aspire à remplir au sérieux plus tard, et donnant la mesure de sa science, de sa méthode, de son aptitude oratoire.

Les compositions écrites roulent, l'une sur une question de droit français, l'autre sur une de droit romain : les questions de droit romain doivent être traitées en latin.

Les leçons publiques portent sur une matière de droit français : elles doivent durer trois quarts d'heure, et ont lieu deux jours consécutifs. Le sujet n'en est communiqué au candidat que vingt-quatre heures avant la première des deux leçons.

Aussitôt après les épreuves de candidature, les juges du concours désignent au scrutin parmi les concurrents trois

candidats pour chaque chaire ou suppléance, lesquels
euls peuvent être admis aux épreuves définitives. Les
professeurs suppléants qui prennent part au concours sont
admis de droit à subir ces épreuves.

Les épreuves spéciales et définitives consistent :

Pour une chaire, en une composition écrite et une leçon
publique sur un sujet tiré de la matière de l'enseignement
auquel le candidat aspire ;

Pour une suppléance, en une composition écrite sur une
matière de droit public, et une leçon publique sur une matière de droit romain.

Le sujet des leçons n'est tiré au sort que *quatre heures*
avant la séance.

Vient enfin l'épreuve de *l'argumentation* : c'est peut-
être la plus redoutable de toutes.

Chacun des trois candidats écrits pour une chaire argu-
mente publiquement et oralement contre ses deux émules,
d'abord sur un sujet de droit romain, ensuite sur un sujet
de droit civil français. C'est ce duel à trois qui décide en
dernier ressort des résultats de cette longue lutte. Les candidats, que distingue la chausse rouge du docteur rejetée
sur leur toge noire, montent en chaire et se bombardent
mutuellement à coups de citations, de commentaires, de
positions, de textes, de syllogismes et de gloses. On peut
croire qu'ils ne se ménagent pas réciproquement dans une
lutte dont un tel honneur est le prix, et ne négligent aucune ressource d'érudition ni d'éloquence pour écraser
leurs adversaires respectifs sous le poids de leur gros ba-
gage scolaire, le foudroyer par les éclairs de leur dialec-
tique acérée, et leur ôter des mains la palme disputée
par tant d'ambitions, de veilles et de prodigieux efforts.
Tous sont savants, tous aptes à sortir vainqueurs de cette
épreuve définitive. Malheur, non point à l'ignorant (il n'en
est plus dans ce cercle étroit où le vrai mérite seul figure),
mais au timide, au faible, à celui qui n'a point l'art émi-
nent de mettre en relief ses connaissances théoriques, qui

n'est point prompt à la riposte, et ne possède point, pareille à un arsenal toujours ouvert, une mémoire imperturbable, où puiser, renouveler sans cesse et improviser au besoin des projectiles à l'adresse de ses ennemis, c'est-à-dire de ses émules, ce qui est momentanément synonyme.

Autrefois, il était loisible aux concurrents, et même d'usage, d'argumenter en langue latine ; c'était le bon temps de l'érudition, poussée alors beaucoup plus loin que de nos jours, où les répertoires, les formulaires, les collections de tout genre épargnent les pénibles recherches aux juristes contemporains et dispensent de faire de la cervelle humaine une sorte de grenier à science. On voyait alors des candidats qui savaient par cœur tout le Digeste, les Institutes et les Pandectes avec les *imò*, c'est-à-dire les paraphrases et les variantes. On entendait alors des dialogues de ce genre s'établir entre concurrents :

Premier candidat, enflant ses joues : — *Argumentum peto de probanda causa ex undecima lege, — digestis de legatis primo, — paragrapho nono.* — (Suivait une dissertation dans le style de Petit-Jean et du *Malade imaginaire*, — acte de la réception.)

Deuxième candidat non moins bouffi. — *Nego !*

Premier candidat. — *Cur negas ?*

Deuxième. — *Quia argumentum contrarium peto ex lege Hortensia.*

Troisième candidat. — *Ego autem argumentum ex Fusia Caninia !...*

Premier. — *Argumenta vestra despicio.*

Deuxième. — *Inania sunt tua mehercule !*

Troisième. — *Lege Gaii instituta, — Duodecimam legem, — Unum et vigesimum paragraphum : « Si quis homo !... »*

Premier. — *Quemadmodum...*

Deuxième. — *Scilicet...*

Troisième. — *Verum enimvero...*

Premier candidat furieux. — *Et asini estis ambo !*

Deuxième. — *Asinus tu ipse, et clitellatus!*

Troisième. — *Equidem dico, et clitellatissimus!*

Ce mode d'argumentation n'avait guère que l'avantage de permettre les invectives, sans qu'il en résultât mort d'homme. Les injures en latin sentent le parchemin et ne blessent que l'épiderme. Par contre, cette habitude avait l'inconvénient d'assurer trop facilement le triomphe de la mémoire sur l'entendement, de l'ergotage sur la logique, et de la science pédantesque sur le véritable savoir. C'est ainsi que M. Dupin aîné concourut inutilement pour le professorat, et se vit préférer un candidat qui avait le mérite de loger dans les cases de son cerveau le *Corpus juris academicum* tout entier, sans en retrancher un paragraphe ni un *imò*.

Aujourd'hui que l'école est purgée, grâce à Dieu, des *us* et de la langue barbare des siècles passés, les juges sont guidés dans leur appréciation par des idées plus libérales et des impressions plus justes. Ils sont autorisés à tenir compte dans leurs jugements des titres antérieurs que chaque candidat a pu acquérir par ses ouvrages et travaux scientifiques. C'est là un progrès véritable. Au reste, toutes garanties d'impartialité sont acquises aux concurrents. La publicité des épreuves, leur solennité, les précautions minutieuses qui les entourent, ne contribuent pas moins que le choix des juges même à leur donner sous ce rapport pleine et entière sécurité. Aussi les professeurs de la Faculté de droit de Paris sont-ils pour la plupart des hommes de grande valeur. Il en est de même assurément en province. Mais les facultés départementales voient chaque année diminuer le nombre de leurs élèves, et peut-être le jour n'est-il pas éloigné où Paris deviendra le siége et le centre d'une unique Faculté de droit. Sera-ce un progrès? oui, sans doute, si les chicanes et les plaideurs décroissent dans la même proportion. Malheureusement, il suffit de compulser les registres des cours et tribunaux pour se bien persuader que la tendance n'est pas là ; et, quoi qu'on en dise, il y a en France et il y aura longtemps encore plus de procès que d'avocats. Travaillez donc, ô jeunes légistes : le mur mitoyen vous réclame et vous réclamera toujours ; les époux ne font pas beaucoup meilleur ménage qu'au temps où régnait le divorce, et tant qu'existera le monde, c'est-à-dire tant qu'il mourra, chaque succession continuera de soulever un océan de procédures. La parole ne mène plus à tout, aujourd'hui, mais elle est honorée quand elle est honorable, et vaut une fortune quand elle est éloquente. Son lot est encore assez beau.

XVIII

Types parisiens.

Les Pierrots. — Les Lorettes vieillies. — Les Partageuses. Les Politiques. — Vireloque.

(D'après GAVARNI.)

Il y a peu d'artistes supérieurs que n'aient modifiés plus ou moins la science, le temps et le travail. Gavarni n'a pas échappé à cette loi, les dernières séries qu'il a offertes au public le prouvent surabondamment : une double transformation semble s'être opérée en lui. Sa manière est devenue plus magistrale, sa touche plus grasse, pour parler l'idiome technique ; son humeur s'est assombrie. Il semble qu'après avoir débuté comme la Rochefoucauld par les fêtes et les galanteries de la Fronde, que, par parenthèse, notre époque ne représente pas trop mal [1], il ait

---

[1] La démonstration de cet apparent paradoxe nous entraînerait à une digression politique qui n'est pas de notre sujet, et que nous écartons ; mais elle serait facile : un état de choses vieilli, qui ne veut pas finir, un autre qui veut commencer, tel a été le caractère de la Fronde ; tel est celui de notre temps.

comme lui tourné dans sa maturité au pessimiste et à
l'amer. Tout ce qu'il y a de finesse et d'élégance souve-
raines dans le Gavarni d'autrefois, celui des *Enfants terribles* et des *Débardeurs*, vit toujours; mais le coquet, le
gracieux et l'enjoué ont fait place au philosophique, à
l'humoriste et au terrible, oui, au terrible, n'en déplaise
aux superficiels, et soit dit sans un scrupule d'hyperbole.
Le Gavarni des anciens jours n'avait que des admirateurs :
cela s'explique, il ne heurtait rien ni personne, et son
caustique badinage ne chassait, en soufflant dessus, que
des illusions hors de cours. Qui jamais a pu croire, à
moins qu'il ne descende de Candide en ligne masculine,
et de l'Ingénu par les femmes, à l'amour des lorettes, à
la sincérité des protocoles, à la retenue des marmots, à
l'amabilité d'Arnolphe, devenu tiers ou moitié d'agent de
change? Ce n'était pas que l'ironie, qui est le fond même
du talent de notre grand dessinateur, ne commençât d'y
trancher sous chacun des coups de crayon, de s'y écrire
en toutes lettres; mais elle ne montrait pas encore ses
griffes d'acier; elle faisait patte de velours. Aujourd'hui,
c'en est fait, le voile est déchiré : Gavarni, le galant cavalier d'autrefois, que l'on n'imaginait que la moustache
en croc, l'œil souriant, le manteau au vent, le vif et gai
propos aux lèvres, s'est déclaré misanthrope. A-t-il eu
tort? Pour lui, peut-être ; mais, quant à la portée de son
talent, elle a incomparablement grandi. Nous l'allons
prouver tout à l'heure. Les mélancoliques seuls ont le
don ici-bas de pénétrer au vif des choses. Rien de vraiment grand ne sort que des cervelles éprouvées par la
souffrance. Mais le revers de la médaille, pour ces rares
et peu enviables génies, c'est de déconcerter les siéges
tout faits, de froisser les conventions, les préjugés de parti
pris, et de créer l'opposition, en battant en brèche de
vieux murs, dont les débris s'en vont blesser de temps à
autre le téméraire ingénieur. Toute société est comme
une chambre de malade : on y craint le bruit et n'y to-

lère que les vérités adoucies. L'artiste dont l'œil pénétrant
devance le regard des masses n'est pas compris toujours,
et, s'il l'est, tant pis pour lui. Que n'imitait-il Benserade?
Il eût été fêté à la ville, à la cour, et l'on n'eût jamais
vu à ses heureux tableaux,

> Le commandeur vouloir la scène plus exacte;
> Le vicomte indigné sortir au second acte.

La terrible imprécation de : *Tarte à la crème!* n'eût
point été à son adresse, et, au lieu de visages renfrognés,
il n'eût vu, sa longue vie durant, que des bouches en
cœur et des fronts à demi courbés par l'admiration naturelle de tant d'aimables madrigaux et d'adorables qua-
trains.

En modifiant sa manière et en l'accentuant de plus en
plus, Gavarni n'a pas pour cela déserté le monde spécial
où s'est complue dès l'abord son inépuisable verve. A part
une figure singulière (Vireloque) de nouvelle création, dont
nous dirons deux mots à part, ce sont toujours à peu près
les mêmes personnages que nous avons déjà si souvent
rencontrés dans l'œuvre du fécond artiste : lorettes, masques, protecteurs et protégées, trompeuses et trompés,
mangeux et *mangés*, comme dit Thomas Vireloque. Mais
les lorettes ont *vieilli*; mais ces *pierrots* sont des masques de carême, et, à leur face blême, vous les reconnaî-
trez sans peine pour des *débardeurs* en retraite. Ces
pierrots sont l'image exacte du bal masqué de l'Opéra, qui
se meurt et tombe en farine. Ils sont les rares survivants
de cette génération folle d'ardents plaisirs, qui vit le jour
du lustre et reçut le baptême de l'archet du grand Musard
au défunt bal des Variétés, il y a quelque vingt ans. Un
pierrot qui date de vingt ans, bon Dieu! mais c'est une
momification du temps du roi Sésostris! Ces pierrots, punis
par où ils ont péché, subissent maintenant le supplice
qu'autrefois, invulnérables débardeurs, perfides *malins*,
étourdissants gardes françaises, ils infligeaient à leurs pa-

reils. Les voilà... pierrots, à leur tour. N'importe, ils n'en feront pas moins leur métier de pierrots jusqu'à la dernière heure. Ce sont des voltigeurs de 1834 : l'un d'eux a défini la destinée humaine en ces termes : « Qu'est-ce que la vie? Une descente de la Courtille. » Ces bonnes gens-là galoperont et polkeront jusqu'à la tombe. Les nouvelles planches carnavalesques de Gavarni ont en effet un faux air de danse des morts. Nous sommes bien encore à la semaine grasse, je le veux croire; mais hâtons-nous, et gare au mercredi des Cendres!

Cette opposition de la décrépitude et de l'amer retour des choses d'ici-bas à la frivolité galante est mise en relief, d'un burin bien autrement profond et acéré encore, dans la belle et poignante étude dite des *Lorettes vieillies*. « Allons, m'man, va au marché, et ne me carotte pas! » est un de ces traits qui jettent une sinistre et trop réelle clarté sur ces bas-fonds, chargés de vices et d'impuretés de tous genres, de la population de cette grande ville, si riante et si correcte d'aspect. Hélas! il n'est que trop vrai, des tribus, des pléiades entières de créatures humaines naissent, vivent et meurent, se perpétuent, s'engendrent, sans avoir reçu, sans transmettre une seule lueur de sens moral, sans même en avoir connu l'ombre. Ces mères et ces filles s'oppriment, s'exploitent et se corrompent l'une l'autre. La gangrène morale semble créer entre elles une hideuse égalité. Les premières, vieillies, deviennent les domestiques de celles qu'elles ont formées à leur image; les secondes rendent en opprobre ce qu'elles ont reçu, à l'âge de la candeur, en démoralisation, et parfois même elles excèdent tellement la mesure dans ces affreuses représailles, que la mère, secouant ses haillons sur le seuil en signe de haine, va dans les carrefours quêter le pain de l'aumône, et salue le passant qui la lui donne, d'un : « Charitable mosieu, Dieu préserve vos fils de mes filles! » Horrible tragédie jouée cent fois par jour dans ce Paris tout au plaisir! Heureux encore ce passant,

« homme d'un certain âge, » s'il ne reconnaît pas, dans
cette femme chargée de malheurs et de honte, « une première passion ! »

Dans les *Partageuses* (sujet absolument étranger à la
politique), le même réalisme implacable se montre, bien
que sous des couleurs moins noires en apparence ; bien des
regards s'y tromperont. Les partageuses, ce sont encore
des lorettes (non vieillies), envisagées au point de vue de
la communauté des cœurs et du communisme des bourses.
— C'est le vrai côté de l'espèce : le reste n'est qu'enluminure et câlinerie décevante. Gavarni, transformé comme
nous le voyons, ne pouvait pas s'y méprendre. Après avoir
longtemps joué du bout de son crayon charmant avec ces
suaves créatures, il le leur plonge en plein cœur ; puis,
ainsi expédiées, il nous en donne une belle leçon d'ana-
tomie et de dissection, à la manière de Rembrandt. Le
très-faible prestige qui pouvait déguiser les faits et gestes
et le commerce déclaré de ces parisiennes houris, est détruit d'une main violente. Dans le premier monde de Gavarni, on voyait des trompeurs et des trompés, « des bla-
gueux et des blagués, » comme dit toujours Thomas
Vireloque. Pour si vénal qu'il fût, l'amour cherchait à
s'appeler amour ; il dissimulait de son mieux sa vilaine
face mercantile ; il faisait bon poids à l'acheteur, cherchant
à lui donner, du moins, comme appoint, quelque semblant
d'illusion. J'ignore quels Hurons pouvaient s'y tromper ;
mais enfin un certain vernis recouvrait ces étranges
mœurs . la dissimulation de l'infidélité est la politesse du
vice. Les premières lorettes de Gavarni, aux prises avec
leurs décrépits et imbéciles protecteurs, nous offraient le
spectacle éternellement plaisant de la feinte innocence.
luttant contre la vanité sénile : c'était la comédie ; ce
n'était pas le drame. Il paraît qu'en ce temps les lorettes
valaient mieux, ou peut-être est-ce nous qui étions plus
naïfs. A vue de dessin, j'opinerais assez pour ce dernier
cas, mais nous en sommes revenus. Le marché, aujour-

d'hui, est à ciel ouvert : il n'y a plus de perfidie, plus de
tromperie ; on sait ce qu'on fait des deux parts. Donnant,
donnant, et rien de plus. — Exemple : une des premières
lorettes de Gavarni (des anciennes), dans une *explication*
avec son ridicule protecteur, fond les nuages d'une jalousie
trop fondée, par cet élan d'un beau lyrisme : « Me soupçonner ! mais quelle femme ne serait pas heureuse et fière
de vous appartenir, ô Arthur ! » Arthur a soixante-dix ans,
une perruque blonde et des besicles. Il n'en est pas moins
très-flatté de cette séduisante et surtout très-sincère profession de foi. Il est tout prêt à fredonner, sur ce bon
billet, le refrain célèbre du *Tableau parlant :*

> Il est certains barbons
> Qui sont encore bien bons.
>
> . . . .
>
> Ils ont je ne sais quoi
> Qui vaut mieux, selon moi.

Dans la nouvelle série (*les Partageuses*), nous retrouvons
les mêmes personnages en présence. Arthur n'a que quarante-cinq ans : c'est vingt-cinq ans de moins, mais il en
a bien vingt cinq de plus pour l'expérience. Non-seulement, — remarquez ceci, — on ne le trompe plus, mais
il ne veut pas même être trompé : il n'y tient plus. Dans
la scène engagée devant nous, c'est cette fois la femme
qui prend l'offensive ; elle a essayé de pleurer ; elle vient
de laisser tomber, en manière de *quos ego*, le fameux, le
sacramentel « Je ne vous aimerai plus ! » — « Ne plus
m'aimer ! répond le menacé avec flegme ; mais, Paméla,
ce serait *un luxe* que vos moyens ne vous permettent
pas ! » — A quoi la lorette, — celle-là ou une autre, il
importe assez peu, — repart : « Plus je te vois, plus je
t'aime ! »

A la bonne heure ! voilà ce qu'on peut appeler de la
franchise, de la loyauté en affaires ! Les honnêtes gens,
au moins, n'achètent plus, comme on disait autrefois, chat

en poche. De pareils amoureux ne se querellent point, ne
se jettent ni les chenets ni les pincettes au visage ; je cherche même quel prétexte plus ou moins plausible ils pourraient invoquer pour se bouder une minute. L'amour et
la fidélité sont réglés par doit et avoir, et tous les articles
fournis portent la marque de fabrique. L'honorable M. Bié-
try n'en a jamais demandé plus.

Et cette autre délicieuse Fifine du quartier Breda, disant
d'un ton de chef de comptoir à un Dodolphe mécontent :
« Vous ne m'avez jamais donné de la vie qu'un petit chien
et un bouquet de dix sous ; — eh bien, vous avez eu pour
un chien et dix sous d'amour ! » Voilà un beau mot,
certes ! et cela est correct, cela est franc, cela est net
comme une facture acquittée. Impossible de dire autrement ni mieux, rue Mauconseil ou des Lombards ; et il est
clair qu'après ce sublime « chien dix sous, » il n'y a plus
qu'à s'incliner, ou à aller querir d'autres chiens, si l'on
n'est pas satisfait du *quitus*.

Histoire de politiquer, non moins vraie et non moins
actuelle que les deux séries précédentes, est la traduction
et la satire en traits admirables, et comme dessin et comme
observation, de l'un des grands travers de notre temps.
Wilkie, si je ne me trompe, a consacré un tableau aux
politiques de village ; Gavarni a retracé, lui, les politiques
de cabaret.

> Le vin au plus muet fournissant des paroles
> Chacun a débité ses maximes frivoles,
> Réglé les intérêts de chaque potentat,
> Corrigé la police et réformé l'État ;
> Puis, de là, s'embarquant pour la nouvelle guerre,
> A vaincu la Hollande, ou battu l'Angleterre.

« — Et quand vous aurez pris la Lombardie... après ? »
s'écrie l'un de nos grands politiques de barrière, plus grand
politique qu'on ne croit, car la France l'a prise bien des
fois, la Lombardie... et après ? — Son compère, les cou-

es sur la table, celui-là même qui vient de débloquer
antoue et de s'emparer de Milan, reste visiblement dé-
ncerté de cette brusque interpellation *ad urbem*. En ef-
t, ce n'est pas le tout que de s'introduire quelque part.
t après?... Il en faut sortir. C'est juste comme à la guin-
uette où l'on entre boire un coup : on en boit deux, on
 boit trois, on en boit dix ; on fait du bruit, on casse les
rres, et on est jeté à la porte.

> Ah! si le ciel t'avait donné par aventure
> Autant de jugement que de barbe au menton,
> Tu n'aurais pas à la légère
> Descendu dans ce puits.

>   .   .   .   .

Mais les finances, ah! c'est surtout dans les finances que
os politiques excellent. M. Magne et M. Fould ne leur
nt pas à la cheville. Jetez-moi un coup d'œil sur ces
eux financiers : ils sont, comme Tiercelin, si parfaits en
vetiers, qu'ils seraient véritablement déplacés dans les
rdonniers. Limousin est évidemment un réformateur,
n ami du gouvernement à bon compte. Il a probablement
 l'impôt-assurance, et il a goûté l'idée-Creuse. — « Mais,
imousin, lui dit son ami Berrichon, politique pratique
t de la vieille souche, avec ton méchant budget de 50 mil-
ons, qué que tu peux fiche? » Que diable en effet
oulez-vous que Limousin, et même son ami Berrichon,
uissent *fiche* d'un demi-cent de millions? — « Qu'est-ce
ue tu peux fiche? » est un trait magnifique, je le pro-
lame ; il y a du génie dans ce *fiche*, et, pour moi, c'est
eau comme le : « Qu'il mourût! »
Dans toutes ces études, la méthode employée par Ga-
arni est celle du daguerréotype. Il condense l'image en un
rait ; il incruste, selon l'expression de M. Alfred de Mus-
et, un plomb sur la réalité ; il la cliche, il la moule, et,
 elle n'est pas belle, tant pis pour la réalité!
Les dires et propos de Thomas Vireloque sortent de

cette manière. C'est une création qui appartient en propre
à la fantaisie de l'auteur. Vireloque est une sorte de philosophe cynique que je soupçonne de fouler aux pieds le
faste de Platon, un peu par orgueil blessé. Il tient quelque
peu aussi du bonhomme Misère de la légende populaire
et du bonhomme Patience, hôte raisonneur des forêts, de
l'invention de George Sand. Il est bonhomme lui-même
et ne philosophe tant que parce qu'il n'a pas, je le crains
bien du moins, trouvé la pierre philosophale. Sa folie n'a
rien de farouche, mais elle est misanthropique. Il tient le
milieu entre le chiffonnier paterne que nous représentait
Potier, et dont toute la philosophie consistait à se dire
« Quand on n'est pas content, faut être philosophe! » et le
chiffonnier sauvage et ulcéré de Félix Pyat, mis en action
par M. Frédérick Lemaître. Il veut qu'on épargne les rats
parce que « misère-et-corde! » (son juron favori), ces gen-
tils petits animaux, ça se dévore entre soi comme les hommes.
Il admire la vache, « une belle créature et qui n'a pas de
corset! » Il se moque beaucoup de l'homme, le roi de la
création : « Et qui a dit ça? dit-il. L'homme! » C'est le
mot de Diogène très-résumé, selon le tour d'esprit de Gavarni. « Quand je considère, disait le disciple d'Antisthène
ces gouverneurs, ces médecins et ces philosophes qui sont
dans le monde, je suis tenté de croire que l'homme, par
sa sagesse, est fort élevé au-dessus des bêtes; mais, d'un
autre côté, lorsque je vois des devins, des interprètes des
songes, et des gens que les richesses et les honneurs sont
capables d'enfler extraordinairement, je ne saurais m'empêcher de croire qu'il soit le plus fou de tous les animaux. »

Thomas Vireloque est un humoriste dont les apophtheg-
mes sont quelquefois un peu trop fins dans leur rudesse;
je ne dis pas même pour la généralité du public, mais même
pour les connaisseurs et pour les critiques. On sait bien
ce qu'il veut dire, mais il ne le dit pas toujours. Gavarni,
comme Balzac, avec lequel il a plus d'un point d'affinité,
âpre comme lui à la recherche, et passant quelquefois à

:é du bien dans la poursuite du mieux, n'arrive pas tou-
irs au simple. Quand il n'y atteint pas, il devient plus
iu que ce cheveu, sainte relique, qu'un homme de foi
ssait sa vie à montrer, sans l'avoir jamais aperçu. Vi-
.oque tombe parfois dans cet écueil; mais faut-il s'en
onner? C'est un mystique.
Le haut goût, la saveur brûlante et épicée, même un
u âcre, des nouvelles études de Gavarni, peuvent ne pas
iire à tous les estomacs : il serait difficile qu'il en fût
trement. Tant qu'un artiste, qu'il soit peintre ou écri-
in, n'est que joli, il rallie tous les suffrages. Le public,
mme un roi qu'il est, aime qu'on l'adule et qu'on le
rce : le joli est sa flatterie. Mais, du jour où ce même
tiste, las d'amuser toujours. prétend à instruire et tire
moralité de ce qu'on n'avait pris d'abord que pour un
int et superficiel badinage, il rencontrera chez les uns
: plus ardentes sympathies, mais il les expiera près d'au-
2s par des résistances inattendues. Soyez sûr cependant
i'il a gagné en force et en élévation ce qu'il perd au
rutin. S'il n'avait pas grandi, s'il n'était pas si vrai, si
 burin léger n'était pas devenu, en ses mains plus har-
es, le scalpel dévorant de l'analyste et de l'expérimenta-
ur, il ne serait pas contesté. Est-ce à dire pour cela que
s leçons s'adressent à toute la nation et, en particulier,
tant d'honnêtes gens qui nous font l'honneur de nous
rê? Non certes, Dieu merci, il n'est pas de telles mères
. de telles filles, voire, nous l'espérons, de semblables
errots dans ce public d'élite dont nous souhaiterions
 mériter les bonnes grâces. Mais les comédies de Mo-
ère ne s'adressent pas non plus à tous les spectateurs,
. cependant elles sont bien venues et applaudies de
us, après avoir aussi, en leur temps, soulevé bien des
assions et des orages. Lorsqu'on entendit pour la pre-
ière fois l'Avare donner à son fils « sa malédiction, » et
: fils lui répondre: «Je n'ai que faire de vos dons!» on cria
u scandale et à la majesté paternelle outragée, sans

prendre garde que les pères doivent tout d'abord les bo(
exemples à leurs fils, et que c'est à eux de n'être ni inh(
mains, ni usuriers, ni voleurs, s'ils prétendent à la te(
dresse et aux respects de leurs enfants ; ceci soit dit, (
reste, sans vouloir justifier l'irrévérence de Cléanthe..
n'est jamais mauvais de voir le vice à nu, avec tout
cortége obligé de misères et d'ignominies qu'il entraîn(
c'est le moyen d'en contracter une salutaire aversion q(
ne saurait être inutile. Le vice très-élégant et très-paré (
seul véritablement à craindre. Arrachez-lui ce masque,
contemplez hardiment son ignoble et vrai visage, dussie(
vous reculer d'effroi. L'épreuve n'aura rien de trop ru(
si, par la violence du choc, il vous a sauvé de lui-mêm(
La bonne éducation, l'aisance, la richesse même, peuve(
n'être pas toujours un rempart suffisant à la faiblesse ign(
rante. Toutes les lorettes, les Arthurs le savent trop, n
sortent pas de la mansarde ou de la loge du concierge ; (
s'en est vue de lettrées, de spirituelles et poëtes, qu'un(
première faute avait fait rouler dans l'abîme, sans fond (
sans retour, de la corruption. Avec quelle terreur n'eu(
sent-elles pas fui ces fleurs et ce terrain brûlants et em(
pestés, si seulement la devineresse de Gavarni leur eû(
tiré cet horoscope : «Je vois une grande bataille pour l
dame de cœur ; le roi de cœur et le roi de trèfle se châ(
maillent terriblement pour ses beaux yeux ; cela dure(
encore quelques années ; après quoi la dame de cœur aur(
besoin de protection pour cirer leurs bottes. »

Le fade abonde dans les arts. Un énergique trait, fût--
un peu cru, est un condiment généreux que, mise mêm(
à part la question morale, il est d'une bonne hygiène d(
mêler aux débilitants et aux douceâtres composés de la ré(
fection courante. Un grand talent relève tout. Callot a fai(
des gueux, mais ils sont sublimes. Le léché, le moelleux, l(
bucolique, le doux, ont leur mérite, mais ils sont de qualit(
inférieure, et ils foisonneront toujours. Il y a des Breughe(
à la demi-douzaine, mais il n'y a qu'un Rembrandt.

XIX

Les Employés[1].

On a dit, et avec raison, qu'un tableau de Paris, pour
re vrai, devrait être refait tous les vingt ou trente ans.
en est de même, ou à peu près, des peintures de mœurs,
en que la France soit le pays de la routine. Les mœurs
l'administration, particulièrement, qui paraissent le
us frappées d'immobilisme, n'échappent point à cette
ansformation graduelle et incessante qui fatalement re-
nuvelle, en une période plus ou moins longue, la face
es hommes et des choses. Plus que d'autres peut-être,
les sont variables, car elles subissent directement l'in-
uence et sont le thermomètre des régimes et des pou-
irs, assez peu stables parmi nous.
Un écrivain d'esprit et de talent, très-compétent en la
atière, et de plus bon observateur, Imbert, vers le mi-
eu de la restauration, a tracé un tableau piquant de ces
œurs administratives qu'une longue pratique ou pour
ieux dire un long servage dans les bureaux l'avait mis
même d'étudier. Sa verve railleuse a inspiré le crayon
Henri Monnier, et tout ce qu'on a écrit ou dessiné depuis
r ce sujet n'est guère que la répétition, le calque des
rtraits et des tableaux de genre, dus à cette quasi-colla-
oration dont le succès fut colossal. L'imagination du pu-
ic ne se représente guère l'employé autrement que sous
s traits du vénérable et paterne M. Bellemain. Il a été
ntretenu dans cette erreur par les esquisses subséquentes
ce type célèbre qui toutes côtoient plus ou moins l'or-
ière de la convention. Cela vient de ce que les peintres
e connaissaient pas leurs modèles. Les portraits ont vieilli

[1] Population excessivement nombreuse et que l'on ne trouve
n'à Paris, du moins à l'état de classe et dans des conditions de
mœurs spéciales.

pourtant; des tableaux, très-fidèles en 1825, ont cessé ó l'être et nécessitent, sinon une refonte totale, du moir une forte retouche.

Il ne s'agirait de rien moins que d'écrire tout un nov veau livre sur le sujet qui nous occupe. Ce côté curieu et souvent très-plaisant de nos mœurs en vaut bien l peine. Il a été démesurément élargi depuis vingt-cinq ar par l'extension prodigieuse de tous les services publics qv tend à faire de la nation un peuple d'administrateur: Nous avons plus d'une fois pensé à entreprendre ce travaii qui aurait tout au moins le mérite d'une actualité plu vive et plus étendue que jamais. Il va sans dire que le limites de ce livre nous interdisent, quant à présent, dɛ songer à rien de semblable. Le lecteur est prié de ne cor sidérer les observations sommaires qui vont suivre qu comme une sorte d'ébauche, une introduction, mêlée dɛ traits épars et d'aphorismes généraux, à la monographiɛ de l'employé, telle que notre régime le comporte.

Sorte de meubles dépendant des administrations pui bliques, les employés non-seulement voient d'un œil imu passible les changements de dynasties et de systèmesz mais sans affection ni enthousiasme pour le présent, sam inquiétude pour l'avenir, contre les éventualités duquel leu protége leur infimité, s'ils ont quelque affection ou quell ques sympathies, c'est au passé qu'elles s'adressent. C'est on le sait, un faible de la nature humaine. Mais les rémiu niscences plaintives de l'employé ne sont pas sans quelquu justesse Il se rappelle la brillante position des commis du Versailles, pourvus de larges traitements et honorés sous la monarchie de droit divin. Le titre sonnait haut alors es la chose bien plus encore. C'était une espèce de seigneuɪ qu'un commis : on savait son nom; il pouvait parvenir à tout; aujourd'hui, c'est moins que rien. Le premier empireʏ condamna les commis à une besogne excessive; il fit régneɪ dans les bureaux la discipline des armées; il sévit sann pitié sur les paresseux et les malhonnêtes. Mais les gens

e mérite avaient de belles chances : un habile mémoire,
me lettre bien faite, suffisaient quelquefois à appeler sur
ux la faveur de l'astre impérial : l'œil du maître brillait
ur tout. Son doigt allait chercher l'employé de talent
ans le fond ignoré de quelque ministère et l'élevait sans
ransition au grade de chef de division, à un siége au
onseil d'État. La restauration elle-même eut du bon
cet égard : elle s'enquérait un peu trop du nombre de
nesses entendues par les serviteurs de l'État; mais elle
vait de grandes manières et, somme toute, se montrait
aternelle et munificente.

Les choses sont bien changées. Aux commis de l'ancien
égime ont succédé les employés, les attachés de minis-
eres. Le mot *commis* est déprécié, j'ignore par quelle dé-
ivation ou quel caprice de langage; toujours est-il qu'on
e rejette et que l'on apporte la même affectation à s'en
acher qu'autrefois à s'en revêtir. Pourtant Colbert était
ommis avant d'être premier ministre. Les employés ne
ont plus guères que les fractions obscures, infinitésimales,
un tout qui s'enfle chaque jour. Ils ont peu de travail,
nais peu ou point d'avenir; ils sont pauvrement rétribués.
a multiplication des grades, le développement de ce qu'on
omme la hiérarchie opposent à leur avancement une
elle filière de classes, de titres et d'emplois, qu'aujourd'hui
urgot ou Louvois, bien qu'ils en eussent, mettraient
ente ans à devenir chefs de bureau. Les dernières grandes
ortunes administratives datent de la restauration. Depuis,
e ne sais pas d'exemple d'un commis qui soit parvenu aux
ommités de la carrière. Les derniers arrivés ont eu soin
e couper le pont qu'ils venaient de franchir, comme s'ils
ussent eu à leurs trousses les Croates ou les hulans. Si les
évolutions ne les dépossèdent pas, ces messieurs peuvent
ivre tranquilles : à couvert sous une triple ligne de forti-
ications, ils peuvent s'endormir en paix dans leurs fau-
euils. Ils n'ont rien à craindre du mérite subalterne qui
e morfond dans les bureaux. Celui-ci aura beau s'agiter,

s'il s'agite; il ne saurait guère plus percer qu'un pâl
et froid soleil d'hiver en pleine brume de décembre
Mais il reconnaît lui-même l'inutilité de la lutte. Aprè
quelques révoltes, il s'apaise et comprend qu'une vi
entière suffit à peine à gravir les six classes de commi
ordinaires, les trois ou quatre classes de commis princi
paux, les deux ou trois au moins de sous-chefs et de chef
qui barrent savamment la route à chaque pas, comme le
écluses d'un canal ou des barricades qu'il faut, bon gré
mal gré, prendre d'assaut.

Les seuls ennemis qu'eussent naguère à redouter les
gens arrivés, es hauts barons des ministères, c'étaient le
hommes politiques. Ceux-là, en revanche, n'étaient ni
indifférents ni méprisables. Ce n'était pas l'épée, c'étai
la boule de Damoclès qui sans cesse planait sur toutes les
têtes directoriales. En règle générale, voulez-vous parveni
dans les voies administratives? Gardez-vous bien d'entame
votre carrière par le début : gardez-vous de pâlir toute
votre jeunesse sur l'apprentissage d'un métier qui, en
somme, semble valoir la peine qu'on l'étudie un peu : l'art
de faire les règles et de les appliquer, en un mot, l'art de
gouverner. Il n'appartenait qu'à un sauvage comme Pierre
le Grand de vouloir être matelot pour être amiral. Nous
avons changé tout cela. Cependant on ne peut méconnaître
qu'il y a réel progrès à cet égard, depuis la cessation des
influences parlementaires outrées. Sous l'empire de ces
excès, très-pesant surtout pour l'administration, vous n'a
viez guère chance d'être jamais qu'un scribe nécessiteux
et inconnu; vous gagniez de quoi justifier cette boutade
d'un poëte qui fut sans doute bureaucrate :

> Une pâle déesse à la face flétrie,
> Moins par l'âge que par les dégoûts de la vie,
> Me barrant le passage au milieu du chemin,
> Pour m'aider à tomber, me présenta la main;
> Ce qui revient à dire, en langage vulgaire,
> Qu'un jour il me fallut entrer au ministère;

Et j'en franchis le seuil béant, à cette fin
De gagner juste assez pour n'avoir pas de pain.

Après trente ans de cette vie, vous quittiez l'administration avec quinze cents francs de retraite.

En Angleterre, le système administratif se rapproche de ce qu'il était chez nous sous la royauté de droit divin. Les employés sont honorés ; on s'enquiert d'eux ; ils sont libéralement traités, peu nombreux ; on exige d'eux beaucoup de travail, ce dont ils sont loin de se plaindre. On suit en France une marche trop inverse. On multiplie les emplois. On croit ainsi se faire beaucoup de créatures : on se trompe. Outre qu'on imite le berger de la fable qui change son mâtin robuste contre trois roquets inutiles, on ne peut contenter tout le monde, il s'en faut. Quel que soit le nombre des places, il est toujours en grande disproportion avec le chiffre des demandes. Ceux que vous ne pouvez renvoyer satisfaits se tournent nécessairement contre vous. Et quant à ceux que vous placez, n'imaginez pas qu'ils vous sachent le moindre gré de la faveur. Insuffisamment rétribués et profondément oubliés, du jour où on les inféode à la plèbe administrative, ils ne se trouvent pas traités selon leurs mérites, s'ils en ont, et encore moins, s'ils en manquent.

Le mérite de l'assiduité est évalué beaucoup trop haut parmi les vertus de la classe. La ponctualité militaire est une qualité subalterne, nécessaire tout au plus dans les relations directes avec le public, qui sont toujours l'exception. Néanmoins, pour l'obtenir de tous indistinctement, on exhume fréquemment les *feuilles de présence,* sorte de gêne et de carcan tombés en désuétude, et qu'il eût convenu à toutes les époques de laisser aux régents de collège. Le but est de forcer les employés à venir religieusement à leurs bureaux à neuf ou à dix heures sonnantes, et d'y séjourner jusqu'à cinq. Le résultat est de transformer une légion d'hommes mûrs et qu'on doit croire graves en autant d'écoliers qui jouent à cache-cache avec leurs supérieurs, et dont l'esprit, au lieu de veiller sur les intérêts de l'État, est sans cesse tendu vers quelque scapinade propre à déjouer la surveillance, à rompre une consigne trop sévère. La belle avance, quand vous aurez des dieux Termes dans vos bureaux! Laissez l'intelligence de côté en ce cas, et récompensez les fauteuils. De deux choses l'une, ou vous avez affaire à des écervelés qu'il faut congédier, ou vous avez en face de vous des hommes raisonnables, imbus du sentiment de leur devoir, et vous devez faire fonds sur leur honnêteté, leur conscience, et les affranchir de ces puériles entraves. Pense-t-on, par hasard, que, pour être employé, on cesse d'appartenir à ce monde, et que, sur le seuil des bureaux, on doive, on puisse laisser, en entrant, les affaires, les soucis, les préoccupations, les inquiétudes du dehors?

Il n'en est rien, et beaucoup d'employés sont contraints à cumuler pour vivre des occupations extérieures avec les travaux de leur poste, et à faire plusieurs métiers. Les uns tiennent des livres ou donnent des leçons d'arithmétique et d'écriture; d'autres des leçons de musique. Il en est dont les femmes ont un petit commerce de mercerie ou de lingerie. Il faut cela pour joindre à peine les deux bouts. On en a vu même obligés par le malheur des temps et le peu de largesse de l'État à distribuer des contre-marques dans un théâtre de boulevard. Il en est d'autres enfin qui se mêlent d'écrire, et les neuf ministères comptent dans leurs bureaux quelques douzaines de gens de lettres. De pareilles positions, qui assurent au moins les premiers éléments du strict nécessaire, semblent en effet convenir aux écrivains, chez qui la folle du logis, mauvaise ménagère, compromet et oublie le garde-manger. Un gouvernement ami des lettres peut trouver sans peine dans la multitude d'emplois commodes dont il dispose de quoi les favoriser. Mais, loin qu'ils doivent à leurs titres littéraires l'humble existence dont ils jouissent dans les bureaux, les écrivains n'y sont pas toujours très-bien vus. Il est rare qu'ils y fassent leur chemin; il l'est moins de les voir congédiés sans façon pour quelques écarts véniels; entre autres, ce terrible manque d'assiduité avec lequel il n'est, au ministère, point de salut. Leur capacité présumée ferait supposer qu'on leur confie des travaux de rédaction de quelque importance. Nullement : la plupart sont expéditionnaires et passent pour être dépourvus d'aptitude administrative. Un directeur que j'ai connu personnellement s'impatientait de compter plusieurs littérateurs parmi ses employés. Il ne pouvait leur reprocher de consacrer le temps de l'État à leurs élucubrations; la chose était tout simplement impossible, vu le travail forcé qui, par exception, pesait incessamment sur les bureaux de cette direction neuve et active. Néanmoins, il les tourmentait, se gardait de les avancer et leur jetait continuellement à la face cette formidable appellation d'hommes de lettres. Ceux-ci objectaient humblement que, ne trouvant pas de quoi vivre dans leur emploi, ils étaient bien forcés d'utiliser leur plume; qu'au surplus en ceci ils ne faisaient qu'user du droit incontestable de disposer à leur guise du temps que leur laissait l'administration. « A la bonne heure! répondait le directeur poussé dans ses derniers retranchements, mais vous apportez au bureau la préoccupation de vos travaux littéraires! je n'aime pas cela, changez de métier! — Mais lequel faire? — Eh bien! allez tenir des livres! »

S'enfermer pour tailler des plumes, passe, depuis Figaro, pour le travers de certains administrateurs. Cette plaisanterie a vieilli. La mission d'un chef est de faire travailler, plus que de travailler lui-même. Je ne commettrai pas la méchante raillerie de le complimenter sur son zèle à remplir la seconde moitié de sa tâche. Le métier, quoi qu'on en dise, est laborieux et ardu. C'est du chef de bureau que part l'initiative : aussi est-ce bien lui qui, sur une foule de points, est véritablement ministre.

Le *commis d'ordre* est une espèce à part, une façon de casier vivant, un répertoire monté sur deux pieds, qui revêt fantastiquement la forme humaine, et qu'eût affectionné Granville. J'imagine que, si on procédait à l'autopsie de sa cervelle, on la trouverait étiquetée et numérotée à l'encre rouge.

Le type négligé et misérable d'aspect sous lequel on se figure et représente généralement l'*expéditionnaire* ou le *surnuméraire*, rentre dans ce que j'appelais, en commençant, la convention. Si l'élégance et une sorte de lionnerie peuvent se glisser dans les ministères, c'est parmi les expéditionnaires et les bas employés. Cette partie jeune et fringante de la bureaucratie écrase du faste de ses *sticks*, de ses cravates de fantaisie et de ses habits Dussautoy, les employés supérieurs, ceux-ci n'étant ni assez pauvres, ni assez riches pour se livrer à pareille magnificence. Les expéditionnaires sont une providence pour les salons bourgeois, où les jambes de bonne volonté se font de jour en jour plus rares. Il en est même qui se poussent sans beaucoup de peine jusque dans les plus hautes régions du monde titré ou richissime. On se demande quel est ce parfait gentilhomme qui, chez la princesse X..., conduit avec tant d'art et une si rare perfection comme valseur, un cotillon monstre? — ou cet autre qui, chez M. de Castellane, jouait la comédie avec tant de désinvolture, chantait l'opéra et traitait avec aplomb de *mon cher duc* les plus hautes têtes de l'assemblée? — ou ce troisième enfin qui ne manque pas une seule représentation des Bouffes, et dont le visage plaît tellement à la *prima assoluta*, qu'elle chanterait tout de travers s'il n'était là? — Celui-là est un employé très-ordinaire de cinquième classe au ministère de la marine; celui-ci touche quinze cents francs au ministère de la guerre; cet autre est expéditionnaire aux bureaux de la dette inscrite. On ne leur connaît pas un sou de revenus. Par quel procédé mystérieux, par quelle science économique réalisent-ils cet effet de mirage qu'admire l'œil et dont s'étonne la pensée? C'est un des nombreux mystères de Paris.

On voue trop généralement ses services à l'État, quand on n'a rien de mieux à faire, à peu près comme ces pauvres filles qui se fiancent avec Dieu, faute de trouver un épouseur.

L'État, en revanche, apprécie à leur juste valeur les dévouements équivoques que lui procurent le hasard, l'impuissance ou tout simplement le désir de participer pour quelques miettes au budget, et de recouvrer, sous la forme de traitement, une partie du gros impôt qu'acquitte annuellement le pays.

L'administration, qui est la tête et la boussole de la nation, se recrute par trop comme une compagnie franche.

Il est certain niveau qu'un employé prudent ne doit pas songer à franchir.

Il peut ne pas suffire, bien qu'en dise l'Évangile, de s'abaisser pour être élevé; mais s'élever, c'est prendre le chemin infaillible d'être tôt ou tard abaissé. Le sort de l'employé n'est stable qu'à la condition d'être obscur.

La moitié des pères de France ont pour leurs fils l'ambition de Cochin, l'avocat, qui disait du sien : « S'il n'a pas de mérite, je le ferai asseoir. » Leurs fils sont assis, en effet, à peu près sept heures par jour.

Et, à ce propos, une anecdote démontrera les avantages de l'assiduité bureaucratique. M. le comte de......, génie universel, qui a successivement géré les deux tiers des ministères, et a laissé partout le renom d'une extrême rigidité sur ce chapitre, poussait parfois dans les bureaux les reconnaissances fortuites, un peu moins peut-être pour discerner et encourager le mérite que pour punir les manquements au précepte fondamental de la présence corporelle. Surprenait-il un employé en faute, c'est-à-dire absent, il s'écrivait sur sa pancarte, avec addition de ces terribles mots : *Privation d'appointements pour un mois;* signé : LE MINISTRE.

Un jour, en revanche, ou, pour mieux dire, une nuit, — ceci se passait entre neuf et dix heures du soir au ministère de l'intérieur, — le comte de....., sortant de son hôtel, avisa une fenêtre des bureaux dont l'éclairage inusité contrastait avec la parfaite obscurité du bâtiment. L'œil du ministre, à cette vue, s'illumina comme la fenêtre; il fit appeler son chef du service intérieur, et lui demanda le nom de l'employé zélé, du colimaçon vertueux qui habitait encore la coque bureaucratique à cette heure phénoménale. On lui dit le nom du mollusque; le ministre en prit note, et, séance tenante, alloua à ce commis modèle une gratification de mille francs. Mandé le lendemain chez son chef de bureau, ce dernier y parut en tremblant, et allait, comme Scapin, entamer une confession laborieuse et demander grâce sans doute pour quelque méfait inédit, quand il lui fut donné lecture de la décision du ministre. Qu'on juge de sa joie et de son étonnement! Cet employé si assidu était un pauvre diable traqué par d'implacables créanciers et décrété de prise de corps, qui, pour échapper aux limiers de M. Perrin, avait pris depuis quelques jours le sage parti de ne plus quitter son bureau et y avait, à cette fin, transporté philosophiquement son domicile politique, son bonnet de nuit et sa marmite. Son grand zèle consistait à brûler la chandelle et les bois du gouvernement, au profit de son pot-au-feu et au grand dépit des recors. Si Port-Royal vivait encore, on pourrait dire que c'était de la *grâce efficace* unie à la *présence réelle*.

On s'évertue à torturer maître budget dans tous les sens, celui des *recettes*, s'entend. C'est à qui fournira sa petite panacée, son infaillible spécifique contre les misères fiscales.

Qu'il nous soit permis de produire aussi notre petit paradoxe réformiste.

Admettons que la France ne puisse absolument se passer de quatre-vingt mille commis, et prenons pour exem-

le ce magnifique palais qu'éleva M. de Villèle à la gloire
e nos finances, de cette Trésorerie *qui fait l'admiration
! l'envie de toute l'Europe*, confondue en effet de voir
otre pays percevoir le plus fécond budget des temps anti-
ues et modernes.

Dans ce palais de marbre où vivent bon an mal an, grif-
onnent, paperassent, payent, encaissent surtout et émar-
ent régulièrement, chaque mois du calendrier, de quinze
 dix-huit cents commis, parcourez les longs et obscurs et
nnombrables corridors de cette cité financière, de cette
aisse monumentale, de ce coffre-fort aux cent portes,
ous trouverez, serrées, groupées, multipliées comme les
lvéoles de ces ruches où viennent s'engloutir le suc et le
arfum de toutes les fleurs, les cellules bureaucratiques.
uinze ou dix huit cents bureaux, voilà quinze ou dix-huit
ents feux que l'on pourrait réduire à quarante ou cin-
uante, en remplaçant les cheminées par des calorifères et
n abattant toutes les cloisons.

L'économie en vaut certes la peine, surtout si on l'ap-
lique et aux neuf ministères, et à toutes les grandes ad-
inistrations publiques qui font de la France le pays le
lus gouverné des cinq parties de ce bas monde. Mais
st-ce tout? Il s'en faut bien, et nous l'allons prouver sur
heure.

Le spirituel Imbert, en son piquant traité des *mœurs
administratives*, établit qu'au bout de deux ans tout bu-
eaucrate, ayant vraiment la vocation et les instincts de
on état, devient forcément *architecte*. Architecte, pourquoi? Imbert n'est pas complet et n'est vrai qu'à demi. Il
urait dû dire *ingénieur*. Si la bureaucratie en masse se
asemate et se calfeutre tant qu'elle peut contre l'ennemi
ommun, qui est le contribuable, le commis en détail se
ortifie de son mieux contre l'ennemi particulier, qui est
e maître, je veux dire le chef : chef, maître, ennemi, c'est
out un. La Fontaine l'a dit avant moi et mieux que je ne
aurais dire.

Tel qu'un écolier, lisant Faublas au lieu de Thucydide ou de Tite Live, se cuirasse, non d'airain, mais de dictionnaires contre le regard de vautour de l'inexorable *pion*; tel le commis de ministère s'entoure de dossiers, de cartons, de pancartes, pour dissimuler le journal (d'opposition quelquefois) ou le nouveau roman-feuilleton qu'il savoure, ou le petit bouquet à Chloris qu'il expédie rue La Bruyère; ou le sixième de vaudeville qu'il broche, en guise de *minute*, sur le papier officiel. Les chefs en général, gens chauves et à lunettes, ont si peu de mémoire, qu'ils ne se souviennent pas de la verte saison où ils confectionnaient des opéras pour Nicolo ou des flonflons bachiques pour le Caveau moderne. De là vient que les ministères sont peuplés de Vauban, de Haxo, de Paixhans et de Dode de la Brunerie. Je ne sais pourquoi l'on s'inquiète d'une invasion de la France. A la première alerte, je propose d'envoyer nos cent mille commis aux frontières.

Puis, le chapitre *des chapeaux*, que n'a point connu Aristote. Sans le chapeau, point de ces déjeuners agréables auxquels succède, ou le domino matinal, ou le billard hygiénique; point de ces rêveries douces au bord de l'eau que poétise la cigarette; point de ces frais et idylliques rendez-vous, suite des églogues du bal masqué de l'Opéra, sous les ombrages du 20 mars. Survienne un chef irrité, grondeur, *supercilio movens*, le chapeau a réponse à tout. Le chapeau est là : rien à dire. M. Alfred, M. Anatole, M. Paul *est dans les bureaux.*

Si l'on supprime les cloisons, comme les Anglais de longue main nous en ont fourni l'exemple, plus de cheminées abusives où brûle un feu surabondant, plus de fortifications, plus de chapeaux, plus de chômages; la *présence réelle*, et non par Caudebecs, devient une nécessité. L'œil à lunettes du maître, c'est-à-dire du chef, plane sur tout son personnel. Adieu billard, adieu fourchette, adieu lorette, adieu grisette ! C'est en vain qu'au printemps les lilas refleurissent et qu'il fait beau le jour *sous les grands*

rronniers. Les cuirassiers cessent de voyager par or-
e pour porter le poulet de M. Frédéric à madame de
int-Hippolyte. Le bol de punch est renversé, l'attrayant
mino rentre dans sa boîte, le quartier Breda est dans la
peur; il se désole ou se console : mais en revanche,
tat économise du coup neuf cents commis sur dix-huit
nts.

Tel est le simple effet d'un simple coup de marteau
nné dans de simples cloisons. On fait l'économie de cin-
ante mille commis, et les autres ont de quoi vivre.

XX

rees de Paris et maisons de jeu clandestines.

Il est remarquable avec quelle irrévérence les Parisiens
itent les peuples étrangers.

es voleurs commerciaux sont pour eux des Juifs;

es usuriers des Arabes;

Certains voleurs, qui font un coup particulier bien connu
: garçons de caisse, sont qualifiés d'Américains;

es créanciers implacables sont des Anglais;

es gens de peu d'éducation sont des Savoyards;

es gens ignares sont des Welches;

es gens laids, de vilains Chinois;

es partisans outrés du vin, des Polonais;

es mauvais sujets, des Cosaques;

Et les vagabonds, des Bohêmes;

ous les portiers ne sont pas Suisses, mais tous les
isses sont portiers;

a race des applaudisseurs gagés, qu'on nomme cheva-
rs du lustre, prend aussi le nom de Romains;

Enfin, les honorables industriels qui font profession de
cher au jeu sont des Grecs.

Qui nous délivrera des Grecs et des Romains?

'ignore l'origine du mot Grec.

Si le nom est nouveau, la chose ne l'est pas. Messieu
les grecs peuvent se vanter d'une antique et illustre or
gine. Il ne paraît pas qu'autrefois la filouterie au jeu fr
envisagée du même œil qu'à cette heure, ni surtout l'obj
des rigueurs judiciaires qui la poursuivent de nos jour
Tallemant des Réaux et le duc de Saint-Simon, l'un, cet
spirituelle portière, et l'autre, ce Timon du dix-septièm
siècle, nous apprennent que Henri le Grand, Mazarin
bien d'autres, trichaient au jeu, n'ayant honte d'être su
pris que lorsque plus habile qu'eux rendait leurs rus
inutiles. Le jeu était alors un duel où tous moyens étaie
permis. L'adresse, dans la complète acception du mot,
prévalait, ou, pour mieux dire, la prestidigitation. L
joueur trompé n'exhalait son dépit qu'en se promettan
de se venger à la première occasion sur quelque dup
moins experte. Rien n'est plaisant, à cet égard, comme l
fameuse partie d'hombre du cardinal de Mazarin et d
chevalier de Grammont. Il était arrivé à ce dernier de lâ
cher une plaisanterie piquante sur le compte du cardina
il était coutumier du fait. Il se trouva, comme toujour
des complaisants pour rapporter le propos au premie
ministre; celui-ci avait trop d'esprit pour montrer son re
sentiment.—Touchez là, monsieur de Grammont, dit-il a
chevalier, lorsque celui-ci se présenta le soir pour faire
cour à la reine mère; vous m'avez très-fort maltraité au
jourd'hui; mais, pour vous prouver que je suis exempt d
rancune, asseyez-vous là; vous allez, s'il vous plaît, fair
ma partie. — Mazarin comptait bien punir le chevalie
en lui *gagnant* au jeu quelque vingt mille pistoles. C
fut le contraire qui arriva. Le chevalier joua d'un *bon
heur* insolent et dévalisa littéralement son adversaire. L
cardinal-ministre, qui avait ses raisons pour pénétrer l
secret d'une si rare chance, ne fit pas mine pourtant d'e
vouloir au chevalier, et baissa courtoisement pavillo
devant lui, sans se plaindre, comme devant un génie supé
rieur et une main plus alerte que la sienne.

lLe même chevalier de Grammont ne fait aucune diffi-
lté d'avouer, par l'organe de son propre beau-frère
imilton, qu'il excellait à corriger la fortune, et quicon-
ιe a lu ses piquants Mémoires, se souvient de cette
meuse partie où l'aimable rival de Louis XIV auprès de
mademoiselle de Houdancourt eut l'étrange précaution de
faire soutenir par un piquet de gendarmes, pour engager
ἀ passe-dix contre un officier du roi, qu'il savait colère
capable de mettre l'épée à la main, — le brutal! —
bur tirer satisfaction des revers que lui apprêtait sa mala-
resse, jointe à la haute dextérité du chevalier. Ce der-
ier n'en était pas moins la coqueluche de la cour, et
mussait, grâce à ses *talents*, d'une considération immense.

lLa contagion de piperie avait gagné jusqu'aux saints,
moin ce propos charmant que place Saint-Simon dans la
buche d'un vertueux prélat, auquel on annonçait la cano-
isation de son ami François de Sales. — Vraiment, je
lis ravi de ce que vous m'annoncez, dit ce tolérant dio-
isain, j'ai beaucoup connu en Savoie notre cher saint, et
ιe félicite d'apprendre qu'on l'a mis dans le calendrier.
Il n'avait qu'un défaut, celui de tricher au jeu; mais il di-
iit pour ses raisons que c'était pour donner aux pauvres.
Au dix-huitième siècle, on retrouve à peu de chose près
s mêmes mœurs, et le héros de l'abbé Prévost, ce pau-
re Desgrieux dont les malheurs nous ont fait verser tant
ε larmes, convient franchement que, pour suffire aux
rodigalités furieuses de Manon, il n'hésitait pas à *plumer*
s financiers ou autres que leur mauvaise étoile faisait
mber entre ses mains. Le naïf chevalier n'hésitait même
ιs à tuer le prochain pour tirer sa Manon de la prison de
mint-Lazare, et ces péchés de jeunesse ne rendirent ce
rodèle des amants dévoués que plus intéressant. S'il re-
vait, on lui infligerait le bagne; mais il fut en son temps
ιdéal des boudoirs, le héros aimé des ruelles.
Ces idées tolérantes influèrent sans doute sur la ré-

daction de notre Code pénal, puisque lors d'un procè
connu, celui dit du *café de Foy*, la tricherie au jeu m
parut point offrir le caractère d'escroquerie prévu par
le texte législatif, et qu'un arrêt de la Cour suprême, ju
geant souverainement, mais arbitrairement, fut nécessair
pour amener la punition des coupables.

Quoi qu'il en soit, notre société, si indulgente aux ma
nœuvres frauduleuses de bourse, c'est-à-dire au pillage e
grand, ne pardonne plus les infractions au code de l'aléa
toire, et ce chevalier de Grammont, si adoré à la cou
galante de la Fronde et à la cour licencieuse de Charles II
serait traité comme un grec et flétri par la justice, s'i
reparaissait aujourd'hui sur la scène du tapis vert et du
la gentilhommerie.

Les grecs, pour n'être plus autorisés, pullulent, comme
au bon vieux temps, et se glissent dans les plus hautes ré
gions de l'ordre social. Il est même de l'essence de cette es
pèce de gens d'afficher de grandes manières, d'étaler un
luxe insolent, et de montrer au jeu une désinvolture, une
insouciance du gain, un laisser-aller dans la perte, nécessaires pour assurer le désastre de leurs victimes. De même
qu'un banquier, dit-on, n'est jamais plus près de sauter
que lorsqu'il fait sonner bien haut ses bénéfices, donne
des fêtes et paraît ouvrir son portefeuille à tout venant,
les détrousseurs au jeu ne sont jamais plus sûrs de consommer votre ruine que lorsqu'une déveine irrésistible
semble vous les livrer pieds et poings liés. C'est Virgile
qui nous l'apprend :

Appréhendez des Grecs jusques à l'infortune.

Le véritable grec est ostensiblement logé dans un quartier élégant, dans une maison luxueuse, dans un appartement somptueux. Il porte un nom sonore ; il a un domestique, un cabriolet ; tout le reste de son train est à l'avenant. On ne lui connaît aucune terre, aucune inscription

rentes; mais il paye partout noblement, magnifique-
ent, et les écus n'ont pas besoin de faire leur preuve
s carrosses pour être assez bien vus partout. Cette su-
rbe indépendance assure au grec l'accès des meilleures
aisons, celui des clubs les mieux hantés. A Paris, il n'est
 qu'un peu d'effronterie et un habit bien fait pour s'in-
oduire partout, sinon pour arriver à tout. Accueilli dans
plus grand monde, le grec a soin d'y revêtir une passion
ntarde et expansive pour quelqu'un ou pour quelque
ose : une femme ou les femmes, les chevaux ou les
urs, la valse ou la musique italienne. Quant au jeu,
exprime non-seulement une parfaite indifférence, mais
e aversion marquée pour ce passe-temps dangereux; il
it à peine manier une carte et s'en félicite. Cette sagesse
re jusqu'au jour où, après boire, convié, sollicité de
ates parts, il s'assied de guerre lasse, et par respect hu-
ain, à une table de lansquenet ou d'écarté, perd quelques
is, se pique au jeu, hasarde successivement dix billets
banque, les perd encore, et se retire, annonçant qu'il
joueja plus et que du moins la leçon lui profitera.
ais un si galant homme et si solvable, qui perd si ronde-
ent, sans sourciller, mérite bien une revanche; on le
esse de l'accepter; après beaucoup d'hésitation, il se dé-
rmine à la prendre. Les premières périodes de cette
uvelle épreuve sont loin de lui être favorables; il perd
core; il perd toujours; un sien ami, présent à cette re-
nche funeste, l'adjure en vain de s'arrêter; mais cette
s le démon du jeu s'est tout de bon emparé de lui; il
usse devant lui les monceaux d'or et de billets, accu-
ule écoles sur fautes; la sueur ruisselle sur son front (le
ec transpire à volonté); il touche à sa ruine complète...
is, tout à coup, la chance tourne; la volage déesse
urit à sa victime; les doux chiffons de soie lui reviennent
foule; non-seulement le joueur adverse rend gorge;
ais il est décavé à son tour et perd, après avoir vidé son
rtefeuille, une forte somme sur parole, que, selon le code

du jeu, il payera dans les vingt-quatre heures, dût-il pour cela vendre sa dernière chemise ou emprunter à cent pour cent.

Nous serions honteux de connaître les procédés à l'aide desquels s'opèrent ce brigandage poli, cet assassinat en gants jaunes. Ils sont variés et ingénieux. Quelques-uns seulement sont venus jusqu'à nous La profession de grec réclame de longues études préalables, des exercices patients, des préparations difficiles, un tact d'aveugle, un œil de lynx. *Faire sauter la coupe*, c'est-à-dire annuler la coupe de son adversaire en réintégrant habilement les cartes dans leur premier ordre, c'est l'*a b c* du métier. — *Piquer* les cartes, ou, en d'autres termes, imprimer à quelques-unes d'elles certaines marques imperceptibles à tout autre œil que la prunelle de faucon de l'Hellène moderne, c'est là encore un des moyens très-usités de ces messieurs. On en peut dire autant des cartes *biseautées*, dont une partie, taillée obliquement par un biais presque invisible, permet à l'opérateur de distinguer les figures des basses cartes. *Faire le pont*, c'est plier légèrement les cartes à un endroit déterminé, de façon à guider la main de l'adversaire dans la portion du jeu où elle doit couper innocemment, secondant ainsi les vues de l'aventurier. L'expression est pittoresque. — *Faire des poses* n'est autre qu'une interpolation de cartes préparées dans un jeu loyal pris au hasard. C'est ce procédé qu'employait le grec de haut rang, démasqué il y a une dixaine d'années aux fêtes élégantes de Chantilly, et expulsé honteusement des rangs du monde et de l'armée.

Outre ces moyens et une foule d'autres dont les joueurs honnêtes ne savent même pas le nom, il y a le chapitre des compères et des signaux télégraphiques. On peut puiser à cet égard des lumières dans les tableaux de Valentin, ce peintre ami des ruffians, ce Michel-Ange des tripots. Une main négligemment passée sur la cravate, dans les cheveux, ou battant distraitement de la caisse sur une

ole, dit, comme les oracles, plus qu'elle ne semble dire.
ı général, défiez-vous des gens qui gesticulent au jeu.
lLa grande chère et les vins fins jouent un grand rôle
ms les conciliabules grecs. Il est d'usage et de prudence
étourdir la victime par les fumées bachiques d'un
lendide festin, avant de procéder à son détroussement
piable. Un bon estomac fait partie des qualités impé-
eusement requises chez le joueur *habile*. On donne ha-
tuellement rendez-vous au *pigeon* dans un salon par-
culier de quelque restaurant luxueux ; on le grise et on
dépouille. Un tour original prouvera le parti que
essieurs les grecs savent tirer de la libation appliquée à
xploitation des poches. Le lendemain d'une séance de
llte nature dans laquelle sa raison s'était fort obscurcie,
ı jeune homme riche reçoit la visite de deux grecs, ses
versaires de la veille, qui, déposant sur la cheminée
usieurs rouleaux d'or, s'empressent, disent ils, de lui ap-
irter les trois cents louis qu'il a gagnés. Le visité n'a
ıl souvenir d'un lucre si considérable ; mais on insiste,
ı lui affirme qu'il a parfaitement gagné ladite somme,
pour preuve, on cite tous ses coups hardis ou heureux
la veille. — La galerie était en extase, dit-on ; mais
us étiez un peu en train ; vous avez le vin oublieux ! Le
ueur novice se laisse facilement persuader et encaisse
m bénéfice. A quelques jours de là, même scène ; seule-
ent, c'est lui qui a perdu cette fois, non pas trois cents,
ais mille louis. En peut-il douter, en présence des attes-
ltions positives du chevalier de Roustignac, de la ba-
onne de Saint-Phar, du vicomte de Sainte-Adresse et de
int d'autres gentilshommes qui assistaient à la partie, et
ncore moins après la conduite loyale que ses adversaires
nt tenue envers lui, quand son cerveau troublé n'avait
ême plus conscience de son propre bonheur au jeu ?
ı le crois bien ; dans les deux cas le jeune homme était
rre-mort, et les deux soi-disant parties avaient purement
simplement consisté à le déposer comme un paquet dans

un fiacre et à le ramener chez lui. Ce tour ingénieux u
peu trop répété finit par éveiller les soupçons d'une dup
et c'est ainsi qu'il arriva jusqu'aux oreilles de la justice.

Le grec est forcément voyageur; quelque soin qu'il a
porte à déguiser son industrie, son bonheur chroniqu
le mystère qui plane sur son origine, et quelques allur
suspectes, tôt ou tard dessillent les yeux des plus confian
Le grec *brûlé* prend son parti lestement et va sous u
autre nom nobiliaire se faire pendre ailleurs, c'est-à-di
se mettre en quête de nouvelles dupes. Il parcourt su
cessivement les principales villes de province, les séjou
d'eaux et les capitales de l'Europe; car l'univers est s
domaine et sa mappemonde une carte. Il est rare qu
ne parle pas toutes les langues avec facilité, comme
revêt tous les visages. Il est plein de talents, un peu m
sicien, beau joueur, amant magnifique; il soutient a
besoin son caractère au bout d'un pistolet ou d'une épé
et passerait toute sa vie pour un gentleman accompli,
la justice maussade ne lui donnait parfois « de l'occupatio
sur mer, » comme dit ce pauvre Labranche.

La fermeture des jeux publics eut pour premier eff
de doubler à Paris le nombre des jeux clandestins. On m
raye pas une passion du cœur de l'homme, et quelle pa
sion ! d'un trait de plume législatif. Nous sommes cepe
dant de ceux qui applaudissent de tout cœur à la su
pression de ces dangereux numéros projetant une lueu
sinistre dans l'ombre et attirant, pareils au feu follet pe
fide, l'ouvrier, le père de famille, le comptable, l'adole
cent, dans le gouffre de la ruine et du déshonneur. Au
jourd'hui, il faut chercher le jeu, tandis qu'alors le je
venait au-devant de vous et vous prenait comme par
main pour vous entraîner dans son antre. Mais, proviso
rement, le diable n'a rien perdu à cette suppression mo
rale ; les grecs y ont gagné seulement.

Il existait à cette époque, sous le titre de *tables d'hôte*
un très grand nombre de maisons tenues par des lorett

rs d'âge et dans lesquelles, à la suite de dîners com-
uns à tant par tête, on dansait pour avoir une occasion
, jouer. Ces réunions étaient d'ordinaire assez gaies ; car
es se recrutaient dans la classe insoucieuse des riches
angers, des femmes de loisir et des jeunes gens désœu-
ẽs. Les grecs de bas étage y pullulaient et trouvaient
 faciles auxiliaires dans les Circés et les Armides qui
chantaient ces *routs* mêlés. Dépossédées de Frascati,
 femmes plus ou moins agréables qui s'attachaient aux
ncs des joueurs comme le taon vorace au bétail, s'en
ẽrent toutes fonder, qui de ci, qui de là, des établisse-
ents semblables. Mais la police, tout à coup saisie d'une
vre de moralité, leur déclara la guerre et leur fit rude
asse. Aujourd'hui, les pauvrettes sont bien décimées, et
ur petite église est en butte journalière à des rigueurs
oclétiennes. Mais, comme rien ne peut périr ici-bas, et
jeu moins que toutes choses, les persécutions de la po-
e ne sont point parvenues et ne parviendront pas à an-
niler les tripots. Ces dames ont seulement passé la
rière pour la plupart et se sont réfugiées sur le mont
entin de Montmartre ou des Batignolles, où elles espè-
nt dépister plus facilement les limiers de la rue de Jé-
salem.

Autrefois, leurs maisons, qui fonctionnaient sans cesse
ostensiblement comme les jeux publics, étaient ouvertes
ous venants. Aujourd'hui, il y faut plus de précautions.
e présentation en règle est nécessaire ; mais les condi-
ns d'admissibilité ne sont pas des plus rigoureuses.
nnes vie et mœurs n'est pas le point dont on s'enquiert.
 Il a de l'argent ? dit tout bas la maîtresse de la mai-
 à l'affidé qui lui amène une recrue. — Il n'est pas
ployé à la police ? — Oui et non. — Qu'il soit alors le
nvenu !

e nouvel introduit que la passion du jeu ou sa com-
lte inexpérience pousse dans ces lieux clandestins, y
uve une société bigarrée qui peut bien lui imposer de

prime abord. La moitié des hommes pour le moins son
décorés de plusieurs ordres ; quelques-uns portent de
brochettes, des croix de commandeur au cou, de fanta
tiques crachats et des Nischan de strass qui resplendisse
de tous les feux de l'Orient. Les femmes sont très-parée
et de *Sainte-Amarante*, de *Mérinval* ou de *Sainte-Luc*
Malgré leur noble descendance, elles disent : Mon *pre
piétaire*. Quelques-unes sont jolies, avec de fauves éclai
dans le regard, faits pour donner la chair de poule à u
observateur tant soit peu exercé. La maîtresse du log
porte aussi quelque nom emprunté au calendrier ; el
est la fille d'un colon de Saint-Domingue, ou la veuve d'u
officier supérieur tué en Morée, d'où, sans doute, l'or
gine de ses relations suivies avec le peuple grec.

On dîne bien ou mal, selon l'humeur fantasque de l
maîtresse de la maison ou la situation présente de so
crédit, toujours chancelant, chez la fruitière et le bouche
Le néophyte est mis sous la protection d'une aimable vo
sine, à qui son premier devoir, en provincial bien élev
est d'offrir au dessert une bouteille de champagne. Aprè
le dîner, on ne danse plus, de peur d'éveiller la police
c'est tout profit pour la maîtresse du logis, dont le *flam
beau* est le revenu le plus clair, et qui, sans plus attendr
fait installer les tables de lansquenet, de baccarat ou de di
points. Le *dix-points* est l'écarté double, c'est-à-di
l'écarté en dix points, et se joue beaucoup dans ces mai
sons. La *voisine* s'installe auprès du provincial ; elle s'i
téresse à son jeu, lui presse le pied sous la table, et cett
distraction l'empêche de distinguer la jolie petite mai
blanche qu'elle agite parfois au-dessus de sa tête, dan
l'honnête vue d'indiquer le jeu de son protégé à la part
adverse. Il est d'usage dans ces maisons de mêler inva
riablement les cartes après son adversaire, tant il y règn
de savoir-vivre et de confiance mutuelle. Au reste, l
pertes et les gains roulent sur des chiffres fort minime
les magnats hongrois, les princes polonais et les généra

ésiliens se contentent, faute de mieux, de très-modiques
néfices, et il faut avoir l'humeur chagrine de la police
ur contrarier, comme elle le fait, l'industrie de ces braves
ns. Elle intervient assez souvent au milieu de la fête
us l'incarnation et l'écharpe d'un commissaire, qui vient
ire ce qu'on appelle *une descente* au cinquième étage
'la dame brelandière. Elle s'y introduit cauteleusement,
mme un chat qui surprend un congrès de souris. Elle
sit les enjeux, happe le cher flambeau, note les noms
s brelandiers, et conduit à la préfecture la dame de
ans avec ses principaux affidés, sans égard pour les
oix d'Espagne et les crachats qui les décorent. Ainsi
it la comédie, et la police correctionnelle, moins aima-
e que toi, lecteur très-précieux, n'excuse pas les fautes
l'auteur.

XXI

Le faux malade, type de puff annoncier.

Mon ami Georget est un pauvre hère qui n'avait hérité
ses parents qu'une assez robuste santé dont il ne tirait
s grand parti. Au sortir des bancs du collége, où nous
ions usé tous deux pendant huit mortelles années ce que
pruderie anglaise exprime par *inexpressible*, il s'était
uvé lancé dans le monde sans argent, sans appuis, sans
at, sans ressources, ne possédant pour toute avance qu'un
u de grec et de latin, triste fortune. Il avait essayé de se
ire médecin et était même, à grand renfort de priva-
ns et d'industrie, parvenu à prendre un ou deux degrés
ns la savante faculté; mais ces premières épreuves su-
es, il s'était vu précisément aussi avancé qu'auparavant,
cette différence près qu'il avait épuisé, pour en arriver
ce point, le reliquat du mince pécule que lui avait légué
mourant, avec sa bénédiction et le don précieux de

l'instruction, un riche parent éloigné dont la munificence
avait pourvu aux frais de son éducation classique. Bref
mon infortuné camarade végétait, dans toute l'acception
du mot. On le rencontrait, la mine hâve et les joues creu-
sées par la faim, rôdant mélancoliquement aux alentours
des restaurants économiques du quartier Saint-Jacques
dont il contemplait l'étalage à la façon dont les Hébreux
envisageaient, du fond de leur désert de sable, l'entrée du
pays de Chanaan. Sa maigreur était fabuleuse, et ses
coudes décharnés perçaient littéralement son vieil habit
qui, à l'instar de ces fils de famille atteints par l'inexorable conscription, demandait un remplaçant, sans pouvoir, hélas! l'obtenir.

Avec tout cela, ce pauvre Georget avait un fonds de
bonne humeur et de philosophie inépuisable. Quand
d'aventure il avait gagné quelque menue pièce à tâter un
pouls de bas étage ou à faire quelque saignée dans l'antichambre, toute sa gaieté reparaissait. — Foin du chagrin
s'écriait-il; qu'est-ce que je demande au ciel? De me faire
dîner, s'il est possible, un peu plus de deux fois par semaine. J'espère qu'à la fin il entendra les vœux de mon
estomac aux abois. — Ainsi soit-il! disions-nous. Mais le
ciel paraissait atteint de surdité ou tout au moins restait
muet. Tout au plus intervenait-il, de loin en loin, sous la
figure d'une pièce de cinq francs glissée furtivement de
la poche d'un camarade dans celle du malheureux
Georget.

Il y avait déjà plusieurs années que j'avais perdu de
vue ce dernier, et je le croyais depuis longtemps mort de
la male faim d'Ugolin, lorsque, vers le milieu de 1846, je
ne fus pas peu surpris de le rencontrer, se promenant sur
le boulevard avec cette lenteur majestueuse qui n'appartient qu'à l'homme riche. Nous nous trouvâmes face à face
au détour de la rue de la Paix. J'eus de la peine à le reconnaître. Quelle étonnante métamorphose! Son teint, naguère si blême, était orné maintenant des brillantes cou-

urs de la santé; sa mise, tout à la fois confortable et
ɡnée, accusait chez lui une aisance dont témoignaient
 reste et ses joues rebondies, et son abdomen proéminent,
ɯ se dessinait en ronde bosse sous les plis de son ample
letot. Le changement était si grand, si radical, si im-
ɥévu, que je fus obligé de m'y prendre à trois fois, pour
nstater l'identité de cette espèce de chanoine, avec le
ɯuvre diable efflanqué qui jadis répondait au nom de
ɡorget.

[Enfin, l'indécision ne me fut plus possible; car Geor-
It, m'ayant aperçu, se jeta aussitôt dans mes bras et me
ɯra contre son cœur en poussant de grands cris de
ie.

—— Ah! cher ami, s'écria-t-il, que je suis aise de te re-
ᴉir! Comment te portes-tu?

— Bien; et toi?

—— Moi, je suis malade, me dit-il, très-malade, on ne
ɯut plus malade...

—— Du diable, interrompis-je, si l'on s'en douterait, à
ᴉtte corpulence de Silène! Et de quelle maladie es-tu
onc affligé?

—— Dans ce moment, dit-il en se frottant les mains, j'ai
ɥe gastrite suraiguë qui ne me permet pas de digérer
ɥe seule bouchée de nourriture... Mais, à propos, il est
ᴉnq heures; je me sens une faim dévorante... Allons dîner
ᴉu café de Paris!

— Dîner? tu n'y songes pas. Et ta gastrite, malheu-
ᴇux!

— Sois donc tranquille, reprit-il; j'en serai guéri de-
ɥain matin.

 Sur cette assurance consolante, je le suivis sans plus
ɟe résistance, heureux que j'étais de me retrouver, après
ɯne si longue absence, avec ce jovial compagnon.

—— J'ai aussi, continua-t-il en arpentant le bitume au
ɟas accéléré, une sciatique qui m'a privé de l'usage de
ous mes membres.

— Il y paraît! lui dis-je en m'essoufflant à faire des enjambées égales aux siennes. Je commençai de croire que mon pauvre Georget n'avait de malade que la tête.

Quelques instants après, nous étions installés dans le restaurant cher à la lionnerie, en face d'une table bien garnie, d'où nous avions l'œil sur le boulevard. Georget dressa lui-même la carte et commanda un repas de gourmet. Gibier, poisson, primeurs, vins fins, il n'épargna rien dans le menu. J'étais un peu inquiet pour ma bourse des suites de cette équipée gastronomique, et peut-être mon œil trahit-il cette secrète anxiété, car Georget se hâta de m'annoncer en triomphe qu'il entendait me faire les honneurs du festin, et que, ce jour-là, l'*addition* ne regarderait que lui seul.

— Malepeste! lui dis-je, il paraît, mon très-cher, que la médecine t'a réussi.

— La médecine! s'écria-t-il avec un dédaigneux sourire, métier de dupe, métier de niais! Il existe, par le temps qui court, beaucoup plus de médecins que de malades. Le monde est renversé aujourd'hui : ce sont les malades qui vivent et les médecins qui meurent... de faim. Mon choix ne pouvait être douteux : je suis de l'avis de ce sage qui dit qu'il faut toujours se ranger du côté de la minorité. — Au diable la médecine! me suis-je dit un jour, je veux être malade, rien que malade, toujours malade... et je le suis! Ah! mon ami, que de maux j'ai eus, sans compter tous ceux qui m'attendent!

En disant ces mots, et sans égards pour la gastrite suraiguë dont il m'avait l'instant d'avant dénoncé l'importune existence, mon camarade déployait un appétit crotonien et se versait à chaque morceau de larges rasades, qu'il avalait avec la profonde quiétude qui naît d'une conscience pure et d'un excellent estomac.

— Mais, mon ami, lui dis-je dans ma simplicité, tu vas rendre ton mal incurable. Et ta gastrite, encore une fois?

Il partit, à ces mots, d'un grand éclat de rire.

— Une gastrite! dit-il en faisant joyeusement claquer ses doigts au-dessus de sa tête, qu'est-ce qu'une gastrite pour un homme qui a eu dans sa vie la goutte, la gravelle, la dyssenterie, l'hydropisie, le choléra, le typhus, la peste, tous les genres de fièvres connus et une multitude d'autres? Tel que tu me vois, continua-t-il, je relève de paralysie. Il n'y a pas plus de six mois que, tombant du haut d'une tour, je me fracturai tous les membres et restai pour mort sur la place. Le jour d'après, j'étais sur pied. — Voici une jambe, dit il en frappant sur sa cuisse, que l'on m'a coupée au moins trois fois. Un chirurgien habile me pratiqua un jour la désarticulation du bras, et tu peux voir, dit-il en faisant le poing au plancher, qu'il ne m'en reste aucune trace. — Est-ce assez? Non, car j'oubliais de te mentionner la cataracte, la goutte sereine, l'hydrophthalmie, dont j'ai joui au moins, l'un dans l'autre, une fois par trimestre, depuis que je n'ai eu le plaisir de te voir. J'ajouterai, mais seulement pour mémoire, le stratisme, le bégayement, quelques anévrismes du cœur, une douzaine de hernies plus ou moins étranglées, des tubercules au cerveau, pas mal de phthisies pulmonaires, et enfin une péritonite qui a failli ces jours derniers me précipiter dans la tombe. Es-tu content? J'ai dit. Ouf!... donne-moi à boire!

> A tout ce beau discours j'étais comme une pierre,
> Ou comme la statue est au festin de Pierre.

— Décidément, il est fou! me dis-je avec douleur. Ne laissons pas cependant que de flatter son mal, puisque aussi bien le système contraire ne servirait qu'à l'irriter; feignons d'abonder dans son sens.

— Ce qu'il y a de singulier, repris-je en m'efforçant de conserver mon sérieux, c'est que, atteint à toi tout seul de plus de maladies que tout le reste du genre humain, tu aies eu le rare bonheur de ne succomber à aucune.

— Pas si bête! s'écria Georget; je n'imite point ces sots malades qui meurent de leurs maladies, je vis des miennes au contraire, et c'est à elles que je dois cette inaltérable santé dont fait foi l'air de mon visage.

— Le fait est que tu as une mine florissante!

— Elle n'est pas trompeuse, je t'assure. Ah! c'est que l'on me soigne, il faut voir!... J'ai tous les jours chez moi une foule de grands médecins...

— Qui te traitent gratuitement?

— Fi donc! T'imagines-tu bonnement que je me laisse guérir pour rien? Et de quoi vivrais-je, s'il te plaît?

— En voici bien d'une autre!...

— Ceci cache un mystère, n'est-ce pas? repartit en riant Georget. Je dois te faire en ce moment l'effet d'un opéra-comique. Eh bien! viens me voir demain, de midi à quatre heures. C'est le moment où je reçois les visites de *mes clients* (il appuya sur ce dernier mot avec une triomphante accentuation). Tu assisteras à la séance et tu sauras le mot de l'énigme.

On peut croire que le lendemain je fus exact au rendez-vous. Ma curiosité était vivement piquée, et elle fut pleinement satisfaite.

Je trouvai Georget installé dans un fort joli appartement du quartier de la Chaussée-d'Antin. Drapé dans une ample robe de chambre à grands ramages et à demi couché sur un moelleux divan, il aspirait indolemment les fumées d'une pipe turque. — *Quantum mutatus ab illo!* m'écriai-je en me rappelant la triste mansarde où je l'avais connu jadis. — Comment te portes-tu ce matin? ajoutai-je.

— Assez bien pour un homme malade, me dit-il. Au surplus, j'attends ma guérison, qui ne peut tarder à paraître.

En effet, la minute d'après, une porte s'ouvrit, et un domestique annonça le docteur Caleb Williams.

Grand, rouge, mince, osseux, noir de la tête aux pieds,

le docteur était le type achevé, ou plutôt la caricature idéale de la physionomie, du flegme et de la roideur britanniques. Il se dirigea, ou plutôt se glissa silencieusement jusque vers un large fauteuil où il s'établit, sans mot dire, droit, anguleux, empesé comme une pensionnaire ou un factionnaire au port d'armes.

— Bonjour, docteur; je suis à vos ordres, dit Georget en lâchant sa pipe. — Attention! me dit-il tout bas; il s'agit de ma gastrite suraiguë.

Pour toute réponse, le docteur fixa sur moi un regard inquiet.

— Monsieur est de mes amis, de mes amis intimes, dit Georget, répondant à ce langage muet.

Le docteur s'inclina en silence.

— Ainsi, continua mon ami, nous pouvons parler devant lui. — D'ailleurs, monsieur est journaliste.

Le docteur salua jusqu'à terre.

— En ce cas, dit-il avec un accent d'outre-Manche des plus prononcés, nous commencerons quand vous voudrez.

Georget se leva à ces mots, se plaça devant un secrétaire, prit une plume, de l'encre, et le docteur, tirant un papier de sa poche, lui dicta les lignes qu'on va lire :

« Monsieur le rédacteur,

» Une gastrite devenue chronique, et qui pourtant se maintenait à l'état le plus suraigu, faisait le malheur de ma vie depuis un grand nombre d'années. Vainement j'avais essayé de tous les traitements imaginables : fortifiants, débilitants, émollients, surexcitants, lait d'ânesse et vin de Cahors, tout était venu se briser contre l'opiniâtreté de mon mal. J'étais d'une maigreur diaphane; mes organes digestifs, ruinés par l'abstinence et les remèdes, en étaient arrivés à ne plus supporter le moindre atome d'aliment; bref, j'étais véritablement dans un état désespéré, et je songeais sérieusement à terminer mon existence, lorsque j'eus le bonheur de rencontrer le grand docteur Caleb Williams, qui, à l'aide de l'*Arabica*, précieux végétal récolté sur les pics de l'Afrique septentrionale, m'a rendu en peu de semaines la vie, la force et la santé. A peine eus-je ingéré quelques cuillerées à bouche de cette bienfaisante substance (prix : 6 francs le paquet, rue Bergère, n°...; on ne reçoit que les lettres affranchies), que je me sentis littéralement renaître comme par enchantement. Aujourd'hui, je me porte à merveille; j'ai recouvré une vigueur double de celle que j'avais perdue, et, comme l'autruche, cet oiseau originaire de l'Afrique, qui sans doute se nourrit aussi d'*Arabica*, je digérerais, je crois, des pierres. La reconnaissance et l'humanité me font un devoir de publier, dans l'intérêt de mes semblables, les faits que je viens d'énoncer, et c'est à cet effet, monsieur le rédacteur, que je vous prie de vouloir bien donner place à la présente lettre dans votre estimable journal.

» Agréez, etc. »

— Avez-vous écrit? Signez maintenant et mettez votre adresse au bas, dit le grand docteur Caleb Williams.

— C'est fait, dit Georget.

— Bien, donnez.

Georget tendit d'une main le papier, et de l'autre reçut en échange une reluisante guinée.

Le docteur salua et sortit.

J'ouvrais la bouche pour exprimer à Georget ma sincère façon de penser de l'indigne métier qu'il faisait, lorsqu'un autre médecin fut introduit sous le nom du docteur Paul-Emmanuel.

Celui-ci était aussi jovial que le premier semblait lugubre. C'était un gros courtaud joufflu qui se dandinait en parlant et pérorait avec une volubilité extrême Il ne pouvait tenir en place, et la vivacité dégénérait chez lui en une véritable turbulence. Cet homme devait être doué d'une activité dévorante.

— Mon cher, dit-il, sans s'inquiéter le moins du monde de ma présence, je viens de trouver un spécifique unique, souverain, merveilleux, irrésistible, triomphant contre une maladie réputée jusqu'à ce jour incurable, impitoyable, mortelle. J'ai résolu un immense problème, et je vais rendre à l'humanité un de ces services signalés, un de ces bienfaits auprès desquels, etc., etc. — Il parla sur ce thème pendant un gros quart d'heure, avec la gesticulation et l'emphase d'un opérateur en plein vent.

— Au fait, au fait! interrompit notre *malade* impatienté.

— M'y voici. J'ai découvert un remède infaillible contre l'hydrophobie.

— L'hydrophobie? J'en suis, dit Georget en riant; je n'ai jamais pu souffrir l'eau.

— Il s'agirait de lancer cela... vous comprenez?

— Parfaitement, dit mon ami, en se rasseyant à son secrétaire.

— Voici la chose, dit le docteur; mais pouvons-nous... interrompit-il en me lançant un regard oblique, pouvons-nous... hein? qu'en pensez-vous?

— Monsieur est journaliste, répéta solennellement mon camarade.

Le docteur me fit trois saluts, et, cherchant en vain son chapeau qu'il avait déposé sur un meuble, il faillit m'ôter sa perruque.

Georget prit des mains du docteur le papier que celui-ci lui tendait, et y déchiffra tout haut ce qui suit :

« Mordu l'été dernier par un chien enragé, j'avais déjà éprouvé les premières atteintes du mal horrible que l'écume de cet animal furieux avait infiltré dans mes veines. Je souffrais des douleurs intolérables; la nuit, je me tordais sur ma couche et mordais convulsivement mon oreiller. Il m'arriva même une fois de me mordre la langue jusqu'au sang. La vue seule de l'eau m'était tellement odieuse, que je ne pouvais passer un pont. J'avais eu recours successivement aux médecins homœopathes, allopathes, hydropathes et autres ; aucun n'avait pu me soulager, et j'allais prendre le parti de m'étouffer entre deux matelas, lorsque j'eus l'idée de m'adresser au célèbre docteur français, connu dans le monde médical sous le nom de Paul-Emmanuel. Ce savant médecin, à l'aide d'une mixture dont la composition ne m'est point connue, m'a rendu en quelques instants la vie et la santé. Je ne redoute plus l'eau et j'ai cessé d'être féroce. J'ai renoncé au projet de m'étouffer moi-même ; on peut m'aborder sans crainte, et je rends des actions de grâces perpétuelles au docteur Paul-Emmanuel et à ses simples, dont le succès, en dépit des aboiements de ses confrères qui enragent, n'est rien moins que la suppression complète de l'hydrophobie, ce mal hideux que l'on avait jusqu'ici jugé incurable.

» En foi de quoi, etc.

Et il signa d'un nouveau nom, car il en avait une douzaine. Son concierge en avait la liste, et lorsqu'on demandait M. de Saint-Pierre ou M. de Saint-Ferréol, M. Durand, M. Lecamus, le chevalier de la Pistole ou le baron des Œillets, guéri dans les journaux de quelque mal atroce, c'était Georget, toujours Georget, qui étalait au visiteur, aussi stupéfait que ravi, sa face rubiconde et son embonpoint, annonce vivante et très-vivante, signe et témoin irrécusables d'un rétablissement merveilleux.

Le docteur Paul-Emmanuel paya et sortit. Georget alors me compléta ses confidences. Comme, malgré ses douze noms, il ne pouvait lui seul suffire à la grande consommation de maladies et de remèdes qu'exigeait sa *spécialité*, il avait beaucoup d'accolytes. Il s'était fait entrepreneur de programmes pathologiques. Il recrutait pour ses *clients* des signatures de gens qui ne savaient pas lire, ou à qui, pour trois francs, il était fort égal de se reconnaître affligés de maux qu'ils n'avaient jamais eus. On les

guérissait d'ailleurs : de quoi eussent-ils pu se plaindre ?
Il y a dans Paris dix mille individus qui, pour cent sous,
engageront volontiers leur signature pour cent mille francs,
et la Banque de France a souvent escompté d'excellents effets de commerce qui n'avaient pas d'autre origine. On a
vu des spéculateurs vendre aux journaux qui se fondaient
et qui éprouvaient le besoin d'un patronage parlementaire,
des signatures de députés, qui ignoraient, bien entendu, ce
trafic, à raison de vingt-cinq francs l'une dans l'autre.
Georget suivait ces ingénieux errements : ce n'était point
dans les chambres, mais dans les mansardes ou au coin
de la borne qu'il récoltait, pour les revendre à un énorme
bénéfice, ses adhésions ou ses blancs seings, et c'est ainsi
qu'il m'expliqua l'existence des pièces incroyables qu'on
voit de temps en temps figurer aux annonces des grands
journaux parisiens, et qui sont signées de vrais noms, ac-
compagnées de vraies adresses ; car l'important est de capter la confiance, et les simples initiales sont dans un discrédit complet.

Georget, comme chef de cette clinique, ne *donnait* personnellement que dans les grandes occasions ; il laissait à
des subalternes le soin d'endosser de ces certificats vul-
gaires ou pestiférants dont, pour un franc cinquante la
ligne et même moins, la presse, imitant Vespasien, ne
craint pas d'empoisonner son public. Si je ne les avais
point lues, je ne pourrais croire qu'il se trouve au
monde des hommes pour signer, et d'autres pour rendre publiques, des déclarations de ce genre :

« Monsieur,

» Mon corps n'était qu'une plaie ; mon haleine était in-
fectante ; j'étais l'horreur de mes semblables, etc., etc.,
lorsque le grand docteur Y*** vint à mon aide, et, et...
(voir aux quatrièmes pages). »

On peut croire aisément qu'après les confidences de

Georget, je m'abstins de voir cet *ami*. Je le rencontre cependant de loin en loin et ne puis toujours l'esquiver. Quelque temps après février, je l'aperçus ; son étoile avait évidemment pâli. La maladie ne donnait plus. Mais, depuis quelque temps, en revanche, il me paraît transfiguré. Avant-hier, nous nous trouvâmes nez à nez à l'angle d'une rue étroite ; impossible de l'éviter. Il était radieux. — Mon ami, me dit-il, je ne suis plus malade, je suis mort ! Aussi bien, je commençais à me *brûler*. — Et, bien que j'en eusse, me tenant par la boutonnière, il m'apprit comme quoi il était en marché avec un embaumeur rival du célèbre M. Gannal, pour *annoncer* convenablement son nouveau procédé hindo-égyptien (sans mutilation). — Cette fois, dit-il, je payerai de ma personne, et largement. C'en est fait de Saint-Pierre, et de Saint-Ferréol, et du baron des OEillets : je les ai condamnés à mort. Le chevalier de la Pistole aura la même destinée (pour un procédé égyptien, il faut des décès convenables). De mes douze incarnations, avant une semaine ou deux, il ne restera plus que moi, moi, dis-je, mais cela me suffit !

J'attends les prospectus annoncés pour savoir si Georget, cet *omnis aux maux*, est enfin mort et embaumé. Il faut faire une fin, comme il dit. Le docteur a des capitaux, et, si l'affaire se conclut, Georget prétend que son décès lui assurera de quoi vivre pour tout le reste de ses jours.

XXII

Paris à la campagne. — Versailles.

Quand Louis XIV fit cette royale folie qu'on nomme le château et le parc de Versailles, lorsque, de complicité avec Le Nôtre, Lebrun et Mansard, il se livra à cette prodigieuse orgie d'architecture, de peinture, de quinconces, de bosquets, de jets d'eau, de vases, de statues, d'airain, de bronze et de carrare, lorsque sur une lande ingrate il improvisa une féerie, un rêve, des splendeurs qui touchaient à l'invraisemblable, pour ne pas dire à l'impossible, il ne fit pas seulement une chose grande et belle, il fit aussi une chose utile.

Les démocrates vous diront qu'il fit la révolution ;

Les habitants de Seine-et-Oise, qu'il fit la fortune de Versailles, ou, pour mieux dire, qu'il créa cette ville d'un obscur village, qu'il laissa cité magnifique ;

Les Français des quatre-vingt-cinq autres départements, qu'il dota le pays d'une merveille qu'eût admirée le monde antique, et qu'envie le monde nouveau ;

Et les industriels, qu'il fit les chemins de fer de la rive droite et celui de la rive gauche. Ce n'est pas son plus bel ouvrage.

Qu'on suppute la quantité d'étrangers, le nombre de guinées, de rixdales, de ducats, de piastres, de florins, de roubles qu'a attirés en France depuis 1672, date de l'achèvement du château de Versailles, le faste de nos monuments, dont celui-là est sans nul doute le plus extraordinaire et le plus en renom, et l'on jugera si depuis longtemps la France n'a pas récupéré avec usure les millions que les historiens ont si aigrement reproché au grand roi d'avoir entassés sur un plateau nu et stérile, autour du modeste château qu'habitait le feu roi son père.

Et combien de ces millions, je vous le demande ? mille ou douze cents tout au plus, une misère, pas même un budget ordinaire. C'est bien la peine de tant déclamer ! Par ma foi, nous en avons vu et nous en verrons bien d'autres. Cela n'a pas empêché le grand roi mourant de frapper sa poitrine avec componction, et de dire à son héritier : « J'ai trop aimé... *les bâtiments !* »

Eh ! mon Dieu, chaque siècle n'a-t-il pas sa folie, ses entraînements, son vertige ? Le nôtre ne pourra-t-il pas dire : « J'ai trop aimé les chemins de fer ? » Il est vrai ;

mais le vingtième siècle, ce placide héritier qui recueillera sans frais le bénéfice de nos débauches de rail-ways, sera-t-il fondé à nous jeter nos extravagances à la face? Je ne le pense pas ; car ce serait le fait d'un fils ingrat, d'un méchant cœur, et je lui donnerais pour ma part ma malédiction de grand-père.

Soyons donc pieux si nous voulons qu'on le soit pour notre mémoire. N'imitons pas les fils de Noë, et jetons un voile sur l'ivresse de nos pères. Louis XIV a, dit-on, creusé le tombeau de la monarchie, lorsqu'il édifia Versailles. — D'accord, mais le tombeau nous reste. — Il nous a conduits à la banqueroute. — Soit ; avons-nous payé ses dettes pour lui reprocher ses dépenses ?

Ce qui caractérise profondément Versailles, c'est un cachet de majesté, d'immensité vraiment unique. Le grand roi, le grand siècle, sont tout entiers dans ce parc et dans ce château gigantesque. Après deux siècles écoulés, on ne peut se défendre d'un sentiment d'admiration et pour ainsi dire de respect, à la vue de ce monument prodigieux de l'art français et de la puissance royale. On y trouve, qu'on me passe ce rapprochement ou ce paradoxe, tous les caractères de la monarchie absolue et brillante qui régnait alors sur le pays : l'ordre dans la profusion, la sagesse dans le caprice, chaque chose mise en sa place, chaque détail subordonné scrupuleusement à l'ensemble, de grandes lignes, un vaste horizon, mille complications ramenées à une unité grandiose, une majesté simple, une ampleur souveraine, une magnificence sévère, solide, substantielle, foncière. Versailles fut l'extravagance de l'esprit du monde le plus sensé, le plus amoureux de la règle.

Puis, si de cet ensemble prestigieux on passe aux détails, l'étonnement redouble, et l'admiration est peut-être plus grande encore. Il n'est rien, pas un groupe, une statue, un vase, un mince ornement, si perdu qu'il soit dans les profondeurs des massifs, qui ne soit un morceau achevé et irréprochable en son genre ; ni la matière, ni la main

d'homme ne fait jamais défaut à l'œuvre la plus humble ;
nulle trace de négligence ou de parcimonie mesquine ; ni
trompe-l'œil, ni charlatanisme. Chaque ouvrier a fait sa
tâche en conscience, sans s'inquiéter si son œuvre serait
la première exposée aux regards de la foule enthousiaste,
ou si une patiente recherche serait nécessaire pour la dé-
gager d'un si vaste ensemble. Chacun d'eux, mû par le
sentiment de la hiérarchie et du devoir, savait aussi, in-
timement, que l'astre radieux, *nec pluribus impar*,
dans lequel se personnifiait l'auguste ordonnateur, tôt ou
tard finirait par luire pour chacun et pour toutes choses ;
que nulle peine n'était perdue ; que nul effort consciencieux ne passait inapprécié. Aussi ces ouvriers, qui étaient
pour la plupart de grands artistes, ont-ils fait de Versailles,
non-seulement une résidence digne du plus grand roi de
l'univers, mais un musée national dont la perfection et la
richesse demeurent vraiment admirables, un musée *en
action*, si j'ose parler ainsi, car aucune œuvre d'art, si
grande qu'elle soit, n'y est isolée ; elle concourt à l'harmonie et à l'impression générales ; elle n'a pas seulement
sa valeur intrinsèque ; *elle sert*, dans l'acception réelle et
pratique du mot, et cette disposition, en montrant ce que
peut faire une réunion d'hommes de talent, disciplinés,
obéissant à une volonté de roi et d'artiste, est bien autrement saisissante que l'entassement de chefs-d'œuvre enca-
talogués, au hasard, dans une galerie spéciale ou une
salle basse de palais.

Versailles nous représente une de ces trop rares sym-
phonies qui, dès l'abord, séduisent et étonnent par la
splendeur et la puissance des accords, le calme de l'inspiration, la majesté de l'harmonie ; puis où cent auditions
successives révèlent à l'oreille ravie des détails d'instrumentation admirables, des beautés d'orchestre et des intentions mélodiques, inaperçues aux premiers jours, tant
elles étaient savamment et ingénieusement fondues dans
les proportions de l'ensemble.

Hélas ! si on compare cette magnificence, ce zèle, ce soin, cette conscience scrupuleuse au luxe moderne, quelle déchéance ! Nous avons pris exactement le contre-pied des procédés du grand siècle. Aujourd'hui tout est calculé pour l'effet, l'heure, la minute. Rien ne peut défier le plus mince examen, la plus faible injure du temps. Nos marbres sont du stuc ; nos pierres, du carton ; notre dorure, de la couleur ; notre peinture, de la détrempe, et nos sculptures, du moulage. On peut, sans sortir de Versailles, faire ce triste rapprochement.

La disparate serait bien plus sensible encore si, dans l'ancien palais, pouvait nous apparaître pour quelques instants cette foule dorée, empanachée, étincelante, qui peuplait autrefois Versailles. Quelle triste figure nous ferions, nous, peuple de petits bourgeois étriqués, affairés, mesquins, sous nos lambris de carton-pâte, en présence de cette fière et galante aristocratie, ravivée sur l'ancien théâtre de ses fêtes et de ses amoureux exploits ! C'est pour le coup que le grand roi aurait beau jeu à nous traiter comme ces Téniers dont il voulut certain jour purger son palais, et à s'écrier en courroux : « Otez-moi de là tous ces magots ! »

Il est vrai de dire que les magots n'auraient garde d'obéir à l'ordre. Les magots sont chez eux dans le palais du roi, dans la demeure du *Soleil*. C'est pour eux qu'en définitive Mansard et Le Nôtre ont travaillé.

On peut faire aussi à Versailles même la comparaison des écoles française et anglaise en matière de bosquets, de parcs et de jardins. Une réaction violente s'était prononcée sous l'influence des nouvelles idées littéraires (lesquelles, hélas ! sont déjà vieilles) contre le style de Le Nôtre, dont les grandes lignes, la symétrie et les massifs académiques, étaient assimilés aux alexandrins de Racine et confondus dans le même arrêt de proscription. Le jardin anglais, c'est-à-dire l'imprévu et le désordre pittoresque, fut préconisé outre mesure. Les deux genres sont réunis dans le parc même de Versailles, où il existe, sous le nom de *Jardin du roi,* un *fac-simile* fort exact du parc attenant au château de Hartwell qu'habitait, durant son exil en Angleterre, S. M. Louis XVIII. De retour en France, il voulut conserver le souvenir matériel de ces ombrages hospitaliers, et fit exécuter ce pastiche britannique : c'est un ravissant labyrinthe de boulingrins, de fleurs et de bosquets touffus ; mais, tout amour-propre national à part, je dois dire que la réaction anti-française a été .souverainement exagérée, et que, de cet échantillon du jardin britannique au parc de Versailles, il y a toute la distance d'un croquis à une grande toile, d'un coin de forêt à un horizon infini, d'un caprice heureux à une vaste et splendide conception.

On n'attend pas de nous, je pense, que nous décrivions Versailles. Des volumes ne suffiraient point à cette tâche, de même que des semaines et des mois entiers seraient nécessaires pour apprécier les innombrables beautés de détail que renferment le château et le parc. L'œuvre de tant d'années, de tant de bras actifs et de vives intelligences, ne peut être comprise ni jugée en quelques heures, et c'est, je vous le jure, un rude plaisir qu'une journée passée à Versailles.

C'est ce dont, au surplus, quarante mille personnes peuvent juger sept ou huit fois par été, quand les grandes eaux *jouent* à Versailles, selon l'expression consacrée. Chaque annonce de ce genre représente un mouvement énorme de population ; car le jeu de ces eaux merveilleuses est une de ces beautés éternelles dont les Parisiens eux-mêmes ne peuvent se lasser et dont chaque étranger veut jouir.

Ce jour-là, les abords des deux chemins de fer sont encombrés dès le matin d'une foule inquiétante ; les gondoles de toute nature regorgent de cette fraction de voyageurs timides et retardataires qu'effraye encore le lointain souvenir de la catastrophe de la rive gauche ; les coucous, que l'on croyait morts et dépecés depuis dix ans, ressuscitent et recommencent à voiturer une fabuleuse cargaison de *lapins;* c'est une émigration en masse..

Versailles, cette grande cité silencieuse et presque funèbre, depuis que la chute de l'ancienne monarchie a réduit de cent à vingt mille le nombre de ses habitants, voit l'herbe de ses larges rues mélancoliques foulée aux pieds par une population bruyante. Bientôt, le parc et le château sont envahis, et le peuple pullule dans ces immensités qui sont aujourd'hui son domaine.

La multitude n'accorde qu'une attention distraite aux statues colossales en marbre qui décorent la grande cour du palais, et dont la plupart ont été extraites du pont de la Concorde. Très-peu songent aussi à rechercher dans la ville cette fameuse salle du jeu de Paume qui vit l'aurore et fut le berceau de notre liberté naissante. Une inscription subsiste encore qui relate le mémorable serment de l'assemblée constituante; mais la salle n'est plus aujourd'hui qu'un atelier de menuiserie et un magasin servant de dépôt aux décorations du théâtre.

Cette négligence, cet oubli de l'un des plus grands souvenirs de l'histoire nationale, est pardonnable, ou tout au moins concevable, en un jour où le promeneur a simplement à visiter le château, le musée, le parc, l'orangerie, toutes les fontaines, le grand et le petit Trianon, etc., c'est-à-dire de quoi épuiser le marcheur le plus intrépide. Tel est pourtant le tour de force que la curiosité féroce du Parisien fait accomplir en quelques heures, non pas seulement à des hommes robustes, mais à des familles entières, avec femmes, filles, lycéens, et bonnes tenant dans leurs bras les petits enfants à la mamelle.

Ce difficile problème ne saurait se résoudre qu'à la condition d'employer la matinée à parcourir au pas de course les différentes salles ou galeries, contenant ce qu'on nomme le musée de Versailles. Si l'on songe que la façade du palais sur le jardin présente plus d'un demi-kilomètre de développement, sans compter les nombreux bâtiments en retour dans lesquels sont comprises les cours du côté de la place d'Armes, on sera effrayé du pèlerinage à accomplir en si peu de temps devant ces lieues de batailles peintes Tout a été dit sur le musée de Versailles, et nous ne reprendrons pas les critiques adressées à cette immense pinacothèque de nos annales militaires. L'intention en est meilleure que l'exécution, voilà tout, et cette tentative prouve qu'on improvise les musées, mais non pas les peintres. La foule, qui n'est pas si rigoriste ni si raffinée que la critique, se presse non-obstant au musée de Versailles : elle continue d'admirer particulièrement la Smala et la galerie de Constantine ; elle s'émerveille devant les plâtres blanc et or des nouvelles galeries, tandis que les artistes en petit nombre vont visiter les anciens portraits relégués aux étages supérieurs, et revoir les appartements du grand roi, les plafonds de Mignard et de Lebrun, les marbres de Puget, le théâtre, la chapelle, la belle salle des Gardes et la chambre à coucher de Louis XIV, consciencieusement restaurée et remeublée par ordre de Louis-Philippe, qui a fait en ceci œuvre de goût, et dont l'austère magnificence évoque le souvenir d'une brillante époque déjà si éloignée de nous.

Deux heures sonnent ; la foule évacue le palais et se précipite dans le parc. C'est l'heure où de toutes parts les fontaines se couvrent de jets humides, de cascades et de gerbes étincelantes. Les eaux sont l'âme de Versailles ; elles en sont peut-être la plus grande merveille, non-seulement à cause des dépenses inouïes prodiguées pour les y attirer, mais en raison surtout des effets surprenants qu'en ont tirés les machinistes et les ingénieurs du grand roi. Il serait aussi difficile de rendre ces effets que de décrire les impressions causées par un feu d'artifice ; et, tout ce que l'on en saurait dire, c'est que cela dépasse de beaucoup toute conception, et qu'il faut jouir par ses yeux de ce prodigieux spectacle.

Toutes les figures de dieux, d'hommes ou d'animaux,

qui décorent en nombre infini les diverses fontaines du parc, sont d'une exécution irréprochable et attestent le ciseau d'artistes supérieurs. Chaque fontaine est placée sous l'invocation de quelque divinité de l'Olympe ; c'est un morceau emblématique et complet où l'invention et la fantaisie se multiplient et se surpassent elles-mêmes à chaque création nouvelle. Ici, c'est le bassin des Fleuves et des Naïades ; là-bas, ce sont les bassins de Diane, et plus loin les bains de Latone. Dans ce bosquet, le géant Encelade, écrasé sous les débris du mont Ossa, lance, dans sa fureur, vers le ciel, un jet d'eau d'une hauteur incommensurable. Ici, ce sont les *mille tuyaux* dont les mille jets se réunissent en un gigantesque obélisque. Apollon, comme personnifiant le monarque, a eu les honneurs de deux fontaines capitales : l'une, située à l'extrémité du célèbre *Tapis vert*, représentant ce dieu sortant des mers, debout, sur son char attelé de quatre coursiers qu'environne une phalange de tritons et de dauphins ; l'autre, offrant l'image d'une grotte où Thétis, entourée de ses nymphes, reçoit le blond Phébus à l'heure où, las de nous donner le jour et de diriger son char brillant, il cherche dans le sein des mers un soulagement à ses fatigues.

De ces deux éléments si simples en apparence, des groupes de statues et de l'eau, les décorateurs de Versailles ont tiré des combinaisons si variées, si inattendues, non pas seulement dans les pièces qui viennent d'être énumérées, mais dans vingt autres, qu'on ne sait vraiment dire lequel est le plus digne d'admiration, ou de la puissance d'un roi qui opérait de tels prodiges, ou de la surprenante imagination des architectes et des artistes qui le servaient si heureusement.

Mais, de toutes ces fontaines, la plus extraordinaire est, sans contredit, la vaste pièce creusée à droite de la façade du jardin, à l'opposite de l'Orangerie et de la pièce d'eau des Suisses, et qui porte le nom de *bassin de Neptune*. C'est cette merveille d'hydraulique que l'on entend com-

munément sous la désignation de *grandes eaux*. Cette
pièce est immense : on y distingue trois groupes considérables : celui de Neptune, ayant à sa gauche Amphitrite,
et entouré de nymphes et de monstres marins; celui de
Protée, par Bouchardon; celui de l'Océan, par Lemoine.
C'est autour du bassin qu'après avoir erré tout le jour de
bosquet en bosquet, d'une fontaine à l'autre, du grand au
petit Trianon, les promeneurs, réunissant un reste de
forces, se rallient, vers le soir, pour assister au formidable
jeu de cette dernière pièce d'eau. Elle ne commence d'ordinaire à fonctionner que vers cinq heures, quand toutes
les autres ont successivement épuisé leurs gerbes liquides.
C'est la fin, le digne couronnement de toutes ces magnificences. Quand approche l'heure où elle doit, à son tour,
faire explosion, c'est dans la foule un recueillement, une
attente vraiment solennelle. Un cri d'enthousiasme s'élève
de toutes les poitrines, au moment où surgissent, bouil-
lonnent, s'entre-croisent des jets d'une force, d'un volume
et d'une portée incomparables, de toutes les bouches de
dieux, de tritons, d'animaux, de tous les vases qui garnis-
sent le rebord de la pièce d'eau. Rien au monde ne saurait donner une idée, même approximative, de cette furieuse mêlée, de ce déchaînement universel de l'onde, de
ces pluies, ou, pour mieux dire, de ces trombes de perles,
de rubis, de saphirs, qui ruissellent avec fracas et qui en-
vahissent le ciel, entremêlées d'arcs que forme le spectre
solaire décomposé par cette multitude de prismes. Un tel
spectacle suffirait amplement à dédommager des fatigues
de la journée. La foule s'arrache lentement à cette éblouissante vision; elle gagne la sortie du parc par l'*allée d'Eau*,
une autre merveille, une avenue formée par deux haies
de jets d'eau alignées comme des soldats aux gardes; puis
chacun rejoint et retrouve à grand'peine, qui sa gondole,
qui son coucou, qui le chemin de fer de l'une des deux rives; mais heureux, et trois fois heureux, celui qui parvient à opérer sa retraite, sans l'avoir achetée au préalable

par une ou deux heures de *queue*, sans préjudice du pugilat en règle qu'il faut livrer aux abords des divers bureaux où se distribuent les billets. C'est là le revers de la médaille : chacun veut naturellement regagner son gîte et son dîner dominical, une fois la représentation achevée, sans songer que trente mille estomacs affamés murmurent précisément le même vœu. Cette concurrence rationnelle, mais intempestive, tourne au profit des restaurateurs de Versailles, qui, pour consoler les victimes, les écorchent de manière à les guérir pour quelque temps de la passion des grandes eaux.

XXIII

Saint-Cloud.

Si les fêtes des environs de Paris se suivent et se ressemblent trop souvent, si leur physionomie générale porte une teinte de monotonie passablement soporifique, chacune a cependant un trait particulier qui la distingue de ses voisines. Corbeil a ses pèlerinages au tombeau du bon sire Aymon; Saint-Germain a son jeu du baquet et ses noces de Gamache en plein air, où l'on voit le soleil torréfier les viandes à la broche, ainsi prises entre deux feux;; Nanterre a son jeu des ciseaux et son couronnement de rosière; Clichy-la-Garenne, fier de son emplacement géographique à cent dix pieds au-dessus du niveau de la Seine, se donne un faux air suisse et forme des archers au moyen du tir à l'oiseau; Saint-Cloud a ses mirlitons.

Ce n'est pas, Dieu merci, que le mirliton manque à aucune fête populaire; il s'en faut de toute l'épaisseur d'un roseau creux chargé de galantes devises et d'une pellicule d'oignon. Mais ailleurs le mirliton, cet emblème enroué de la vieille gaieté française, partage le sceptre avec la

rompette d'un sou, la guimbarde et autres luths aimés
de nos troubadours en casquette. A Saint-Cloud, il règne
sans partage, ou tout au moins sa voix altière étouffe les
accents criards de ses rivaux humiliés. Il est le rossignol
de ce bruyant bocage; il est, si l'on peut toutefois comparer une voix de bois à une voix d'homme, le premier
ténor de cet immense et strident concert d'amateurs. C'est
à Saint-Cloud qu'on le voit prendre les dimensions pyra-
midales d'une toise ou d'un tambour-major. Si ce mouvement ascensionnel continue, il atteindra bientôt à la hauteur d'un mât de cocagne. On le verra alors s'avancer dans
la fête comme *le superbe géant* dont parle le poëte lyrique.
Une myriade d'autres mirlitons moins favorisés de la nature et du bimbelotier formeront la suite triomphale et
célébreront à l'envi ses louanges sur tous les tons. Mais
lui, quelle poitrine humaine pourra contenir assez de
souffle pour faire vibrer ses vastes flancs? Aucune, sans
doute; son tube divinisé n'aura besoin, pour résonner,
que de l'haleine du zéphyr. Ce sera le mirliton éolien.

Cependant, mêlons-nous à cette foule de merveilleux,
de provinciaux, de pimpantes femmes de loisir, de jeunes
grisettes qui, pour manier l'aiguille de Minerve, n'en ont
pas universellement la sagessse, de superbes commis-mar-
chands, d'éblouissants clercs d'avoués, etc., etc., que vomissent à chaque demi-heure les convois monstres du chemin de fer, et égarons-nous sous les ombrages du parc,
un des chefs-d'œuvre du grand le Nôtre.

Et d'abord, vous le savez, les journaux et le programme
séduisant affiché aux quatre coins de Paris par ordre de
M. le maire de Saint-Cloud vous l'ont annoncé, les eaux
jouent. Courons donc admirer ces deux belles cascades et
le fameux jet d'eau, l'orgueil de l'hydraulique, qui étein-
drait trois incendies et n'a pas laissé d'allumer, dans les
vers suivants, la faconde, intarissable comme lui, du
chantre des jardins, de Delille, puisqu'il faut l'appeler par
son nom :

> J'aime ces jets où l'onde, en deux canaux pressée,
> Part, s'échappe et jaillit avec force élancée.
> Tel j'ai vu de Saint-Cloud le bocage enchanteur;
> L'œil, de son jet hardi mesure la hauteur.
> Aux eaux qui sur les eaux retombent et bondissent,
> Les bassins, les bosquets, les grottes applaudissent.
> Le gazon est plus vert, l'air plus frais; des oiseaux
> Le chant s'anime au bruit de la chute des eaux;
> Et les bois, inclinant leurs tiges arrosées,
> Semblent s'épanouir à ces douces rosées.

Que voulez-vous que nous ajoutions à cette sublime poésie, à cet *applaudissement* flatteur *des bassins, des bosquets et des grottes*, à cet *œil* dont le compas *mesure la hauteur de ce jet hardi*? Rien, si ce n'est toutefois, la tirade suivante, inspirée, par lesdites cascades et le même jet d'eau, à un autre poëte, celui-ci contemporain de Louis XIV. Le lecteur pourra comparer :

> Quelle tempête, quel tonnerre
> Au temps le plus serein entends-je en ces beaux lieux?
> Quel fracas redoublé? Est-ce donc que la terre,
>   Insultant de nouveau les cieux,
> Menaçant de noyer les astres et les dieux,
> Aujourd'hui par ses eaux leur déclare la guerre?
> J'en tremble, j'en frémis : agréable frayeur!
>   Doux effet d'un art enchanteur,
> Qui te donne une folle et charmante torture,
>   Pour montrer qu'il peut sous ses lois,
> Quand il veut s'égayer, asservir la nature.
>
> . . . .
>
>   Les naïades, sous mille images,
> Commencent à jouer leurs divers personnages;
>   Fleuves et vents, centaures, demi-dieux,
>   Avec honneur prennent leurs places,
> Muffles, grenouilles, lynx, animaux odieux,
> Mais embellis par l'or dont ils brillent aux yeux,
>   Avec leurs hideuses grimaces,
>   Font l'aspect le plus gracieux,

Lorsqu'au milieu de cette scène,
A force de contorsions,
Et de feintes convulsions,
Les Naïades, perdant haleine,
Se précipitent à grands flots,
Et courent partager leurs eaux
Au lit tranquille de la Seine.
Conduites avec elle au sein des vastes mers,
Elles vont, de leur roi célébrant la puissance,
Répandre dans tout l'univers
Les beautés de Saint-Cloud et sa magnificence.

Cette bruyante poésie fut composée à l'époque où Monsieur, frère du roi, propriétaire de Saint-Cloud, voulant
satisfaire l'impatience qu'éprouvait la ville d'admirer les
merveilles de cette résidence, décida que les eaux de Saint
Cloud joueraient tous les jours, ce qui lui valut d'être
inondé de vers de même force. On a raison de dire que
la bonté, sur la terre, est parfois mal récompensée.

Voulez-vous maintenant de la prose, des détails techniques? En voici :

La fameuse chute d'eau artificielle de Saint-Cloud forme
deux cascades, la première du dessin de Lepautre, la seconde due à Mansard. La haute cascade (celle de Lepautre)
a 108 pieds de face sur autant de pente jusqu'à l'allée du
Billet, qui la sépare de la basse. Elle est décorée au sommet de deux figures colossales représentant la Saône et la
Marne; celles qu'on voit à demi couchées sur la balustrade
sont la Seine et la Loire. Aux extrémités sont placés Hercule et différentes statues de Faunes.

La basse cascade, située à la suite de la haute, est plus
vaste que celle-ci. Elle a 270 pieds de longueur sur 96 de
large, et ne consomme pas moins de 3,700 muids d'eau à
l'heure. Les eaux tombent dans un canal bordé de deux passades de charmilles et de bois, et orné de statues jusqu'à
l'allée *des portiques*, où se tient la foire de Saint-Cloud.

Placé sur la droite de la cascade, au milieu du grand

bassin carré, le jet d'eau, le plus extraordinaire qui exist.
au monde, s'élève à quatre-vingts pieds au-dessus du ne
veau du bassin ; il soulève à son orifice un poids de cen
trente livres, et consomme ou plutôt expectore dix barr.
ques d'eau à la minute.

Telles sont les principales merveilles de ce parc, don
les ombrages rappellent tant de souvenirs. Les évoque.
rons-nous ? Il y aurait là matière à plus d'une digressio.
élégiaque et rétrospective. C'est à Saint-Cloud que le cou.
de poignard de Jacques Clément éteignit la race des Va
lois et mit les Bourbons sur le trône. C'est à Saint-Clou.
que retentit ce cri funèbre immortalisé par l'oraison d.
Bossuet : « Madame se meurt ! Madame est morte ! » C'es.
à Saint-Cloud que le vainqueur de l'Égypte et de l'Itali.
repoussa et rompit du pied la tribune législative. C'est à
Saint-Cloud, enfin, qu'une autre tentative de même na
ture, mais moins heureuse, vint soulever Paris et se bri
ser contre les barricades de juillet.

Saint-Cloud fut érigé en résidence princière par Maza
rin, qui sut acquérir à peu de frais pour Louis XIV cett.
magnifique habitation. Voici comment : l'anecdote est for
peu connue et mérite assurément de l'être. Toute la finesse
tranchons le mot, toute la rouerie du cardinal-ministre .
apparaît sous son plus beau jour, et l'on y retrouve trai.
pour trait le subtil Mazarin de la fronde.

Le roi ayant exprimé l'intention d'acheter une maiso.
de plaisance pour M. le duc d'Orléans, le cardinal jeta le
yeux sur celle d'un gros partisan située à Saint-Cloud, e
qui était d'une étendue immense et d'une grande beauté à
aussi revenait-elle à près d'un million à celui qui en étai.
propriétaire. Mazarin alla un jour la visiter, et, tout en e.
louant la magnificence, il dit au financier : « Voilà une
maison qui, sans mentir, doit vous coûter au moins douz.
cent mille livres ? — Oh ! monseigneur, que dites-vous là .
répondit le Turcaret, qui ne se souciait point d'avouer l.
chiffre de ses richesses, je ne suis point assez opulent pour

consacrer à mes plaisirs une somme aussi considérable.
— Combien donc cela vous coûte-t-il? reprit le cardinal;
je gagerais que vous n'en êtes pas quitte à moins de deux
cent mille écus. — Non, monseigneur, dit le traitant; je
ne suis certes pas en état de faire une si grosse dépense.
— Serait-ce par hasard, répondit Mazarin, que la maison
ne vous coûte pas au delà de cent mille écus! — Vous l'a-
vez dit, monseigneur; c'est là justement le prix, » s'écria
le financier, croyant avoir dupé le ministre par ce gros
mensonge. Mazarin sourit, ne dit mot, et le lendemain il
envoya au partisan trois cent mille livres, en lui man-
dant que le roi désirait acquérir sa maison pour M. le
duc d'Orléans. La somme fut remise au traitant par un
notaire, qui apportait le contrat de vente tout dressé.
Force fut bien au financier-châtelain de s'exécuter et de
céder au roi sa magnifique maison pour le tiers du prix
coûtant.

L'habitation et ses dépendances furent aussitôt livrées
à Lepautre, à Mansard, à Girard, à Le Nôtre, qui en firent
la majestueuse résidence que vous voyez.

Les premières réjouissances qui suivirent cette métamorphose furent une fête, « où le roi, disent les journaux
du temps, vint à Saint-Cloud, accompagné de Marie-Thé-
rèse et d'Anne d'Autriche, sur une galiote très-galamment
ornée. Monsieur le traita, ajoutent-ils, avec une magnificence extraordinaire; la bonne chère fut accompagnée de
délicieux concerts et du divertissement d'une comédie
française dans le jardin, éclairé par un grand nombre de
lustres. Les bords de la rivière, couverts de batelets décorés, étaient occupés par des fanfares, des trompettes et
des tambours. »

Le 12 août 1660, un grand bal donné à Saint-Cloud est
le prélude de l'union de Monsieur et de madame Henriette
d'Angleterre. Dès lors, cette résidence devient un lieu de
délices; ce ne sont plus dans ces jardins que fêtes, spectacles et concerts, jusqu'au moment où, dans les salles du

château, retentit le cri de mort et de douleur poussé au chevet de Madame.

Mais aucun deuil n'est éternel. Le 11 août 1672, les jardins de Saint-Cloud s'illuminent de nouveau pour la fête splendide offerte par Monsieur au roi, à l'occasion de son second mariage avec la princesse de Bavière. Les fêtes recommencent pour la naissance du duc de Valois et pour le baptême du duc de Chartres, qui fut depuis régent de France.

En 1677, l'inauguration de la galerie d'Apollon, peinte par Mignard, donne lieu à une nouvelle fête, sur les bombances de laquelle un poëte de l'époque nous a légué, entre autres détails, les suivants :

> Trois services rendaient cette table agréable.
> Onze plats à chacun, avec profusion,
> Furent servis par ordre et sans confusion.
> De gibier et poisson on y vit l'abondance;
> On servit les désserts avec magnificence.
>
> . . . .
>
> A chacun des repas que fit notre grand roi,
> De tous ses ennemis la terreur et l'effroi,
> La troupe de Monsieur chatouilla ses oreilles
> Au son des violons, en jouant à merveilles.
> On y donna trois bals, où l'on dansa des mieux.
> L'éclat des diamants éblouissait les yeux.
>
> . . . .
>
> On fit tous ces trois bals en neuf appartements.
> Enfin tous les plaisirs furent doux et charmants;
> Tout le monde admira la grâce sans égale
> Et les puissants attraits de la maison royale.

En 1686, nouvelle fête à Saint-Cloud, pour célébrer le succès de l'opération de la fistule pratiquée au roi par le chirurgien Félix. Cette fête (l'espace nous manque pour la décrire) a trouvé aussi un historien dans le sieur Laun

rent, de la Bibliothèque du Roi, lequel raconte agréablement

> Que Félix, trop heureux, fit en perfection
> La fatale opération.

Toutes ces fêtes avaient été offertes exclusivement à la
cour; mais, en 1743, le duc d'Orléans, grand-père de Louis-
Philippe, celui qu'on avait surnommé le *Roi de Paris*,
donna à Saint-Cloud une grande fête où tout le monde
fut admis. Il y eut spectacle pour les princes, spectacle
pour la noblesse, et enfin spectacle pour le peuple. On
eût dit ce jour-là, racontent les Mémoires du temps, que
l'Olympe était descendu sur la terre. On ne rencontrait
dans le parc que faunes, sylvains, naïades, hamadryades;
partout des concerts, partout des tables gratuites servies
en abondance; enfin, tous les Parisiens, qui étaient accou-
rus en foule à ces merveilles mythologiques, trouvèrent,
le soir, des tritons complaisants et désintéressés qui les
reconduisirent dans la grande ville sur des bateaux pré-
parés aux frais du duc d'Orléans.

Mais, sous aucun règne, Saint-Cloud ne fut le théâtre
de si nombreuses et de si brillantes fêtes que sous le premier Empire. Napoléon affectionnait, comme l'on sait,
cette résidence, sans doute en souvenir et en reconnaissance de ce qu'au 18 brumaire elle avait été le berceau
de sa puissance impériale. Il l'habitait presque continuellement, et la plupart des grandes fêtes de cette prestigieuse
époque ont été données à Saint-Cloud. Nous citerons,
entre autres, celles qui célébrèrent le baptême du fils aîné
de la reine Hortense, la fête du mariage de Napoléon avec
Marie-Louise, et enfin celle qui suivit, le 15 août 1811, la
naissance du roi de Rome. Une pompe vraiment féerique
présida particulièrement aux apprêts de cette dernière. A
la chute du jour, le palais et le jardin s'illuminèrent tout
à coup comme par enchantement. — Ce fut, dit l'historien
de cette résidence, une véritable forêt enchantée; chaque

arbre semblait transformé en un bouquet de diamants, en une girandole de pierreries; les cascades roulaient, au milieu des flammes, des eaux étincelantes de mille couleurs; le ciel était éclairé de feux qui se croisaient dans les airs avec une éblouissante rapidité; le canon de l'artillerie impériale se mêlait à cette artillerie artificielle; des orchestres animaient partout les danses et les plaisirs; une foule immense inondait les parcs et les bosquets.... Tout à coup éclate un orage épouvantable; le tonnerre gronde, la pluie tombe par torrents, et l'éclair qui sillonne la nue est la seule lueur qui survive aux splendeurs fantasmagoriques de cette fête impériale.

La superstition populaire vit dans cette brusque interruption de la fête un sinistre présage. Elle ne se trompait pas; car, à quatre ans de là, les alliés occupaient la résidence favorite de l'Empereur, et le prince de Schwarzenberg donnait dans le parc de Saint-Cloud une dernière fête, qui est restée tristement célèbre entre toutes.

Revenons aux fêtes du jour. Après avoir vu la cascade et le jet d'eau, gravissons le parc et allons visiter, sur le plateau qui le domine, le fameux monument renouvelé des Grecs, que l'on désigne sous le nom de *Lanterne de Diogène*. Voici, en abrégé, l'historique de cette curiosité à la fois locale et exotique. M. de Choiseul avait rapporté de ses voyages en Grèce le modèle en plâtre du monument athénien que les archéologues nomment *la Lanterne de Diogène*, et qui figure à l'Acropole. Le plâtre fut imité en terre cuite par les deux frères Trabucchi, avec une grande perfection. Ce travail, qui fixa l'attention universelle à l'Exposition de l'an XI, valut à ses auteurs une médaille d'argent. Napoléon le fit transporter à Saint-Cloud et dresser sur un obélisque élevé par M. Fontaine, au lieu où figurait jadis le Belvédère, sur le point culminant du parc; seulement, lors de la mise en place de cette contrefaçon de l'antique, on substitua au nom primitif du monument celui de *Lanterne de Diogène*. Cett emétony-

_mie n'eut vraisemblablement d'autre but que de flatter l'Empereur; les courtisans, qui déjà pullulaient à Saint-Cloud, n'avaient garde de laisser échapper une si belle occasion d'insinuer finement que Diogène avait enfin trouvé dans cette résidence l'homme qu'armé de sa lanterne il cherchait depuis si longtemps. Nous ne nous arrêterons point à discuter le mérite de cette ingénieuse allégorie; seulement, nous avons peine à croire que Napoléon eût pu être *l'homme* de celui qui se prisait plus qu'Alexandre.

Lorsqu'il passait la nuit à Saint-Cloud, la lanterne de Démosthène ou de Diogène allumée était un phare qui, vu de Paris, annonçait à ses habitants la présence de l'Empereur au palais de cette résidence. On arrive par un escalier tournant jusqu'à cette façon de kiosque ou d'observatoire, d'où l'œil embrasse un immense panorama que termine Paris à l'horizon, et sur les premiers plans duquel se détache ce parc, si heureusement chanté par Marie-Joseph Chénier dans la belle pièce de *la Promenade à Saint-Cloud*,

De ces bois toujours verts les masses imposantes,
Ces jardins prolongés qui bordent les coteaux,
Et qui semblent de loin suspendus sur les eaux.

A tout prendre, la magnificence de ce coup d'œil nous paraît être le grand mérite monumental de cette lanterne mise sous l'invocation du cynique. Elle montre mieux qu'un homme : elle montre la nature sous l'un de ses plus beaux, de ses plus riches aspects, et Diogène oublierait lui-même un instant sa recherche toujours déçue, s'il était appelé à jouir de cet admirable coup d'œil.

Mais, pendant nos pérégrinations historiques dans le parc, les ombres sont lentement descendues des collines. Voici la nuit. Déjà j'entends le mirliton qui résonne dans la grande allée des portiques. C'est l'instant le plus brillant, le plus solennel de la fête. Les arbres du parc s'illu-

minent; les orchestres forains retentissent; les saltimban-
ques s'égosillent; les monstres s'agitent dans leurs tanières
de sapin et de toiles peintes; ils ont ordre de pousser des
hurlements féroces, afin de fasciner plus sûrement la foule.
Les boutiques de jouets d'enfants, de macarons, de sucre
d'orge, mais surtout, mais partout, mais toujours, de mirlitons, ornent leurs devantures d'un brillant éclairage de
quatre chandelles des six. Aimez-vous la danse? voici le
bal de l'Étoile et celui de Morel qui vous ouvrent leurs
portes et vous convient à des rigodons échevelés. — Avez-
vous besoin de remonter votre ménage? Madame Leroy
va vous en fournir les moyens. Prenez des billets à la loterie
qu'elle fait tirer incessamment à son innombrable clientèle.
Moyennant dix billets de dix centimes chacun, vous serez
bien malheureux si vous ne gagnez pas au moins une petite
tasse de cinq sous. Nous connaissons des gens qui ne s'ap-
provisionnent de vaisselle que chez madame Leroy. Sa
porcelaine n'est pas précisément de Sèvres; elle est de
Saint-Cloud : mais Saint-Cloud, c'est si près de Sèvres!

Cependant le mirliton fait retentir les airs de toutes les
mélopées imaginables, depuis *Malbrouck s'en va-t-en
guerre, le bon roi Dagobert, Au clair de la lune, J'ai
du bon tabac*, et autres motifs populaires, jusqu'au grand
air des *Puritains* et à l'ouverture de *Guillaume-Tell*.
C'est au son de ce formidable pot-pourri que se termine
la fête. Il serait à désirer pour les oreilles quelque peu
sensibles qu'il pût prendre fin avec elle; mais les accords
très-peu parfaits résultant de la combinaison des divers
cantabile ci-dessus se prolongent jusque par delà l'heure
du départ, hélas! et même celle du retour. Les échos de
la rue Saint-Lazare en frémissent; la Chaussée-d'Antin
assourdie croit que Paris est appelé au triste sort de Jéri-
cho, et plus d'un mirliton traîtreusement importé jusque
dans le sein des familles justifie déplorablement par son
ramage, les jours suivants, cet axiome qu'il n'y a jamais
de bonne fête sans lendemain.

XXIV

Enghien.

Tout le monde ne peut aller aux Pyrénées. Paris manquait d'eaux minérales, Paris, la providence des villages thermaux de France et d'Allemagne, Paris, si riche en chloroses, névralgies, hypocondries, gastralgies, dyssenteries et pneumonies, n'avait pas chez soi où soulager la dose considérable d'infortunes que lui a départie le ciel en échange de tant de priviléges uniques, et la petite propriété, le commerce, l'industrie, que tenaient incessamment en laisse les affaires, ou ce mal si souvent mortel que l'on nomme *faute d'argent*, ne savaient où guérir de leurs maux respectifs ; car, si *les airs* et *les lieux* que recommande Hippocrate sont souvent d'admirables remèdes, ce n'est que dans les affections légères, superficielles ; mais si le mal a atteint quelque profondeur, il y faudra joindre le spécifique des *eaux*, que le philosophe de Cos ne recommande pas moins.

Les Romains, ces grands *sourciers* du monde antique, n'avaient laissé aucun vestige d'établissements thermaux aux alentours de Lutèce, et Paris en était réduit aux promenades hygiéniques à Saint-Germain ou à Versailles, lorsque, en 1766, un curé de Montmorency, l'abbé Cotte, homme de savoir et d'observation, crut avoir découvert à Enghien, dans un certain *ruisseau puant*, qui, chargé de vapeurs sulfureuses, semblait sourdre en droite ligne de l'enfer, une source d'eaux minérales.

L'abbé Cotte écrivit à l'un de ses confrères, l'abbé Nollet, assez célèbre physicien de ce temps-là, qui fit un rapport à l'Académie des sciences, et cette compagnie savante chargea l'un de ses membres, le chimiste Macquer, d'étudier cette eau et de lui en soumettre l'analyse.

Macquer constata dans la source d'Enghien la présence d'un *foie de soufre terreux*, et tout de suite mit cette eau sur le même rang que celles d'Aix-la-Chapelle. De nombreux chimistes français, MM. Deyeux, Fourcroy, Péligot, Longchamps, Henri, Frémy, renouvelèrent cette analyse, et les eaux d'Enghien commencèrent d'être prônées et conseillées contre certaines maladies ; mais la vogue, malgré le voisinage propice de Paris, fut lente à se déclarer.

Le colonel anglais Hyde-Park, blessé dans la guerre de l'indépendance américaine, se rétablit parfaitement à Enghien, et cette cure, qui fit un certain bruit alors, passa pour un trait d'originalité anglaise, et entraîna peu de malades à la piscine de salut qui coulait en vain pour Paris depuis des siècles.

Louis XVIII fit la fortune des eaux d'Enghien. L'homme est si frivole et le malade si faible, qu'en tout il leur faut une impulsion fondée sur l'autorité de l'exemple.

> Obtenez un arrêt comme il faut que je dorme !

Disait Perrin-Dandin, qui, en ceci, était bon juge des superstitions et des débilités humaines.

Louis XVIII, dont les jambes ulcérées nécessitaient de fréquentes et énergiques lotions, usa, à cet effet, des eaux d'Enghien, sur le conseil de MM. Lefebvre et Alibert, et fonda ainsi la prospérité de ces eaux, comme Pierre le Grand avait (sans comparaison) mis en vogue Spa ; madame de Maintenon et le duc du Maine, Baréges ; Montaigne, Plombières ; madame de Sévigné, Fléchier et d'Aubigné, Vichy ; les congrès, Aix-la-Chapelle ; et comme ont fait depuis madame la duchesse de Berry pour Dieppe ; mesdames de C... et de R... pour Trouville, le roi des Belges pour Ostende, Ibrahim-Pacha pour le Vernet, lord Brougham pour Cannes, les monarques absolus du Nord pour Tœplitz, etc., etc.

Il paraît avéré que, si les eaux d'Enghien ne procurèrent pas la guérison, impossible, du podagre auteur de la Charte, elles eurent du moins l'effet de prolonger ses jours et d'alléger ses souffrances.

Jadis le lac d'Enghien offrait, aux portes de Paris, tout l'aspect d'une solitude ; il ne s'y voyait qu'un moulin à peu près abandonné. En 1821, l'établissement thermal fut fondé, et, à dater de ce moment, l'affluence des baigneurs fut croissante. De charmantes maisons de tout modèle se groupèrent autour du lac limpide (bien que traversé par un affluent d'eau minérale), dont l'œil scrute sans peine les profondeurs parées d'une riche végétation aquatique, et où le poisson vif, alerte, semble nager sur un lit d'herbes.

L'édifice thermal, construit aux bords du lac, est de goût tout moderne et sans grand style. Le bâtiment est divisé en plusieurs corps de logis séparés par des cours spacieuses et d'agréables jardins. L'un des compartiments de l'établissement a nom *les QuatrePavillons*, et c'est la portion aristocratique et confortable du lieu. Une fort jolie tour, d'environ cent pieds de hauteur, s'élève près de l'établissement, et, sous couleur de simple ornement, remplit une destination utile, celle de réservoir des eaux minérales, qui, de là, se distribuent dans les diverses parties de l'établissement, suivant les besoins des malades.

Miniature des lacs suisses, celui d'Enghien est juste dans les proportions du plus pur opéra-comique. Il mesure environ 1 kilomètre du sud au nord, et un demi de l'est à l'ouest ; la superficie totale en est de 35 hectares La profondeur varie de 1 à 5 mètres, suivant les basses ou grosses eaux. Le lac est encaissé, ici de fascines, là de bordages en madriers, plus loin d'un revêtement en pierres de taille de 300 mètres de pourtour. La surface de l'eau est aussi nette que les couches inférieures sont pures et claires ; quelques roseaux parsèment seulement les portions les plus incultes du rivage. Trois ruisseaux d'eau vive alimentent le lac ; plusieurs sources profondes et des puits artésiens lui apportent aussi leurs eaux.

Tout le pourtour du lac, bien cultivé, est aujourd'hui bordé de ravissants cottages, dont les jardins s'inclinent sur la rive et charment les yeux des *circumnavigateurs*. Car la marine est très-active sur le lac d'Enghien, longtemps improprement flétri du nom d'*étang*. Le but du voyage est une île d'environ 70 ares (deux arpents), plantée d'un jardin anglais, ornée d'un pavillon antique, dans le goût des ex-temples de Tivoli, et échancrée d'un port. Une allée circulaire plantée d'abres offre ses ombrages et permet de faire le tour du lac à ceux qui n'ont pas l'*œs triplex*.

On ignore s'il existe une *source mère* des eaux minérales d'Enghien; mais le fait est de peu d'importance et ne satisferait qu'une curiosité purement spéculative. La vérité est qu'il y a quatre sources principales desservant l'établissement proprement dit :

La source Cotte, du nom de l'inventeur des eaux ;

La source de la Rotonde ;

La source du Roi, où l'on puisait les eaux pour les jambes de Louis XVIII ;

Et la source nouvelle, qui est celle qu'a fait jaillir M. le docteur Bouland père.

Cinq autres alimentent les bains de la *Pêcherie*, d'une importance secondaire. Elles ont été analysées et reconnues bonnes par MM. Henry et Dupasquier.

L'établissement compte trente baignoires, où les eaux arrivent sans altération et sans mélange, par des tuyaux de zinc, et où l'on peut donner jusqu'à trois cents bains par jour.

Toutes les eaux de ces sources sont sulfureuses et froides, et leur maximum de température est de 14 degrés centigrades. Elles sont administrées en boisson et en bains, en douches et en affusions. On les boit le matin aux sources, et l'odorat en est plus désagréable que le goût. Étant froides et dépourvues de principes volatils, elles peuvent sans grand inconvénient être transportées au loin. On les prend pures ou coupées d'une infusion ou de lait. Elle manquent de cette onctuosité désignée sous le nom géné-

tique de *barégine*; mais on y supplée au moyen de géla-
ine mêlée au bain à plus ou moins fortes doses.

Stimulantes, comme la plupart des eaux minérales, les
eaux d'Enghien ont plus de force que ne leur en accor-
dent certains praticiens, et, fort loin d'être neutres, elles
occasionnent souvent de graves désordres aux malades qui
s'obstinent à les prendre contre l'avis des médecins. Si
efficaces qu'elles soient, elles ont pourtant besoin, comme
toutes leurs pareilles, d'un agréable appoint, qui est l'absence de soucis, la distraction et le plaisir. « Les eaux minérales, dit Raymond, sont un lieu charmant, où le Plaisir
a ses autels à côté de ceux d'Esculape, et veut être de
moitié dans ses miracles. »

Sous ce rapport, les eaux d'Enghien, outre le voisinage
de Paris, la ville du globe antispleenétique par excellence,
ont peu à envier à des rivales plus célèbres et plus loin-
taines. L'administration les corrobore de bals, de concerts,
de promenades sur le lac; mais ce que l'on y trouve, c'est
moins une succession de joies fiévreuses que, selon l'expression heureuse de M. Réveillé-Parise, *le régime du repos et du plaisir*. Rien dès lors d'étonnant qu'on se rende
à Enghien, ne fût-ce que par forme de divertissement et
de détente, comme autrefois on allait à Pyrmont, séjour si
charmant, que les demoiselles nobles stipulaient par contrat de mariage qu'on les y conduirait *au moins une fois*.

A pied ou en bateau, le tour du lac est bientôt fait. Mais
la belle vallée de Montmorency, dont la température est
si égale, l'air si doux, les arbres si beaux, offre un champ
vaste aux promeneurs. Elle s'étend à peu près de Saint-
Denis à Pontoise, et forme un bassin peu profond, borné
au nord par les hauteurs de la forêt de Montmorency, au
midi par les buttes d'Orgemont et de Sannois. Presque partout abritée contre le vent du nord et celui du sud-ouest,
elle n'est ouverte qu'au vent d'est, essentiellement vif et
salubre. Aussi n'y connaît-on point les épidémies, et les
grandes perturbations atmosphériques y sont si rares et si

vénielles, que les paysans disent que le *tonnerre recule*
quand il est au point d'y tomber. Le docteur Perroche
assure (notice sur Montmorency) que les nuages se divisen
en approchant du centre de la paisible vallée. Elle res
semble à un parc immense coupé par des bourgs, des ha
meaux et des villas. Les coteaux ne sont pas élevés, et le
plaines sont peu profondes, double condition qui contribu
à la salubrité de la vallée.

Le village d'Enghien est situé tout auprès de l'établisse
ment thermal, auquel il doit, sinon sa création, au moin
son agrandissement continu, car ce n'est pas à tort qu
Pline a dit : *Urbes aquæ condunt.* On se rend d'Enghien
à la *ville* de Montmorency par un chemin montueux, qu
sans cesse sillonnent des caravanes de baigneurs à pied
à âne, ou à cheval. La *ville* de Montmorency est le Pari
de la vallée : elle n'offre pas de très-grandes curiosités a
visiteur, et, à part la vieille église Saint-Martin et le *cheva*
blanc que Gérard peignit par gageure pour l'auberge d
ce nom, on ne saurait vraiment qu'y voir ; mais elle repré
sente la civilisation dans ce coin de terre, il est vrai, pe
sauvage. Puis tout près de là est cet ermitage où Rous
seau connut quelques derniers beaux jours, où le pro
priétaire a eu le bon goût de conserver religieusement l
mobilier du philosophe, sa table, son bois de lit, son baro
mètre, ses bocaux ; où il planta ce laurier et ce rosie
qu'après lui son illustre successeur, Grétry, cultiva d'un
main pieuse ; où enfin Robespierre, à qui était échu l'Er
mitage en 93 (il le tenait de Regnauld de Saint-Jean-d'An
gély), venait, à cette époque, s'inspirer du déisme d
l'auteur du *Contrat social* et du *Vicaire savoyard.* C'es
là que le médecin le Bègue de Presles, l'un des dernier
et des plus fidèles amis de l'infortuné philosophe, racont
que, l'étant allé voir un jour, il le trouva qui remontai
de sa cave chargé d'un lourd panier de bouteilles de vin
— « Comment, lui dit-il, pouvez-vous porter à votre âge u
pareil fardeau ? Que ne chargez-vous de cet emploi madam

Rousseau, plus jeune et plus forte que vous? — Ah ! que vous connaissez peu ma femme ! répondit tristement Rousseau ; quand elle va à la cave, elle y reste. »

On peut aller aussi d'Enghien à Saint-Gratien voir le château de Catinat, que le propriétaire actuel, M. Davilliers, veut bien ouvrir au public. Par l'*allée des Soupirs* on va à Épinay, où le château de la *Chevrette* reçut tant de fois l'*ours* mal apprivoisé de Genève. A Sannois et à Eaubonne, on retrouve encore chez madame d'Houdetot, à qui il écrivait « de ces lettres qui brûlent et qu'on ne brûle pas, » l'impérissable souvenir de cet *ours* sublime et de son heureux rival, Saint-Lambert.

Quoique nul ne soit, dit M. Isidore Bourdon à propos d'Enghien, prophète en son pays, et que ce charmant séjour d'eaux ne soit plus, grâce au chemin de fer, qu'un faubourg pittoresque et ombreux de Paris, la fortune de l'établissement thermal est maintenant très-assurée. M. Bourdon ne croit pas à la grande efficacité des eaux minérales d'Enghien, qu'il répute fort supérieures à celles de Bonnes et de Baréges ; M. Réveillé-Parise, qui a écrit sur Enghien un spirituel et intéressant petit livre, est d'un avis contraire ; Hippocrate dit oui et Galien dit non : de tout quoi nous concluons que le mieux est d'y aller voir.

XXV

La Misère à Paris.

On m'a conté le beau mot d'un sinécuriste repu qui, rencontrant, lui second, un misérable ouvrier, barbare et inculte comme le rustique du Danube, dit à son compagnon de route : « On aura beau le répéter, on ne me fera jamais croire que ces gens-là soient de la même espèce que nous ! »

Je songeais à ce mot un jour en longeant la rue de

Rohan, lorsqu'un pauvre homme, de ce signalement qui fait douter certains philanthropes de l'*identité* de quelques-uns de leurs semblables, suivait la même direction, me précédant de quelques pas. Il s'avançait péniblement, portant sur son dos quelques *feuilles de vitres* dans l'espèce de châssis qui forme tout le magasin ambulant des gens de sa profession. Il jetait un regard sur les croisées voisines et poussait d'une voix presque éteinte un cri peu écouté apparemment, car je le vis hocher la tête et laisser tomber ses bras le long de son corps en signe de lassitude et de découragement, et, comme j'étais tout près de lui à ce moment, je pus l'entendre se parler à lui-même à demi-voix et se dire : « Ah !... il faut donc mourir de faim ! »

Une vitre étoilée me servit de prétexte pour aborder ce malheureux, qui, pâle, jaune et amaigri, vêtu d'une cotonnade bleue, tremblait le froid, la maladie et le besoin.. Il me dit qu'il était épileptique et que ses accès, d'abord assez rares, étaient, depuis un mois ou deux, devenus si fréquents, qu'il ne pouvait plus guère exercer sa profession. Dernièrement, il avait fait deux chutes graves, attestées par les plus tristes certificats du monde, dont un du commissaire de police de son quartier, et il avait brisé toute sa marchandise, moins les deux ou trois fragments qui lui restaient et qui valaient bien trente sous. Il avait aussi perdu en tombant ou on lui avait volé son *diamant* de *vingt-sept* francs, en sorte qu'eût-il trouvé de l'ouvrage il lui eût été difficile de s'en charger ; mais il n'en avait pas trouvé, et depuis la veille au soir que l'on s'était allé coucher chez lui sans souper jusqu'au lendemain, deux heures de l'après-midi, qu'il errait depuis le matin, il n'avait pas mangé. Je lui proposai aussitôt d'entrer chez un marchand de vins et voulus ajouter quelque chose au prix de la vitre qu'il s'agissait de remplacer ; mais, refusant l'une et l'autre offre, il me pria seulement de lui permettre de n'aller chez moi que le lendemain, vu l'heure

léjà avancée et la distance qui était grande, et de retour-
ier tout de suite dans son logement, où sa femme et ses
leux enfants l'attendaient. Il me laissa son adresse, rue de
Marbœuf, et l'un de ses certificats, et, s'appuyant sur sa
iongue règle, il reprit, d'un pas plus allégre, le chemin
Res Champs-Élysées.

. Ceci se passait un vendredi. Le dimanche, je pris à mon
iour le chemin de Chaillot. J'avais tout à la fois le désir
ile porter secours à ce malheureux homme et celui de
m'assurer par mes yeux de la sincérité de ses déclarations,
bien que le ton, l'accent, la physionomie de cet infortuné,
et bien plus encore la détresse criante qui éclatait en lui
ile la tête aux pieds, ne me permissent pas d'espérer qu'il
m'eût trompé le moins du monde.

Je le crus d'abord cependant, car j'eus beaucoup de
beine à trouver sa demeure, si l'on peut donner ce nom
il l'immonde chenil dans lequel je le dépistai à la fin. La
rue de Marbœuf, qui est assez longue, est, dans sa partie
ioignant l'avenue des Champs-Élysées, bordée de beaux
hôtels et d'élégantes maisons mi-citadines, mi-champêtres.
Mais, lorsqu'en la suivant jusqu'au bout, on atteint son
extrémité opposée, on trouve sur la gauche une solution
ile continuité ; là, aux villas et aux pavillons de plaisance,
succède pour tout alignement une palissade vermoulue
ilans laquelle s'ouvre, de distance en distance, un sentier
boueux pouvant livrer passage à un homme de taille ordinaire, et conduisant à des cloaques où logent, dans des
huttes sans nom, de pauvres êtres de la condition de
celui que je venais voir en ce lieu. C'est là que, de renseignements en indications, et avec l'aide d'un enfant du voisinage qui consentit à me guider, je réussis à découvrir
ce que j'étais venu chercher.

J'ai vu, dans des voyages assez fréquents, de pauvres et
de lamentables demeures ; j'ai visité les chaumières des
paysans de la Bretagne et les huttes de la Sologne ; j'ai
vu les gourbis des Kabyles ; mais rien, non jamais rien de

si nauséabond, de si hideux n'avait affecté tous mes sens, attristé ma vue et mon cœur. Je ne croyais pas qu'à Paris, à quelques pas de l'opulence et si près de ces Champs-Élysées si riants, il existât de tels bourbiers, de tels repaires d'indigence. Une masure en planches et menaçant ruine, d'un seul rez-de-chaussée fort bas et pouvant bien avoir de sept ou huit pieds en tous sens, était divisée en *deux chambres*, ouvrant sur une cour marécageuse d'une étendue à peu près double et toute chargée d'immondices, où becquetaient une nourriture fétide deux ou trois douzaines de poules. Une femme en haillons était venue m'ouvrir la porte disjointe de ce triste enclos, dont le sol, détrempé par les récentes pluies, se liquéfiait partout en une boue noirâtre. Cette femme paraissait âgée de soixante ans, et je crus voir en elle la mère de l'homme que je venais chercher. C'était sa femme, et elle n'avait, m'apprit-il, guère que quarante ans. A ma vue, deux petits sauvages, hâves, à moitié nus, une fille de douze ans et un garçon de huit, qui en paraissait six, se dressèrent derrière la vitre de la porte-fenêtre, en attachant sur moi un œil ardent et effaré. Le père, me reconnaissant, sortit de sa *maison* et me pria d'entrer. J'eus le désir, mais il me fut matériellement impossible d'accepter l'invitation. Une indicible odeur me chassa aussitôt de ce trou infect, où quatre êtres humains passaient leur vie pêle-mêle avec des œufs et des poulets d'une espèce particulière que l'on avait mis à éclore. Reculant de dégoût et d'horreur, je priai N... de demeurer avec moi dans la cour où nous avions les pieds dans la boue, mais où du moins on échappait à cette amosphère typhoïde et délétère dont l'impression me dure encore.

Cet homme, me montrant ses poules, me dit : « Voilà toute ma ressource. Décidément je ne puis plus faire mon état. Hier, je suis tombé de nouveau et j'ai brisé ce qui me restait de mes vitres. Si je veux continuer à battre le pavé, je me tuerai au premier jour. Pour gagner quelques

ous dans ma partie, il faut monter sur les toits : je n'y
veux plus songer. Il me reste mes poules que j'avais élevées pour en vendre les œufs ; à deux sous l'œuf, si j'en
avais une cinquantaine, je pourrais, dans la bonne saison,
me faire deux douzaines d'œufs par jour et récolter une
pièce de quarante-cinq ou cinquante sous. Mais la moitié
de ces poules-ci sont encore jeunes et ne pondent pas.
D'ailleurs, je n'en ai pas assez ; et puis ce n'est pas la saison : il ne faut pas compter avoir des œufs avant le commencement de février ; d'ici là j'aurai le temps de manger les poulets, les poules et leur coq. Je n'y ai pas touché
jusqu'à présent : j'ai mieux aimé souffrir la faim et les
nourrir, parce que, disais-je, elles me nourriront un jour.
Mais il n'y a plus moyen de les conserver. Il faut vivre.
Ah ! si je pouvais seulement attraper la fin de janvier ! —
J'ai là aussi, ajouta-t-il en étendant le doigt vers sa ca-
bane, des œufs de Cochinchine, qui coûtent quinze sous
pièce, et que j'ai fait couver pour avoir des poulets dont
la paire vaut soixante francs. Mais, sur les onze que j'avais,
il n'y en a que deux d'éclos : les autres n'ont pas réussi.
Les deux petits poussins n'ont pas encore de plumes ; je ne
sais pas s'ils vivront.

— Comment nourrissez-vous ces poules ?

— Avec des épluchures que nous allons ramasser dans
les fumiers du voisinage. Nous y trouvons aussi le coke
avec lequel nous nous chauffons.

Je lui reprochai de laisser ses enfants enfermés dans
cette atmosphère infecte et horriblement insalubre que je
n'avais pu supporter un seul instant, au lieu de les envoyer respirer et se mouvoir au grand air.

— C'est que c'est dimanche, dit-il ; dans la semaine
ils vont, l'un à l'école des frères et l'autre chez les sœurs.
Et puis c'est aujourd'hui que ma femme les racommode
et les blanchit.

Je compris qu'il n'y avait point de rechange.

— Mais il n'y a pas d'air et il fait beaucoup trop chaud dans votre maison.

— Monsieur, c'est que j'ai toujours froid. C'est l'effet de la maladie.

— Mais vous n'êtes pas couvert non plus.

— Tous mes vêtements sont en gage.

— Est-ce que le bureau de charité du quartier ne fait rien pour vous?

— Non, monsieur.

— Pourquoi?

— Parce que je n'ai *que deux enfants.*

— Combien donc vous en faudrait-il?

— Monsieur, *d'après les règlements,* il en faut avoir au moins trois. J'ai bien essayé de me faire *inscrire aux in-digents,* mais on n'a pas voulu, à cause de cela d'abord, et ensuite parce que j'avais un loyer de cent vingt-cinq francs, ici à côté. Tenez, monsieur, voilà où j'étais. Nous étions bien. Mais j'ai déménagé il y a trois semaines. Il l'a bien fallu.

— Et maintenant, combien payez-vous?

— Soixante francs.

Un peu plus de trois sous par jour. Le loyer, je l'avoue, me parut horriblement cher.

— Et si vous étiez inscrit aux indigents?

— J'aurais de temps en temps un pain de six livres et un peu de bois. Cela m'aiderait. On m'ordonne des bains; j'aurais des bains gratis. Avec des protections, on en vien-drait à bout. Ah! si vous pouviez, monsieur, m'obtenir cela! C'est M. X.... qui mène tout dans le bureau, et c'est à lui qu'il faut parler.

— Je tâcherai. Mais pourquoi votre propriétaire ne s'em-ploie-t-il pas?

— Il le ferait bien volontiers, car c'est un brave homme et je l'ai toujours bien payé. C'est déjà chez lui que j'étais, du temps des cent vingt-cinq francs.

— Eh bien?

— Sa recommandation, monsieur, ne me servirait à rien. On ne l'écoute pas. Il n'a pas d'influence dans le quartier.

— Pourquoi?

— Parce qu'il n'est pas riche.

Cette dernière parole me fit rentrer en moi-même. Je m'étais proposé d'aller trouver, au sortir de ce misérable logis, ce M. X...., et de solliciter de lui une infraction *aux règlements* qui n'ont pas prévu le cas d'un père vitrier et épileptique, devant nourrir *deux* enfants et une femme du produit d'une profession *impossible*.

— Mais à quoi bon? me dis-je, après avoir quitté, vraiment navré, cette demeure où j'avais le regret de ne pouvoir laisser autant de secours effectifs que d'encouragements et de bon espoir. — Je ne suis ni petit ni grand propriétaire. Je ne suis pas juré; je ne suis pas notable dans mon quartier, pas même garde national.

Une idée me vint : ce fut d'écrire à un journal parisien ce que je venais de voir, et de faire un appel aux bons riches, s'il s'en trouvait. Il s'en trouva. Je ne demandais qu'une protection pour faire inscrire le malheureux vitrier et sa famille sur la liste des *indigents*. Il vint mieux que cela, et des sommes importantes furent versées, avec des secours en nature, au bureau du journal, pour ces malheureuses gens. Quelques-uns ne reculèrent pas devant un pèlerinage à l'horrible tanière de la rue Marbœuf, où ils allèrent porter la consolation et la vie. Cette famille fut donc sauvée pour quelque temps; mais tout s'épuise, et que de misères profondes restent ignorées et ne peuvent être secourues, même un jour!

XXVI

Comme on meurt à Paris. — Le jour des Morts. La Fosse commune.

Il y a un jour dans l'année, de triste commémoration, où le cœur se remplit, où le regret se renouvelle, où le souvenir se ravive de ceux que nous avons perdus, où l'on aime à porter une fleur, une larme, une prière sur la tombe du parent, de l'ami, de l'époux, de l'amante qui nous précèdent dans la mort.

Cette pieuse et mélancolique satisfaction, *joy of grief*, est refusée, qui le croirait? aux deux tiers de cette immense population de Paris qui se pique de marcher à la tête du progrès et de la civilisation. Nous avons dit sa vie si souvent misérable; qu'il nous suffise en ce moment d'ajouter que sa mort le ravale et l'abaisse au-dessous de l'idolâtre et du sauvage. Oui, deux Parisiens sur trois, deux de ces hommes si éclairés, si sympathiques, si accessibles à toutes les idées généreuses, à tous les nobles sentiments, n'ont d'autre sépulture, d'autres mânes, d'autre cippe que le charnier de la brute, et le plus hideux communisme règne parmi les restes confondus, anonymes, de ceux à qui, de leur vivant, le mot même était interdit sous peine de prison et d'amende!

Quiconque a visité l'un des trois cimetières de Paris s'est arrêté, saisi de tristesse et d'effroi, sur le bord d'un immense gouffre toujours béant, d'une tranchée de 80 mètres de long sur 4 de large, que la mort travaille sans cesse à combler. C'est la *fosse commune !* c'est là que les cercueils des malheureux morts sans ressources sont juxtaposés, c'est jetés, c'est empilés qu'il faudrait dire, sans un pouce de terre entre eux, sans une autre séparation que quelques planches à peine jointes. Là, le vieillard, l'enfant, le débauché, la vierge sont accumulés pêle-mêle, et,

chose horrible à dire, à penser plus encore, quand lés
frêles ais de sapin s'entr'ouvrent, sous la double action de
l'humidité et des gaz méphitiques qui les repoussent, les
chairs se mêlent et les ossements se confondent! Là, enfin,
il faut dire un éternel adieu à tout ce que l'on a aimé.
Quand le lit de cadavres a rempli toute la longueur de la
funèbre tranchée, la terre, recouvrant le tout, laisse in-
déterminée la place où nous avons vu disparaître ce que
nous avions de plus cher, et ce n'est que par à peu près,
au juger, qu'une main amie peut entreprendre de planter
une croix de bois, un arbuste sur la demeure dernière
de ceux qu'a dévorés cet effroyable sarcophage.

Voilà où nous en sommes après quinze siècles de civilisation ascendante et de christianisme! Le pauvre, à Paris,
n'a pas de tombe, et notre dureté renouvelle pour lui le
mythe de l'obole antique en le réalisant : nous sommes
plus païens que les païens eux-mêmes, qui, du moins,
plaçaient dans la bouche du mort, en leurs décentes funérailles, la drachme du péage exigé au Ténare pour le
repos définitif.

Est-ce à dire pourtant que les affections et les regrets
soient moins vifs, le besoin de se souvenir et de s'épan-
cher moins pressant parmi les pauvres que dans les classes
élevées? Il n'en est rien! Demandez aux marchands d'em-
blèmes funéraires lequel se vend le plus, des modestes
couronnes, des humbles brins d'immortelles, ou des fas-
tueuses guirlandes!

En 1850, il y a eu à Paris, dans les trois cimetières de
l'Est, du Nord et du Sud, 22,306 inhumations ; sur ce nombre, la fosse commune a reçu 15,792 corps !

Paris, qui, à lui seul, renferme le trente-cinquième de
la population totale du territoire ; Paris qui supporte à lui
seul le quatorzième de l'impôt ; Paris dont la population
admirable d'intelligence et d'activité produit tant et travaille toute sa vie ; Paris, dis-je, par une exception unique
et inique, est exclu, dans ses habitants, du droit de tombe,

et même, malgré une institution récente bien rarement
appliquée, *du droit aux prières de l'Eglise*, prières
assurées du moins à tous les habitants, riches ou pauvres,
de nos plus petites agglomérations rurales.

Nous sommes moins religieux que les mahométans,
qui aiment mieux entourer de toutes parts leurs villes
d'une banlieue funéraire, et vivre au milieu de la mort, que
de troubler jamais, fût-ce au bout d'un siècle, la paix des
décédés par une exhumation impie; nous le sommes moins
que les juifs, qui, par un singulier privilége, ont jusqu'à
ce jour évité la fosse commune, et dont chaque défunt a
sa tombe séparée dans les portions de nos cimetières affé-
rentes à la religion mosaïque. A nos frères par l'Evangile,
à nous seuls, l'inqualifiable et immonde promiscuité du
charnier humain, de la voirie, outrage dont l'antiquité
punissait les plus grands crimes !

Si ce barbare usage est à la fois contraire à la salubrité
publique, ce qui n'a pas besoin d'être démontré, au sentiment religieux, aux plus imprescriptibles, aux plus vul-
gaires notions d'égalité et de fraternité humaines, que
dira-t-on en apprenant que ce hideux régime n'est pas
même légal, et que non-seulement nulle loi ne l'autorise,
mais qu'un décret formel (celui du 23 prairial an XII)
l'interdit explicitement?

Le décret du 23 prairial an XII, pris par Napoléon premier consul, exige que *chaque* inhumation ait lieu dans
une fosse séparée; il détermine et fixe à plusieurs déci-
mètres les distances qui doivent séparer les cercueils. Il
s'occupe de la dimension des fosses; il veut qu'elles soient
profondes de 1 mètre 20 à 2 mètres, et soient immédiatement après les funérailles comblées de *terre bien foulée*;
il règle enfin qu'avant le terme de cinq ans nul boulever-
sement de sol ne doit avoir lieu dans les champs de repos,
et par conséquent il exige que les cimetières aient au
moins cinq fois l'étendue nécessaire aux inhumations
d'un an.

Ce décret n'a pas été, il ne peut pas être abrogé. La loi, non moins que la morale, la religion, l'hygiène publique, est donc violée de toutes façons : par la communauté des obsèques, par le contact des cercueils, par l'exfodiation, la dispersion des restes, bien avant le terme prescrit. Triple scandale! — Si la légalité nous tue, comme le prétendait un des grands excentriques du dernier règne, l'illégalité nous enterre. La même nous exhume ensuite, et fait de nous de la base à noir animal. Voilà le lot, après une vie de labeurs, de fatigues et de privations si souvent mortelles, de la population la plus intelligente et la plus imposée de France !

A quoi tiennent pourtant, et ce sacrilége, et ce mépris de la loi? Quoi! le monde n'est plus assez grand pour donner, pour prêter aux habitants de Paris quelques années d'une paisible et convenable sépulture? Il en faut bien peu à un homme pour dormir. Est-ce donc que l'empire de la mort aurait eu son Malthus comme la vie terrestre? et les funèbres profondeurs du sous-sol seraient-elles menacées du même encombrement dont on s'épouvante ici-bas? Rien qu'une telle excuse, rien que le manque complet de terrains propres aux sépultures pourraient justifier, atténuer du moins cette violation flagrante de la loi écrite, comme de la loi naturelle. Mais ce palliatif, cette défaite, ne peuvent plus être invoqués. En 1850, la ville de Paris a consacré 400,000 fr. à l'agrandissement de ses trois cimetières, dont les superficies actuelles suffisent amplement pour rendre exécutable le texte de la loi qui assure à chacun une fosse particulière d'*une durée quinquennale*.

Qu'attend-on donc?

Hélas! il nous faut signaler, comme explication possible et présumable du retard, non pas seulement une dernière illégalité manifeste, mais une véritable exaction pratiquée au profit de la caisse municipale sur les familles des défunts. La ville de Paris n'est en droit d'accorder, à titre onéreux, que des *concessions perpétuelles*. Aux termes de la loi en vigueur, *elle doit* une sépulture quinquennale à tout inhumé, riche ou pauvre. Ce court délai, ce temps légal forment pourtant la base de concessions dites *temporaires*, à raison desquelles on exige des familles une rétribution assez élevée et abusive. L'exécution littérale du décret de prairial an XII fermerait, il est vrai, pour la ville, cette source de revenus peu avouables; mais elle n'en est pas, quelles que soient ses charges, à dépendre de ce profit illégitime. Le fût-elle, il faudrait encore y renoncer, et se hâter. Il y a de l'argent qu'il n'est pas bon de toucher. Le mot de Vespasien, le grand fermier des boues et des immondices de Rome, n'était ni juste ni honnête. Cet avide césar n'eût cependant jamais osé frapper d'un octroi frauduleux l'entrée du dernier asile.

Assez sur ce chapitre. Que la fosse commune, cette banale et sinistre nécropole, soit à jamais fermée, purifiée, comblée : rien ne s'y oppose; au contraire, tout y invite, tout y force. Nous aurions de la peine à comprendre que les hommes sensés et loyaux composant la commission municipale de Paris ne prissent pas à cœur, ne tinssent pas à honneur d'attacher leur nom à cette œuvre. Le droit à la tombe et le droit à la vie sont solidaires et sacrés. Si, à travers les vices et les incertitudes de notre milieu social, on ne peut pallier qu'inefficacement les ravages de la misère, si elle est et longtemps encore demeurera inévitable, il est du moins facile, et il est nécessaire, il est urgent de vaincre, d'abolir et d'éteindre le paupérisme dans la mort !

L'hiver dernier, un des rares habitants d'une étroite et horrible rue, condamnée à une démolition prochaine, du quartier de l'Hôtel de ville, a trouvé un matin, au petit jour, pendu au-dessus d'un égout et aux barreaux d'une fenêtre, le corps d'un homme jeune encore, d'une physionomie remarquablement douce, ouverte et intelligente, et dont la tête expressive se distinguait surtout par un front immense, par un développement temporal presque monstrueux, sans difformité toutefois, en même temps que par la hauteur du frontal, signe à peu près constant d'exaltation habituelle et de tendances mystiques. Un mince cordon de soie roulé autour du cou avait fait l'office funèbre, et, pour ajouter à la sinistre mise en scène de ce tableau de mort, deux corbeaux privés, appartenant sans doute au locataire de la triste façade qui en avait été le théâtre, à travers les barreaux disjoints, piétinaient et becquetaient sur la fenêtre, en présence de cette proie.

L'autorité, prévenue, fit détacher le corps, dont on put s'assurer que toute trace de vie avait dès longtemps disparu. Le cadavre, déjà rigide, ne portait aucune marque de violence, non plus que la tenue pauvre et négligée; et le chapeau, non déformé, gisait encore sur le pavé, à la place où il avait dû rouler dans la minute fatale. Il fallut donc bien vite écarter la supposition d'abord faite d'un crime, et que pouvaient provoquer l'heure de la mort et la nature du lieu. Cependant on ne trouva rien sur le suicidé qu'un passeport et deux de ces reçus d'une administration parisienne bien connue, qui n'établissent pas l'aisance. C'était d'ailleurs l'habitude du malheureux défunt, on le savait trop, et pour cause, de n'avoir sur lui jamais aucun bijou et toujours fort peu d'argent, à peine la subsistance d'un ou deux jours, bien que, comme le philosophe, il portât tout avec lui.

Cet homme, qui depuis bien du temps vivait d'une façon si bohème, si misérable et si étrange, qui errait les nuits comme un chien perdu dans les rues de la grande ville, à qui l'on ne savait d'autre bureau de travail que la table ou le comptoir des établissements publics les plus humbles, qui tant de fois coucha et dormit du sommeil de l'innocence dans les plus affreux taudis, côte à côte avec les hommes les plus dangereux, et qui en a fini dans la rue, comme s'il n'eût pas eu même un domicile pour s'y pendre, était Gérard de Nerval, un des esprits les plus fins, les plus doctes, les plus délicatement humoristiques de la littérature de nos jours. La grâce enjouée s'alliait, dans son talent, à une sensibilité exquise. Point de manière dans le style, qui, chez lui, n'était que le vêtement exact, simple et modérément orné du fond. De temps en temps, quelques écarts de lyrisme et d'hallucination, bien vite ramenés à la raison et à la terre par le sentiment vif, piquant et pittoresque de la réalité, par une gaieté douce et honnête appelant le sourire, et non le gros rire. Si, dans de certaines pages et vers la fin surtout, il parut avoir des visées, ou plutôt des visions à la Swedenborg, il fut, par un contraste étonnant, le Brauwer, l'Ostade des mœurs particulières où, comme ces Flamands, il aimait à aller puiser ses modèles.

Ses écrits en divers genres se comptent. Il n'était pas grand producteur. La nature toute spontanée et tout idiosyncrasique de son talent s'y opposait. On ne voit pas que, dans son plus grand dénuement, il ait jamais consenti à faire aucun travail de commande. — Il ne saurait pas s'en tirer, disait-il aux éditeurs qui le pressaient d'accepter quelque tâche facilement lucrative, et il avait raison. Il ne lui fallait que des sujets choisis, caressés, longuement gestés par lui-même. Puis, il s'en allait par la ville, demandant à l'un et à l'autre quelque faible avance sur son idée en cerveau, avance que jamais personne ne songea à lui refuser, du moins on nous l'affirme, tant chacun le savait consciencieux au travail, probe comme écrivain et comme homme.

Cette bienveillance affectueuse de chacun pour lui, et qu'il rendait à tous, doit peut-être exclure, malgré la pauvreté de l'inventaire fait sur lui, l'idée qu'il ait succombé, comme Chatterton, Colton, Malfilâtre, Escousse, Lebras et tant d'autres, à la *malesuada fames*, à la pression de la misère. Une maladie cruelle, et que j'eus la douleur de voir commencer en lui il y a une quinzaine d'années, époque du commencement de notre liaison, l'avait plus d'une fois conduit, par le triste chemin de l'aliénation, ou du moins de la fièvre chaude, aux portes mêmes de la mort. Ce qui se passait alors dans sa tête est indicible, et ne sera jamais connu que du Créateur et de lui. Les papiers couverts d'hiéroglyphes et d'énigmatiques formules qu'il rapportait de ces *voyages. d'Asdolphe,* comme ils les appelait lui-même, confondaient par l'extraordinaire profondeur des aperçus dans un monde qui épouvantait, la puissance d'abstraction, l'intensité de la science. Etonnamment versé dans le moyen âge, il s'en était assimilé surtout les idées de cabale, de transmutation et de transmigration, qu'il possédait plus à fond que les Lulle et que les Nicolas Flamel. Ces idées, qui lui arrivaient en foule en ses jours de *crise,* et prenaient alors dans sa tête des proportions prodigieuses, demeuraient la grande affaire de sa vie, même raisonnable. Le reste, il ne s'en occupait que pour s'amuser ou pour vivre. Heureusement la nécessité, le *domi egestas,* expression impropre, car il n'avait point de logis, l'arrachait de force ou de gré à ces rêveries dangereuses, et cela est heureux pour nous, puisqu'elle nous lègue huit ou dix volumes de romans, de voyages, de tableaux de mœurs et d'ouvrages dramatiques, des plus intéressants et des plus littéraires, où il n'y a de bizarrerie que juste assez pour créer une originalité saisissante, et où la mesure parfaite, je dirai même l'extrème modestie de la forme, témoigne, sauf quelques échappées dans *le bleu,* d'un goût sûr et d'un sens droit.

Il n'en était pas de même en sa personne, depuis un an ou deux surtout. Les soins mêmes dont à diverses reprises il avait fallu l'entourer, lui causaient, par le souvenir, une irritation extrême, et on remarquait de temps en temps en lui une exaltation et une loquacité voisines d'un certain délire. Cependant, dans ces derniers temps, il était calme, travaillait, et faisait beaucoup de projets. Il ne me dit rien que de paisible et de sensé, la dernière fois que nous nous vîmes par rencontre (car il fallait le rencontrer).

Peu de gens l'ont aperçu dans les trois ou quatre journées qui ont précédé sa mort. Faut-il croire qu'une rechute subite et violente, en l'armant contre lui-même, dans une action qui pourtant réclamait un si atroce sang-froid, a été l'unique cause d'une fin si prématurée, si regrettable? Il est triste d'avoir à l'espérer. Souhaitons que l'auxiliaire du besoin et du découragement, qui suit à la fin le mal-être matériel, ne soit pas venu s'ajouter aux prédispositions que l'on croit avoir mis le funeste lacet dans la main de Gérard. Souhaitons que le martyrologe des poëtes n'ait pas à enregistrer cette victime de plus. Mais pourtant il est bien difficile de ne pas supposer qu'un peu d'aide, venue à propos, eût pu, sinon refréner tout ce qu'il y avait d'excentrique et d'indisciplinable en cette nature singulière, du moins contribuer à adoucir et détendre les fibres trop en jeu de cette tête malade; et, par l'introduction dans sa vie d'une certaine régularité relative, fruit d'un peu d'aisance et de repos, ramener au logis cette *folle* qui le fuyait sans cesse. Gérard est un de ces hommes que leur vrai talent eût fait dix fois pensionner aux temps où la vocation des lettres n'était pas regardée comme un métier. Cette idée était juste, et les faits le prouvent; mais il est regrettable que rien, ou à peu près, ne remplace, dans les conditions actuelles, une coutume qui a certainement valu plus d'un chef-d'œuvre à la France. Le pays a deux manières de reconnaître et de soutenir le mérite : l'une directe, l'autre indirecte. La première est en désuétude; la seconde serait sans doute préférable, comme gage d'indépendance et de dignité pour l'écrivain, si les particuliers lui faisaient en détail la subvention d'autrefois; mais c'est ce qui n'a pas lieu : on peut le dire sans déclamation ni injustice, et c'est ce qui explique comment on voit de temps en temps finir quelque rare talent à l'hospice de la Charité ou rue de la Vieille-Lanterne.

Tout le monde n'a pas la triste bonne fortune de faire un peu d'éclat en mourant, par un suicide ou sur une couche d'hôpital. Beaucoup, et de ceux qui ont le plus rempli la publicité de leur vivant (j'évite les grands mots, et, par conséquent, ceux de réputation, de gloire), s'éteignent dans une obscurité égale à leur infortune, et à peine quelques amis ou quelques proches savent comme ils en ont fini avec cette vallée de larmes.

Il y a peu d'années, une communauté de mauvaise fortune me fit faire connaissance, dans un lieu que je désire ne point spécifier ici, avec un vieil écrivain, de longue date connu dans les luttes pour la liberté, et qui, sans avoir rien d'analogue au talent si original de Gérard, n'en avait pas moins produit soixante volumes d'histoire et autres écrits goûtés, puisqu'ils trouvaient, — deux grands points, — un libraire et des acheteurs.

Réduit néanmoins à la dernière détresse, il venait, ce vieil homme dont le nom était si connu, de publier un gros ouvrage en quatre ou cinq volumes, que l'éditeur plaçait en annonçant pour primes — *des pendules* d'un certain mode. Il avait reçu lui-même une ou deux de ces *primes* en traitant pour son livre, et ces accessoires se trouvaient maintenant demeurer sa seule ressource. Il les envoya offrir à différents marchands, qui refusèrent tous : les modèles étaient en zinc, les mouvements ne valaient rien, et le tout ne pouvait servir qu'aux plombeurs pour les tuyaux de gouttières. Je n'ai jamais rien vu de si désolé que les traits de ce malheureux vieillard, quand on vint lui annoncer cette fâcheuse issue de sa suprême tentative. Non-seulement il était malade, et vivait de privations : il ne faisait qu'un repas par jour, et buvait de l'eau, quoique entièrement exténué ; mais, de plus, il avait une compagne et un fils très-jeune encore, qui chaque matin venaient, ou, pour mieux dire, n'osaient lui demander du pain.

Quoique extrêmement fier, il n'y put pas tenir, et nous conta, à quelques-uns que nous étions autour de lui, son déchirement intérieur. Il avait les larmes aux yeux, et je

ne sais qui a dit, avec trop de raison, que le chagrin d'un
vieillard était de tous le plus navrant, parce qu'il était
sans espoir.

Me trouvant le plus riche, c'est-à-dire le moins pauvre
de tous ceux qui étaient présents, je profitai du plus prochain tête-à-tête pour réaliser ce que tous eussent voulu
faire, et mettre à la disposition de notre vieux confrère
une partie de mes fort humbles ressources, mais où j'avais
honte de sentir un superflu encore, tandis que le vital et
l'indispensable faisaient défaut à ce vétéran de la presse
et de la lutte politique.

Malgré mes instances, il ne voulut prendre qu'une partie de cette partie, et m'en remercia plus que si le service
avait été d'importance. A peu de temps de là, nous nous
quittâmes, les circonstances qui nous avaient momentanément réunis ayant cessé pour moi plutôt que pour lui,
et pendant un mois ou deux je n'eus point de ses nouvelles.

Enfin, je reçus un matin un mot de lui. Il revenait encore avec effusion sur ce frivole service, m'annonçait qu'il
était devenu mon voisin, et m'engageait à l'aller voir. Je
montai aussitôt son cinquième étage, et le trouvai très-
malade, mais travaillant toujours avec acharnement à un
ouvrage commandé, bien qu'à peine ses doigts amaigris
pussent soutenir la plume. Vingt jours après, une autre
lettre, bordée de noir, me parvint : elle m'annonçait qu'il
était mort, et contenait une invitation aux funérailles.

Je m'y rendis. Comme mon malheureux confrère avait
l'enterrement du pauvre, la voiture et le reste se firent
longtemps attendre. Trois heures s'écoulèrent dans cette
expectative. C'était au mois de décembre 1851, et il faisait une de ces gelées irritantes et étincelantes que l'on
appelle un *froid noir*. Las de piétiner dans la rue, du peu
que nous étions, plusieurs se retirèrent. Enfin, quand
l'*employé* spécial apparut, tenant sous son bras cette tragique boîte où nous passerons tous, nous ne restions plus
que trois. Nous montâmes avec lui.

Chaque meuble conspirait avec le foyer éteint à dénoncer la misère de cet appartement froid et nu. La pièce où nous fûmes reçus contenait à peine des siéges. De celle qui y touchait à gauche partaient des sanglots et des cris étouffés. Celle de droite était la chambre mortuaire.

L'*employé* y entra, porteur de son fardeau, pour exécuter sa besogne. Presque instantanément, il en ressortit, donnant des signes, non pas de sensibilité, chose éteinte par l'habitude chez les gens de ce métier, mais d'une certaine épouvante.

— Messieurs, dit-il, venez donc voir !

Nous étions si peu nombreux que, nous prenant sans doute pour des parents, et se trouvant embarrassé, il venait demander conseil.

Nous entrâmes sur ses talons et vîmes un spectacle affreux.

Le vieux patriote, le vieil historien, était étendu sur son lit, non enseveli, et ayant pour tout dernier vêtement un bonnet de nuit et une chemise. Sur une chaise était jeté un lambeau de drap insuffisant que la force morale ou la force physique, ou toutes deux, avaient sans doute manqué à la survivante pour ajuster à la dépouille mortelle, et nul ne l'avait suppléée. Sur la table de nuit, un morceau de bougie brûlait en guise de cierge. Bien que les morts échappent, dit-on, aux intempéries et autres peines physiques dont souffrent les vivants, le tout faisait froid à voir, et nous frissonnions pour ce cadavre.

— Messieurs, dit l'employé aux pompes funèbres (quelles pompes !), ce corps n'est pas enseveli ; il y a contravention ; d'ailleurs, il n'est *pas convenable* de procéder ainsi à une inhumation. Que faut-il faire ? Vous êtes sans doute de la famille ?

Un geste de dénégation fut notre unique réponse.

— Alors, continua-t-il en prenant son parti, à la guerre comme à la guerre ! — et, du lambeau de drap, il fit en un clin d'œil une sorte de maillot dont il entortilla le

corps, tant bien que mal, avec des nœuds et des épingles.
Puis, surmontant non moins lestement les obstacles que
la rigidité cadavérique parvenue au plus haut point d'intensité opposait à son action, il vissa, en pesant du genou,
le malheureux G... dans sa dernière *robe,* robe d'hiver,
robe d'été, comme la nomme la Fontaine.

Nous suivîmes ensuite tous trois, et le petit garçon pleu-
rant qui faisait quatre, le convoi jusqu'au cimetière Montmartre, où l'immense tranchée qu'on nomme *fosse commune,* et qu'a voulu glorifier Lamennais, accueillit,
pêle-mêle avec plusieurs autres, les restes de l'écrivain.

Les larmes du petit garçon redoublèrent à cette vue.—
Allez, allez, mon petit ami, dit l'employé à l'habit gris et
au crêpe banal, qui décidément avait du cœur, il est aussi
bien comme cela qu'autrement! — Cette parole était profonde.—D'ailleurs, voici *le numéro de la plaque* (suivant
ordonnance de police) pour le cas d'exhumation. — Cas
absolument chimérique.

— Voilà comme nous serons dimanche! dit l'un de nous
en s'en allant.

— Ou samedi! fit le deuxième.

N'ayant de prédilection pour aucun jour de la semaine,
le troisième s'abstint.

Le petit garçon est entré apprenti dans un atelier. La
mère tord et effile des franges pendant douze heures, au
prix de quinze sous par jour.

On ne fait pas le procès à la société. On ne se donne
pas ce ridicule inutile. Chacun vit et meurt comme il
peut. *Chacun chez soi, chacun pour soi,* c'est la devise
salutaire dont nous avons été nourris. — La littérature,
s'écriait tout dernièrement l'un de nos plus sérieux confrères, ne sera bientôt plus qu'une *vaste Bohême!* — Il y
a des temps où l'imagination et l'esprit sont à la mode.
Ils ne le sont plus; voilà tout.

XXVII

APPENDICE.

L'Exposition universelle de 1855.

L'esprit humain est ainsi fait, et c'est sa gloire, que, lorsqu'on veut le resserrer, on dégage en lui des forces inespérées, inconscientes, tout comme de ce filet d'eau, coulant tranquillement au sein d'une prairie, on fera tout à l'heure, avec des barrages et des écluses, un torrent impétueux propre à donner la vie aux plus grandioses usines.

C'est ce qui arriva notamment à la fin du dernier siècle. La France impréparée se trouva assaillie par toutes les forces de l'Europe. Le patriotisme des gouvernants fit appel à celui de la science, et la science répondit à cette avance, en improvisant les moyens de chasser l'Europe du territoire sacré. Même chose fut due plus tard à une mesure qui a été souvent blâmée : le blocus continental dirigé contre l'Angleterre et sevrant la mère patrie de ses produits coloniaux. Pour ne citer que les plus précieux, le sucre, la cochenille, l'indigo manquèrent simultanément. L'esprit humain se mit à l'œuvre, et le sucre de betteraves remplaça tout d'abord celui des Antilles; à la cochenille on substitua la teinture de la racine de garance; un Lyonnais, Raymond, destitua l'indigo, et mit en son lieu le prussiate de fer, nommé depuis vulgairement bleu de Prusse, ou bleu Raymond.

Un fait non moins remarquable est que ces deux périodes si tourmentées, la République et l'Empire, ont vu naître et grandir l'ingénieux système des expositions industrielles, d'abord exclusivement nationales, aujourd'hui tendant à englober dans une communion fraternelle et humaine l'universalité du globe.

Que l'on en ait ou non conscience, c'est la fin prochaine des luttes armées. Le rapprochement périodique des peuples amènera d'abord leur fusion affective, et, avec le temps accéléré par le télégraphe pour les idées, par les chemins de fer pour les hommes, leur entente harmonique : d'où à une seule nation et à un seul congrès il n'y a qu'un pas. Qu'on se rappelle les haines violentes de l'Angleterre et de la France, haines datant de la conquête des Normands et perpétuées, à travers tout le moyen âge, jusqu'aux guerres géantes d'Aboukir, de Trafalgar, de Waterloo. Quarante ans de paix et d'échanges ont suffi pour concilier, en les révélant l'un à l'autre, ces deux grands peuples si pleins de contrastes et, à ce titre, désignés par la Providence pour s'aimer, s'accorder et se compléter. Des Anglais, nous avons appris à estimer la dignité, le sérieux, l'esprit de suite, la loyauté commerciale, l'attachement aux grands principes où l'homme puise la pleine possession, la pleine disposition de sa pensée et de son être. Les Anglais, en retour, apprécient notre franchise, imprudente parfois jusqu'à l'intempérance, mais séduisante comme tout ce qui est de sang et de race ; notre goût, notre esprit, notre fougue martiale toujours à nulle autre pareille, notre imagination, nos vins, nos modes, nos objets d'arts et nos feuilletons, le plus clair de nos produits exportés : par quoi les Anglais comprennent bien que nous ne saurions leur faire concurrence, pas plus qu'ils ne seraient en état de lutter contre nous sur ces terrains propres.

Ainsi de chaque peuple. Nul n'est déshérité, et tous ont intérêt à une comparaison qui fera ressortir les mérites spéciaux, les mérites jusqu'ici méconnus de chacun. On apprendra par ce pacifique tournoi qu'il ne vaut pas la peine de violenter les conditions physiques, morales, géographiques d'un pays, pour produire à grands frais ce qu'à deux pas de soi souvent on pourrait obtenir facilement et à bon compte. Il y a eu un temps, et ce temps n'est pas loin, où chaque province, et en remontant plus avant, chaque commune, et plus haut encore, chaque maison, avait aussi la prétention de se suffire à elle-même. De toutes ces barrières fiscales, prohibitives, protectionistes, élevées autrefois dans le sein des États par la main de la Méfiance, il ne reste plus de vestiges. Ce sont les États aujourd'hui qui à leur tour se précautionnent et se barricadent aux frontières, moins contre l'ennemi que contre ses richesses, moins contre les bombes que contre les produits. Mais cette révolution elle-même n'aura qu'un temps, et l'on peut prévoir qu'avant peu il en sera de cette prétention des États à l'universalité de production ce qu'il en a été de celle des provinces, des communes et des domaines. L'exemple du passé, la multiplication et le perfectionnement des voies de communication, les dispositions évidentes des peuples, et, enfin, les expositions universelles de l'industrie, tout concourt à ce résultat. Sera-ce un bien? Nous le croyons, mais il est difficile que ceux-là même qui repoussent et redoutent ce résultat ne le jugent pas inévitable.

Quoi qu'il en soit, c'est à la France qu'appartient, ainsi que tant d'autres initiatives, celle des expositions de l'industrie. La première eut lieu en l'an VI (1798), sous le ministère de M. François de Neufchâteau, alors préposé au département de l'intérieur. Il s'agissait de célébrer avec un éclat particulier le sixième anniversaire du gouvernement existant, et, dans la commission que chargea le ministre d'en rechercher les moyens, un membre eut l'heureuse et ingénieuse idée de proposer, comme annexe aux réjouissances dites populaires, une exposition des produits des beaux-arts. Cette idée fut accueillie et étendue par l'adjonction des produits des arts industriels à l'exposition projetée, qui eut lieu au Champ de Mars le 19 septembre 1798, et dura seulement trois jours. Les objets manufacturés qui s'y firent le plus remarquer furent, non les étoffes de luxe, mais les tissus de coton, produit nouveau alors, et vingt-cinq médailles furent décernées aux artistes ou manufacturiers de Paris et de ses environs, qui seuls répondirent à ce premier appel.

Mais le principe était posé et l'institution ne devait pas périr. Une seconde exposition eut lieu, au Louvre, en l'an IX (1801), au même titre que la première, et déjà on y vit affluer de nombreux produits départementaux. Le premier consul en fit personnellement les honneurs à l'illustre Fox, de passage en France, et qui fut extrêmement frappé des singuliers progrès de notre industrie au milieu de tant de calamités, de luttes intestines et extérieures. On vit paraître à ce second rendez-vous du travail national les tapis encore aujourd'hui si renommés de la maison Sallandrouze, et de beaux tissus de laine espagnole francisée ou croisée avec l'espèce mérinos. Jacquart fit son apparition à cette exposition avec son admirable *métier*, et obtint du jury une médaille de bronze. Son nom est aujourd'hui un de ceux qui illustrent la façade du monument permanent destiné à recevoir, dans nos Champs-Élysées, les expositions désormais universelles. A côté de Jacquart, figure, noble contraste! sur la liste des médaillés, M. de Larochefoucauld-Liancourt, auteur d'une machine pour la fabrication des cardes à laine et à coton...

La troisième exposition (1802) eut lieu également au Louvre, sous le ministère Chaptal. On y remarqua les premiers cachemires français, d'abord fabriqués par M. Ternaux avec la laine mérinos, puis avec celle de la race dite kirguise, dont sont faits les cachemires asiatiques. Les étoffes lyonnaises, dont ce fut alors comme une résurrection, s'y firent également très-admirer, et l'on y vit avec intérêt les premiers fils et tissus fabriqués, non plus à la main, mais avec des machines que bientôt on vit se multiplier en France, nonobstant la vive opposition qu'elles rencontrèrent comme toute nouveauté, et comme portant atteinte au travail, qu'elles devaient au contraire centupler...

La quatrième exposition s'ouvrit en 1806 sur la place

des Invalides, sous le contrôle et sous le ministère de M. de Champagny. On y vit pour la première fois les belles mousselines de Tarare et de Saint-Quentin, ainsi que les produits des fabriques alsaciennes, portées depuis à un si haut degré de prospérité. Un Lyonnais, M. Gensoul, fixa l'attention par un ingénieux et nouvel appareil pour le filage de la soie. Cette exposition dura vingt-cinq jours, du 25 septembre au 19 octobre, et fut la dernière de l'Empire. Bientôt après, en effet, les décrets de Milan et de Berlin inaugurèrent le *système continental*, et la France, jetée d'ailleurs dans une guerre perpétuelle et immense, dut jusqu'à nouvel ordre renoncer à jouir de ces fêtes de l'industrie.

Quand elles se rouvrirent, en 1819, sous la présidence de M. de Larochefoucauld et dans les bâtiments du Louvre, on put constater les étonnants progrès industriels que la France avait faits depuis treize ans, au milieu de ses combats et de ses revers. Les étrangers qui visitaient notre pays à cette époque, et ne l'avaient pas vu depuis 1789, avaient peine à le reconnaître, tant la face en était changée, tant l'industrie et le bien-être y avaient fait de rapides et universels progrès. L'aciérerie, la papeterie, les produits chimiques, les toiles peintes dites de Jouy brillèrent particulièrement à cette exposition ouverte à l'occasion de la fête du roi, et où Louis XVIII voulut en personne distribuer les récompenses aux exposants désignés par le jury. M. Daniel reçut l'ordre de Saint-Michel; MM. Ternaux et Oberkampf furent faits barons. Le premier avait été précédemment décoré de la main de l'Empereur.

Les sixième et septième expositions eurent lieu en 1823 et 1827, au Louvre également; la première sous la présidence de M. de Doudeauville, la seconde sous celle de M. d'Herbouville. On voit apparaître dans l'une de beaux appareils d'optiques, le tulle de coton et le bleu Raymond; dans l'autre, des draps remarquables dont la fabrication devient de plus en plus universelle; dans toutes deux,

on constata les considérables progrès et les importantes
conquêtes que l'industrie métallurgique avait réalisés en
France.

Pour avoir été retardée jusqu'en 1834 par la révolution
de juillet, la huitième exposition de l'industrie n'en fut
que plus solennelle et plus brillante. Le Louvre ne suffisant plus à recevoir tous les envois du pays, il fallut construire sur la place de la Concorde quatre spacieux pavillons qui s'ouvrirent le 1ᵉʳ mai. Louis-Philippe en fit l'inauguration, et la présidence du jury fut déférée à M. le baron
Thénard. L'exposition dura deux mois, et un simple garçon
de ferme du département des Vosges en eut le principal
honneur, par l'invention de la charrue dite Grangé (de
son nom), et propre à être dirigée par les mains les plus
novices.

En 1839, 1ᵉʳ mai, neuvième exposition au grand carré
des Champs-Élysées. Même présidence que devant. Ce qui
frappe surtout à cette solennité, c'est l'application de plus
en plus générale de cette puissante force motrice qui a nom
la vapeur.

En 1844, dixième exposition, même présidence, même
emplacement et même date. Les progrès sont toujours de
plus en plus marqués, de plus en plus variés. Les soieries,
les meubles, les cristaux, les dentelles, les bronzes, l'orfévrerie, la typographie brillent entre tous. La dorure et
l'argenture par la pile voltaïque font leur apparition,
saluée d'un étonnement et de bravos universels. Divers
perfectionnements, donnés à l'art nautique par la science
et par l'industrie, sont également signalés avec éloges et
récompensés par le président du jury : et dans ce nombre,
l'art de fournir à nos marins des vivres toujours frais et de
l'eau fraîche par la distillation de l'eau de mer.

La révolution de 1848 ne retarda pas la onzième exposition qui eut lieu exactement en 1849, et où l'on sentit peu
les effets de la grande secousse politique de l'année précé-
dente. Le nombre des exposants y excéda même d'un

dixième le chiffre relevé en 1844. Le caractère distinctif
de cette exposition fut moins l'apparition de grandes découvertes que le perfectionnement général des produits et
des procédés en tout genre, mais particulièrement dans la
fabrication des objets de luxe et de goût que nous fournis-
sons à l'Europe, et dans lesquels notre supériorité est si
marquée et si réelle.

Il peut n'être pas sans intérêt de suivre, par le chiffre
toujours croissant des exposants, les rapides progrès de
l'institution, dans le demi-siècle d'existence qu'elle compte
en 1849.

> En 1798, ce nombre avait été de 110 ;
> En 1801, il fut de 220 ;
> En 1802, de 540 ;
> En 1806, de 1,422 ;
> En 1819, de 1,662 ;
> En 1823, de 1,648 ;
> En 1827, de 1,795 ;
> En 1834, de 2,247 ;
> En 1839, de 3,381 ;
> En 1844, de 3,960 ;
> En 1849, de 4,494.

En 1851, l'Angleterre qui jusqu'alors avait vu, sans être
tentée de les imiter, et avec un apparent dédain, nos expositions, s'émut enfin des progrès si marqués de notre industrie, et prit une solennelle revanche, en même temps
qu'une initiative heureuse et libérale, par son exposition
universelle, qui sera une grande date dans l'histoire du travail et de l'échange humains : elle voulut prouver qu'elle
ne craignait pas la concurrence étrangère, et entendait
rester conséquente aux grandes réformes libres-échangistes
qu'elle avait hardiment adoptées quelques années avant.
Quelques esprits alarmistes craignirent un piége dans cette
large hospitalité anglaise ; mais ce sentiment fut loin d'être
général, et toute l'Europe, ainsi qu'une vaste portion du

reste du monde habité, répondit à l'appel britannique, et prit place dans Hyde-Park, sous les voûtes du splendide *Palais de Cristal*, œuvre du génie et de la hardiesse d'un simple jardinier du duc de Devonshire, M. Paxton. On y compta dix-neuf mille exposants de tous les pays, dans lesquels le nôtre figura pour 1,760, et pour près de 800 médailles obtenues devant le jury mixte, outre les mentions honorables. La France mérita, en somme, le cinquième des récompenses totales, quoiqu'elle ne formât pas le dixième du chiffre des exposants : ce fut un beau et grand succès. M. le baron Charles Dupin, président du jury français à Londres, en a retracé en ces termes la vive impression dans le discours qu'il prononça, au retour de sa mission, et lors de la distribution des croix d'officier et de chevalier de la Légion d'honneur, faite à ceux de nos exposants qu'on avait le plus remarqués : « J'ai toujours devant les yeux, dit-il, le moment, un peu tardif au gré de notre impatience, où les apprêts de la France achevés découvrirent enfin, au-dessus d'un rez-de-chaussée rempli des merveilles de Paris, 60 mètres de façade occupés par nos admirables soieries, avec ces mots superflus écrits en tête : Lyon, Lyon, Lyon! On voyait ces soieries pressées, gênées les unes contre les autres, par bandes verticales, étroites, avares, tant il fallait épargner la place pour suffire à de tels trésors. Tout à coup, des deux côtés de la plus grande galerie, en avant de cette ligne éblouissante, dix-huit drapeaux uniformes sont hissés à la fois, et font briller sous la voûte de cristal les trois couleurs les plus vives de notre iris national. Ah! nous avons à l'instant senti la victoire crier dans nos cœurs : La France! voilà la France, voilà la grâce et la splendeur de la France! Et la victoire était vraie dans le Palais de Cristal, comme elle l'eût été dans tout autre palais du monde. »

En 1853, Dublin et New-York ont simultanément imité l'exemple de cosmopolitisme et d'hospitalité donné par l'Angleterre, et là aussi ce sont des palais de cristal qui ont abrité l'industrie des divers peuples exposants. Ces solennités ont été très-remarquables ; mais elles ne pouvaient avoir et n'ont pas eu le degré d'importance de l'Exposition universelle de Londres, ni de celle qu'on a vue s'ouvrir à Paris le 1er mai de cette année.

La France, premier auteur des expositions de l'industries, ne pouvait, dans la voie ouverte par elle et élargie par l'Angleterre, demeurer en arrière de celle-ci, non plus que de l'Amérique et de l'Irlande. En conséquence, et dès le 27 mars 1852, un décret du chef du pouvoir exécutif a arrêté qu'un édifice destiné aux expositions industrielles, et pouvant également servir aux cérémonies publiques et fêtes nationales, serait élevé au grand carré des Champs-Élysées. L'exécution de ce bâtiment a été confiée à une compagnie anglaise, qui en a obtenu l'exploitation pour une période de trente-cinq ans.

Un autre décret, du 8 mars 1853, a fixé au 1er mai 1855 et au 30 septembre de la même année (il y a eu depuis prorogation au 31 octobre) l'ouverture et la clôture de l'Exposition universelle des produits industriels et agricoles. Il a en même temps réuni à cette grande solennité l'exposition quinquennale qui, aux termes des précédents, devait avoir lieu le 1er mai 1854.

Un troisième décret, en date du 22 juin 1853, a décidé qu'une exposition universelle des beaux-arts aurait lieu à Paris en même temps que l'Exposition universelle de l'industrie, et a, par conséquent, renvoyé à 1855 l'exposition annuelle des beaux-arts qui devait avoir lieu en 1854.

Enfin, un quatrième décret, du 24 décembre 1853, a placé l'exposition universelle des produits de l'agriculture, de l'industrie et des beaux-arts, sous la direction et la surveillance d'une commission présidée par le prince Napoléon.

Le règlement général, qui sert de base à tous les travaux, a été publié dans *le Moniteur* du 6 avril 1854. Ce règlement a été préparé par une sous-commission créée au sein de la commission impériale, présidée par le prince Napoléon et composée de MM. le duc de Mouchy, le comte de Lesseps, Leplay, Legentil, Schneider, Émile Pereire, le gégéral Morin, Vaudoyer, Arlès-Dufour et Adolphe Thibaudeau. Les ministres d'État, de l'agriculture, du commerce et des travaux publics, le président du conseil d'État, ont également pris part à cette œuvre remarquable.

Elle contient les dispositions les plus favorables pour les exposants français et étrangers. Tous leurs produits sont traités sur le pied de la plus complète égalité; ils sont transportés gratuitement : les produits français depuis le lieu de production; les produits étrangers depuis la frontière. Toutes facilités sont données à l'introduction des produits étrangers; la protection la plus efficace est assurée aux dessins et inventions; en un mot, rien n'a été négligé pour répondre à la grande pensée de l'Exposition universelle.

Le Palais de cristal de Hyde-Park avait fourni un type particulier et gigantesque, un système nouveau d'architecture de verre et de fer, qui, l'exposition terminée, a été transféré sur les hauteurs de Sydenham, où il sert de musée permanent aux plus célèbres produits de l'art et de l'industrie de tous les temps et de toutes les nations. On aurait, par plus d'un motif, désiré conserver à Londres cette grande construction; mais elle obstruait une des principales promenades de la grande capitale, et, malgré des influences puissantes, cette velléité avorta par respect de l'opinion publique.

A Paris, on a voulu faire un monument durable, et on a combiné la pierre avec le verre et le fer. Le choix de l'emplacement a été critiqué par des raisons que nous ne saurions mieux faire que de laisser développer à un homme très-judicieux et très-compétent en ces matières, M. A.-J. du Pays!

« C'est, dit-il, la condamnation à mort, dans un temps donné, de cette magnifique promenade publique que l'Europe nous enviait, de ce *Corso* unique, de ce *Grand-Cours*, comme il s'appelait dans le principe, dont Paris appréciait tellement l'agrément, qu'il lui avait donné le nom poétique de Champs-Élysées. Limités au nord par les hôtels du faubourg Saint-Honoré, ils n'avaient d'air et d'espace que vers le sud, où leur haute futaie s'étendait jusqu'à la Seine; de ce côté on avait même agrandi les perspectives, il y a quelques années, au moyen d'un percement heureux au fond du carré Marigny, qui permettait d'apercevoir sur l'autre rive de la Seine le beau dôme des Invalides. Le nouveau Palais de l'Industrie supprime tout cela : air, espace, perspectives; il obstrue, il étouffe ce lieu de promenade, et transforme cette plantation aux longues avenues entrecroisées en quelque chose de semblable à nos boulevards. Dans quelques années, les Champs-Élysées ne seront plus qu'un boulevard prolongé. Et qu'on ne dise pas que ce sont là des craintes exagérées et des doléances sur un sacrifice qui n'est pas fait et qui ne se fera pas! Les faits ont leur logique inévitable. Quand l'administration s'est décidée à établir le Palais de l'Exposition universelle dans les Champs-Élysées, si quelques objections lui ont été faites sur les inconvénients d'asseoir une aussi vaste construction au sein de la promenade favorite de Paris, les raisons spécieuses n'ont pas manqué pour écarter tous les scrupules; et si quelques-uns ont pressenti que c'était là une cause de ruine dans l'avenir et s'y sont résignés secrètement, le plus grand nombre a pu croire qu'on ne compromettait en rien l'existence future des Champs-Élysées, puisqu'on laissait intacts pour ainsi dire ses massifs et qu'on n'empiétait pas sur le parcours habituel des promeneurs. Dans un autre temps, quand on aura de nouveau besoin d'un grand espace de terrain pour une destination quelconque, une autre administration trouvera, peut-être, des raisons toutes contraires et tout aussi justes pour consommer la ruine des Champs-Élysées. — « Sans doute, dira-t-elle, si les Champs Élysées avaient conservé le caractère exclusif de promenade plantée d'arbres, que lui donna, en 1764, le surintendant des bâtiments, Marigny, nous nous ferions scrupule d'y porter atteinte. Mais depuis longtemps elle a perdu ce caractère; de gigantesques constructions les ont envahis; et, à vrai dire, il ne reste plus que des lambeaux isolés de ce bel ensemble. Ce sont ces lambeaux isolés et désormais inutiles que nous nous proposons d'utiliser; et, en en disposant, nous ne faisons que rendre de la valeur à des espaces perdus, et mettre de l'harmonie dans une portion importante de la ville à laquelle son morcellement a ôté sa grandeur. »

Quel que soit le mérite de ces observations, voici l'aspect que présente aujourd'hui le Palais de l'Industrie, visible de toutes parts, grâce au sacrifice de beaucoup d'arbres.

La principale façade qui se développe parallèlement à la grande avenue des Champs-Élysées offre un avant-corps au milieu et deux pavillons aux extrémités. L'entrée, comprise dans l'avant-corps, est formée par une porte monumentale en plein cintre, de la hauteur de deux étages : elle est flanquée de quatre colonnes corinthiennes et surmontée d'un attique, où l'on a sculpté un bas-relief représentant l'Agriculture, l'Industrie et les Arts, avec le buste de l'empereur au milieu. Au-dessus s'élève la statue colossale de la France distribuant des couronnes aux vainqueurs. Des deux côtés de cet avant-corps, se détachent les parties latérales divisées en deux étages par une frise, sur laquelle on a inscrit les noms des hommes illustres dans les sciences utiles (*Guttemberg, Montgolfier, Denis Papin, Parmentier, Jacquart, Franklin, Salomon de Caux, Volta, Bacon*), tandis que les entre-colonnements des fenêtres supérieures sont ornés des noms des principales villes de France.

L'édifice présente une longueur de 252 mètres sur une largeur de 108 mètres. Il est divisé en trois nefs longitudinales, dont la plus grande, dite le transept, mesure 30 mètres en hauteur. Ses deux nefs latérales sont coupées, à la hauteur du premier étage, par une galerie qui règne tout à l'entour et qui s'avance jusque dans l'intérieur du transept, de telle sorte qu'il reste au milieu un espace vide de 190 mètres de long sur 18 de large. C'est dans les galleries inférieures et supérieures qui entourent le transept que doivent être exposés les produits. Les chefs-d'œuvre des industries qui tiennent des beaux-arts, telles que l'orfévrerie, la bijouterie, la céramique, les bronzes et les meubles, occuperont les places d'honneur autour des transepts. La galerie supérieure, au pourtour de la nef, sera ornée de draperies au milieu desquelles brilleront des lustres suspendus au centre des caissons.

Le Palais de l'Industrie présente au rez-de-chaussée une surface de 27,000 mètres carrés, et dans les galeries supérieures une superficie d'environ 18,000 mètres carrés; total 45,000 mètres. Cet espace était entièrement insuffisant, puisque la grande exposition de Hyde-Park, à Londres, n'occupait pas moins de 86,000 mètres carrés. Il a donc été nécessaire de construire une annexe. On a élevé, sur une longueur de 1,200 mètres, une vaste galerie qui couvre tout le quai, y compris les arbres des contre-allées, depuis la place de la Concorde jusqu'à Chaillot. C'est une surface de 30,000 mètres carrés que l'on a ainsi ajoutée à l'emplacement de l'Exposition. Mais à mesure qu'on entrait en relation avec les comités de tous les pays, on se trouvait en face de réclamations qui portaient toutes sur l'exiguïté de l'espace accordé, et dont quelques-unes étaient trop légitimes pour qu'on ne s'efforçât pas d'y faire droit. Après avoir hésité sur les moyens à employer, on s'est décidé à établir des galeries dans la partie inférieure de l'annexe, ce qui a permis de conquérir encore plus de 8,000 mètres, et de satisfaire ainsi aux demandes nouvelles qui avaient été admises par la commission.

Ainsi la surface totale occupée par l'Exposition universelle embrassera, d'une part, 45,000 mètres dans le bâtiment principal, et, d'autre part, plus de 38,000 mètres dans l'annexe, ce qui représentera environ 84,000 mètres, soit un espace presque égal à celui de l'Exposition de Londres, où beaucoup de place avait été gaspillée, ne fût-ce qu'en buffets, restaurants, etc.

Sans doute, il est très-fâcheux qu'un des plus beaux quais de Paris se trouve ainsi confisqué pendant la visite des étrangers à Paris, et qu'en visant avec raison à faire quelque chose de définitif, on n'ait pu éviter les inconvénients et les pertes sèches du provisoire; mais, devant l'insuffisance du palais principal, il n'y avait point à hésiter. Il faut ajouter que les beaux-arts ont un local spécial établi dans l'avenue Matignon.

Le palais proprement dit est spécialement consacré aux prod: its manufacturiers; l'annexe du bord de l'eau a reçu principalement les machines et les matières premières; des chaudières à vapeur permettront de mettre les machines en mouvement, comme à l'exposition de Londres.

Les plus grands soins sont donnés à ce que les produits se montrent avec tous leurs avantages et sans se nuire les uns aux autres. On a soumis les vitrines ou les cases des différentes catégories à des dimensions uniformes. Leur profondeur, leur hauteur, l'élévation de leur soubassement, tout cela a été réglé. On laisse, d'ailleurs, liberté entière aux exposants de disposer leur installation comme ils l'entendent, en restant dans ces limites. Il n'y a d'exception que pour ceux qui, étant admis aux honneurs du transept, ont dû d'abord faire approuver leurs projets.

Ajoutons que la commission, fidèle à la pensée qui a inspiré l'Exposition universelle, a apporté la plus haute impartialité dans la répartition de l'espace entre les différentes nations. Des 84,000 mètres de surface totale occupée par l'Exposition, la France en a 37,000, soit moins de la moitié, tandis que l'Angleterre s'en était réservé, à Hyde-Park, 50,000 sur 86,000. Après la France, c'est l'Angleterre, comme cela devait être, qui obtient la plus grande

part. On lui a donné 15,000 mètres, soit près des deux cin-
quièmes de ce que nous occupons, tandis qu'elle ne nous
avait accordé, à Londres, qu'un peu plus du cinquième
de la surface qu'elle s'était attribuée. Le Zollverein a de
8 à 9,000 mètres, au lieu de 7,000 qu'il avait à Londres;
l'Autriche, 5 à 6,000 au lieu de 4,400; la Belgique 4,500
au lieu de 3,500; la Suisse 1,800 au lieu de 1,100; etc., etc.
Il est impossible, comme on voit, de mettre plus de cour-
toisie dans la lutte pacifique à laquelle nous avons convié
les peuples du monde entier.

Si nous portons plus spécialement notre attention sur la
répartition de l'espace dans le bâtiment principal, nous
trouverons une nouvelle preuve des sentiments d'équité
qui ont guidé la commission. Sur les 45,000 mètres qu'il
présente, la France n'en a que 19,000; l'Angleterre en
a 8,500, ou près de la moitié de ce que nous nous sommes réservé; le Zollverein, 4,500; l'Autriche et la Belgique chacune environ 2,500, etc. L'emplacement attri-
bué à la France embrasse le rez-de-chaussée de tout le
côté nord et le milieu des galeries situées au-dessus. L'Angleterre occupe environ la moitié du côté sud; les États-
Unis, la Belgique, l'Autriche et le Zollverein occupent
l'autre moitié; ils ont également la partie correspondante
des galeries supérieures. Nous avons dit que la France ne
prenait que le milieu du premier étage du côté nord; elle
a à sa gauche l'Espagne, le Portugal et la Suisse; à sa
droite, la Sardaigne et les autres États d'Italie.

A la fin de l'année dernière, trente-six États étaient in-
scrits sur la liste des concurrents à l'exposition de 1855;
savoir : la France, l'Angleterre, le Zollverein, l'Autri-
che, la Belgique, les Etats-Unis, la Suisse, la Hollande, la
Turquie, le Danemark, l'Égypte, l'Espagne, le Portugal,
Rome, la Sardaigne, la Suède et la Norwége, la Toscane,
Tunis, les États du nord de l'Allemagne, la Chine, les Deux-
Siciles, la Grèce, la Perse, le Brésil, le Mexique, le Centre-
Amérique, Vénézuela, l'Équateur, l'Urugay, le Paraguay,

la confédération Argentine, le Chili, le Pérou, Bolivia, la république Dominicaine et Haïti. Depuis ce temps, ce nombre s'est encore accru.

A la même époque, le chiffre des demandes d'admission, tant en France qu'à l'étranger, s'élevait à plus de 25,000 (6,000 de plus qu'à l'exposition de Londres). Il manquera cependant les envois des vastes et pittoresques contrées comprises dans le gigantesque empire de Russie. Ce chiffre est éloquent et prouve, comme on l'a dit, que le progrès des lumières ne permet plus à un État, si grand qu'il soit, d'arrêter les autres dans l'accomplissement de leurs destinées, et que le canon n'est plus le dernier argument des rois.

Comme, malgré le nombre immense des élus, tous ne pourront l'être, on annonce que, parallèlement à la triple exposition officielle, d'autres exhibitions auront lieu en vertu d'entreprises et dans des constructions particulières, au bénéfice des exclus. L'opinion pourra ainsi, s'il en était besoin, contrôler les opérations du jury, qui, toutes consciencieuses qu'elles soient, ne peuvent aller sans cette part faite à l'erreur dans tous les jugements humains.

Tout sera donc pour le mieux, et les condamnés, au lieu de maudire leurs juges, ce qui est inutile et irritant, en appelleront tout de suite à cette voix de la foule, qui est, dit-on, la voix de Dieu.

FIN.

TABLE

—

FIN DE LA TABLE.

Paris. — Typ. de Mᵐᵉ Vᵉ Dondey-Dupré, rue Saint-Louis, 46